JN417459

Let's go

국회의원 이명수의
대한민국 대통합론

이명수 네 번째 에세이집

코리아 하모니

18대 국회 선정
4년 연속 최우수 국회의원 이명수가
19대 국회에 임하며 국민들께 드리는
통합과 상생의 대한민국을 향한 염원

온 국민이 하나되어 여는 대한민국의 희망

지난 9월 <코리아 하모니> 초판을 내면서 내 자신의 부족한 소치에 넘치는 생각을 담지 않았나 깊이 반성했습니다. 하지만 많은 독자 분들의 격려와 성원 속에 개정증보판을 내게 되었습니다. 글은 지(知)요, 행(行)이라는 신념으로 부족한 글 몇 편을 새로 써서 덧붙여 펴내면서 국민을 향한 각오를 새로이 다지는 계기로 삼고자 합니다. 그 중심에는 오늘 우리 정치에 대해 준엄한 국민 여러분의 비판과 절절하신 요구에 부응하자는 신념을 담고자 했습니다.

오늘 우리는 미래 대한민국의 운명을 좌우할 18대 대선을 목전에 두고 있습니다. 최근 대한민국을 둘러싼 국제정세는 위기와 변화의 파고가 높아지고 있습니다. 미국은 얼마 전 오바마 정부 재집권과 더불어 적극적인 대북정책을 비롯, 한미FTA 재협상, 주한미군 방위비 분담, 한미 원자력협정 개정 등 안보와 통상분야 현안들이 대두될 것으로 예상됩니다.

우리 대선 사흘 전인 12월 16일에는 일본 총선이 예정되어 있고 자민당 집권이 확실시되고 있습니다. 자민당 아베 총재는 극우 보수의 상징으로 국익을 앞세워 독도분쟁을 비롯한 국가주의적 성향이 강화될 것으로 보여 우리의 강고하고도 지혜로운 대응이 절실한 상황입니다.

최근 중국 총서기에 오른 시진핑은 친북 성향을 가지고 있는 것으로 알려져 대북관계에 다양한 변수가 예상되며 중국의 동북공정은 영토분쟁을 비롯, 통일정책에도 영향을 미칠 수 있다는 점에서 대중국 외교안보의 중요성이 부각되고 있습니다. 나아가 유럽발 경제위기로 상징되는 세계경제체제의 변화와 위기에도 냉철한 정책적 대응이 긴요한 상황입니다. 따라서 오는 12월 대선은 국가의 운명을 좌우하는 중요한 전환점일 수밖에 없습니다.

개정증보판에는 이렇듯 중요한 시점에 과연 우리 국민이 어떠한 선택을 해야 우리 후손들에게 부끄럽지 않은 대한민국을 물려 줄 수 있을지에 대한 진지한 고민을 담은 글을 몇 편 추가하여 편집했습니다.

우리는 백여년 전 무기력한 리더십이 국민을 얼마나 도탄과 고통의 구렁으로 몰아갔었는지 절실한 교훈으로 삼아야 합니다. 더 이상 역사의 비극이 반복되어선 안됩니다. 이제 우리는 진정 국가와 국민을 위하는 리더십에 대한 여망은 물론, 나아가 진정 온 국민이 하나되어 새로운 정치, 새로운 대한민국의 미래를 향해 전진하고자 하는 소망으로 〈코리아 하모니〉 개정증보판을 펴냅니다.

다시 한 번 부족한 제 생각과 글에 아낌없는 격려와 가르침 주신 독자 여러분께 감사 인사 올립니다.

2012년 12월 대선을 앞둔 여의도 국회에서

저자 이명수 쓰다.

‘코리아 하모니’, 그 날을 소망하며

2004년 첫 에세이집을 낸 지 8년, 어느 사이 네 번째 에세이집을 선보입니다. 2004년 정초에 펴낸 <숨은 사랑 찾기>는 공직 25년 동안 틈틈이 쓴 글들을 모아 펴낸 첫 에세이집이었습니다. 첫 장에 썼던 구절이 떠오릅니다.

“진정 자신을 사랑하는 사람만이 가족과 이웃을 사랑할 수 있습니다. 진정 아산을 사랑하는 아산인만이 충청을 사랑하고 대한민국을 사랑할 수 있습니다.”

유난히도 눈이 많이 내렸던 겨울이었습니다. 그 해 봄 저는 정치인으로서 첫 걸음을 내딛었고 저를 아껴주신 여러분들의 성원에도 낙선하는 쓰라림을 겪으며 참된 민의를 배우는 소중한 가르침을 얻었습니다. 더 낮은 곳에서 더 부지런히 이웃을 사랑하고 고향을 사랑하리라는 다짐으로 대학

강단에 섰습니다.

서울로 올라오라는 권유도 있었지만 저는 고향 충청의 대학을 선택했습니다. 제가 나고 자란 충청에서 고향 청년들과 함께 한 시간들. 공직에 있으면서 제대로 돌아보지 못했던 저 자신을 다시 성찰하는 새로운 깨달음의 시간이었습니다. 공직자로서 늘 가슴으로만 간직해왔던 문학을 향한 꿈을 이루기도 했습니다. 부족한 글이 〈문예한국〉 수필부문 신인상에 당선되어 오십 중반에 늦깎이 수필가로 새로운 이름을 얻었습니다.

대학에 몸담으며 쓴 글들을 모아 2006년 가을 펴낸 두 번째 에세이집이 〈아산사랑 충청사랑〉이었습니다. 사랑이란 말이 넘쳐나는 시대, 하지만 그럴수록 진실되고 값진 사랑은 드문 세태 속에서 진정 스스로를 희생하고 헌신하는 참사랑의 모습을 찾아 실천하고 싶었습니다.

무엇보다 내가 나서 자라고 공직에 있으면서 줄곧 함께 해온 고향 아산과 충청, 오늘의 저를 키워주신 분들께 보은하고 싶은 마음을 담았습니다. 특히 나라를 먼저 생각하고 대의를 앞세우면서도 정치적인 힘이 부족해 소외당하고 홀대당하는 충청인의 안타까움을 함께 고민하고 새로운 활로를 찾고자 하는 생각과 다짐을 담고자 했습니다.

2008년 4월 총선에서 아산시민 여러분께서는 부족한 저에게 큰 사명을 맡겨 주셨고 저는 아산시민의 권익을 대변하고 국민의 대의를 위임받은 국회의원으로 일할 수 있었습니다. 그 후 4년 동안 제 가슴에는 '아산', 그리고 '대한민국' 이 두 단어가 일편단심 한 조각 붉은 마음으로 새겨져 있었고 그 소중한 사명감으로 매일같이 아산에서 서울 국회로 출퇴근했습니다.

부족함도 반성도, 또 일한 만큼 값진 보람도 함께 한 의정활동이었습니다. 2011년 초여름 제 18대 국회 3년여의 기록, 그리고 틈틈이 정리하고 기고한 글들을 모아 펴낸 세 번째 에세이집이 <붉은 마음 푸른 대한>이었습니다. 미력하나마 불신과 갈등으로 국민 여러분의 지탄을 받는 정치를 일신하고자 땀흘린 시간들, 그리고 선열들이 목숨 바쳐 지켜온 대한민국을 바로 세우고자 해온 노력을 담고자 했습니다.

이 시기에는 불신과 갈등의 정치권에 소셜네트워크서비스(SNS ; Social Network Service)라는 새로운 '소통'의 길을 연 시기이기도 했습니다. 저는 새벽부터 늦은 밤까지 실시간으로 전해오는 시민 여러분과 국민 여러분들의 목소리를 듣고 함께 하면서 새로운 참여정치의 현장에서 생생한 소통의 기록을 책에 담을 수 있었습니다.

이제 네 번째 에세이집을 정리하면서 다시 한 번 반성과 성찰의 시간을 갖고자 합니다. 에세이집의 화두를 고민하는 제게 지난 십여 년을 이끌어주신 선생님께서 새로운 격려의 화두를 던져 주셨습니다.

'군자유종(君子有終)'. 주역(周易) 아흔세 번째 괘로 원문에는 '노겸(勞謙), 군자유종(君子有終), 길(吉)'이라 이르고 있습니다. 그 뜻을 풀면 '겸손하게(謙) 힘써 일하니(勞), 다스리는(君) 자(子)는 마침(終)이 있어(有), 길(吉)하다'라는 괘라 전합니다. 이 괘는 '군자는 종신토록 세상을 걱정하나(君子 有終身之憂), 하루아침에 왔다가 사라지는 사사로운 걱정은 없다(無一朝之患)'라 풀기도 합니다.

공자는 <논어(論語)><술이(述而)>편에서 '덕을 제대로 닦지 못하는 것과 학문을 올바로 익히지 못하는 것, 옳은 일(義)을 듣고도 실천하지 못하는 것과 옳지 못한 점(不善)을 고치지 못하는 것' 을 근심하는 것을 우환의식(憂患意識)으로 이르고 있습니다. 즉 이웃과 사회, 나아가 나라를 걱정하면서 과연 무엇을 어떻게 할 것인가를 고민하라는 가르침입니다.

이후 맹자는 공자의 '우환의식' 을 '종신지우(終身之憂)' 라 하여 군자가 반드시 행해야 할 실천 덕목으로 한 걸음 나아가고 있습니다. <맹자(孟子)><이루(離婁)>편에는 '하루 아침에 생겼다가 없어지고 하는 그런 자질구레한 걱정거리들, 즉 일조지환(一朝之患)을 가지고 있지 않고, 스스로의 몸이 다할 때까지 종신토록 잊지 말아야 할 숙명같은 군자의 근심' 을 종신지우(終身之憂)라 이르며 권하고 있습니다.

스스로의 몸이 다할 때까지 종신토록 잊지 말아야 할 숙명같은 근심은 오늘 우리 정치인들이 깊이 새겨야 할 가르침입니다. 또한 이와 대비되는 '일조지환(一朝之患)' , 즉 돈과 명예, 지위와 같이 하루 아침에 맺혔다가 사라지는 근심거리를 멀리 하라는 가르침 또한 오늘 우리 정치인들이 경계하며 따라야 할 가르침입니다.

돌아보면 부족하기만 한 제 정치인으로서의 길에 너무도 큰 반성과 성찰의 가르침입니다. 저 또한 그리 살고자 노력하였으나 이룬 것은 보잘 것 없고 고치고 바꾸어 새로이 해야 할 것이 더 많기만 합니다. 그러나 제 비록 불민하다 하여 물러서서는 안된다는 각오입니다.

하늘을 우러릅니다. 이제 다시 가을입니다. 만물이 결실을 향하는 시간. 우리 대한민국도 국민을 위해, 나아가 다음 세대를 향해 아름다운 결실을 맺어 나누며 물려줘야 할 때입니다. 그러기 위해서는 분열과 갈등을 씻고 화해와 소통의 새로운 시대를 열어야 합니다.

저는 기억합니다. 우리 대한민국이 하나되어 충만했던 순간들. 그 아름다운 순간을 위해서 어르신들은 허리띠 졸라매고 밤잠을 잊어가며 우리를 키우고 가르치셨습니다. 한편에선 민주화를 향한 고난과 역경을 이겨내며 헌신하셨습니다. 이제 그러한 성장과 민주의 길이 대한민국의 이름 아래 하나의 길로 만나고 손잡고 함께 나아가야 합니다.

저는 이제 제 네 번째 에세이집에 그 하나된 대한민국을 향한 여망을 담아 머지 않은 날 '코리아 하모니'로 한반도 산하에 메아리치기를 간구하고자 합니다. 우리 아이들과 어르신들과 이웃들이 한 마음으로 손잡고 함께 부르는 그 노래가 삼천리 강산에 하나된 대한민국으로, 나아가 통일 대한민국으로 우렁차게 울려퍼질 그 날을 염원하고자 합니다.

아울러 제 꿈과 소망이 다시 한 권의 반듯한 책으로 묶일 수 있도록 애써주신 여러분들께 감사합니다. 늘 부족하기만 한 제 글에 과분한 추천의 말씀을 써주신 이어령 전 문화부 장관님, 격려의 말씀을 써주신 김용재 대전문인총연합회 회장님, 손성래 전 충남도교육위원회 의장님께 깊은 감사의 절 올립니다.

그리고 정치 선배로서 항상 큰 가르침으로 이끌어 주시는 분들의 축하말씀에도 깊은 감사의 절 올립니다. 강창희 국회의장님, 박병석 국회부의장님 정말 감사합니다.

세 번째 에세이집에 이어 흔쾌히 출판을 맡아주신 김태웅 사장님, 제자를 써주신 유석란 선생님, 디자인에 애써 주신 조혜선 님을 비롯, 교정과 발간에 힘써주신 모든 분들께 깊은 감사 인사 올립니다.

끝으로 오늘의 저를 있게 해주신 부모님 전에 이 책을 바칩니다. 그리고 늘 미안하기만 한 아내, 그리고 딸 지은, 아들 지형 두 아이에게도 사랑한다는 말 전합니다.

2012년 가을이 오는 설화산을 바라보며

저자 이명수 쓰다.

Let's go
국회의원 이명수의
대한민국 대통합론

코리아 하모니

이명수
네 번째 에세이집

18대 국회 선정
4년 연속 최우수 국회의원 이명수가
19대 국회에 임하며 국민들께 드리는
통합과 상생의 대한민국을 향한 염원

초판발행 2012년 9월 5일
개정증보판 발행 2012년 12월 2일
지은이 이명수
기 획 심상협
펴낸이 김태웅
펴낸곳 기획출판 오름
대전광역시 동구 삼성동 122-2(2층)
T. (042) 637-1486
디자인 조혜선
캘리그래피 유석란
정 가 15,000원

ⓒ 이명수, 2012 Printed in Korea

ISBN 978-89-90151-85-8

• 잘못된 책은 구입하신 서점에서 바꿔드립니다.
• 지은이와 협의에 의해 인지는 생략합니다.
• 이책의 판권은 지은이와 기획출판 오름에 있습니다.
양측의 서면 동의 없이 무단 전재 및 복제를 금합니다.

Let's go

국회의원 이명수의
대한민국 대통합론

이명수 네 번째 에세이집

코리아 하모니

이명수

18대 국회 선정
4년 연속 최우수 국회의원 이명수가
19대 국회에 임하며 국민들께 드리는
통합과 상생의 대한민국을 향한 염원

Orum Edition

• 추천사

대한민국을 향해 행동하는 목소리

이명수, 그는 늘 내게 고향을 일깨워 주는 후배이다. 고향의 행사에 참여해주기를 권하고 고향에 문학의 향기를 넓혀주기를 청해오기도 하며 간간이 스스로의 책에 글을 청하기도 한다. 공직에 있을 때나 대학에 있을 때, 또 정치인으로서도 한결같이 고향 충청과 아산의 일에 잊지 않고 나를 청하곤 한다.

그런 그가 지난 해 초여름 그의 에세이집 〈붉은 마음 푸른 대한〉을 대한 지 불과 15개월여 만에 다시 새 에세이집을 낸다며 글을 청해왔다. 분명 전업 문인은 아닌데 문인 못지 않은 부지런한 필력이다.

그의 글에는 충청의 정신이 담겨 있다. 추사 김정희 선생의 '세한도' 에 깃든 온양군수 출신 이상적 선생과의 충정어린 사제지간의 인연을 좇아 써내려간 글에서, 문학연구가나 사가조차 모른 채 묻혀진 아산 음봉 작은 마을 요로원에 어린 〈요로원야화기〉의 유서를 찾아 충청인의 정신을 되살리고자 하는 글에서, 또는 그가 나고 자란 신창 마을에 어린 면암 최익현 선생의 매화향 그윽한 기개와 절의를 흠향하는 글에서 진정 충청인으로서 의 뿌리를 찾아 행하고자 하는 그의 열정이 전해온다.

그러기에 그의 글은 단순한 목소리가 아니라 온몸으로 행하는 육성(肉聲)이다. 그의 글을 대하면 대한민국이란 말또한 새롭게 다가온다. 국경일이면 국기함에서 꺼내는 태극기같은 대한민국이 아니라 일상 속에서 실천하고 행동하는 대한민국이다. 예를 들면 정신대 할머님들을 비롯, 강제동원 피해자들을 위한 그의 글들은 단순한 목소리가 아니고 잊혀진 역사를 돌보며 입법과 정책으로 행동하고 실천하면서 온몸으로 외치는 몸짓인 것이다.

예부터 시는 한 줄 한 줄을 일러 행(行)이라 했다. 진정한 시는 그저 목소리뿐인 노래가 아니라 한 걸음 한 걸음 나아가듯이 세상의 그릇됨을 바로잡고 참된 세상을 꿈꾸는 행동과 실천의 노래여야 한다는 의미이다. 그의 글은 이러한 문학의 근원적인 사명에 충실하달 만큼 행동과 실천의 본보기를 보여준다.

그의 글들은 오늘을 살아가는 부모의 자식으로서, 또 한 여인의 남편이자 아이들의 어버이로서 진솔한 고뇌와 소망을 전해주기도 한다. 아울러 충청인으로서 마음가심과 고향사랑의 성신에서 한 걸음 나아가 대한민국의 바람직한 내일을 향하고 있어 그 소망과 기원이 더욱 값지게 다가오기도 한다.

군인이 나라 땅을 지키듯이 시인은 나라 말을 지킨다. 나라 땅을 지킬 때는 누구나 군인이 되고 나라 말을 지킬 때는 누구나 시인이 된다는 것이 내 신념이다. 그의 에세이는 이러한 대한민국 군인과 시인의 충정을 가습 깊이 전해준다.

이명수 후배가 앞으로도 변함없이 내게 충청과 아산을 일깨워주는 충청인으로서, 또 대한민국의 미래를 향하는 아름다운 글들을 전해주는 문학인으로서 늘 새로운 모습을 가꿔가기를 바라고 기대하는 마음으로 그의 네 번째 에세이집 <코리아 하모니>발간을 축하한다.

전 문화부 장관, 중앙일보 고문

이 어 령

참된 정치와 진정한 문학은 하나다

참된 정치와 진정한 문학은 하나의 길을 향한다는 소신이다. 그 길은 소통과 나눔의 길이며 따뜻한 사랑의 길이다. 문학이 시대를 고뇌하면서 아픔과 고통을 전하고 소망과 꿈을 노래하듯이 정치 또한 국민의 고통을 위무하고 아픔의 눈물을 닦아 주어야 한다. 그러한 관점에서 이명수 의원의 에세이는 정치인으로서나 문학인으로서나 공히 참된 길을 가고 있다는 생각을 하게 된다.

그의 에세이에 담긴 미덕은 참다운 사람의 모습을 찾아가고 만나며 이야기를 나눈다는 데에 있다. 그늘은 천리포 수목원을 만든 푸른 눈의 한국인 민병갈 씨이며, 평생 이룬 부를 흔쾌히 던져 후학을 위해 대학을 세우고 빈 손으로 떠난 순천향대 설립자 서석조 박사이다. 때로 그들은 역사 속의 이충무공이나 추사 김정희, 연암 박지원, 면암 최익현, 박두세와도 같이 충청인의 기개를 전하는 선비들이기도 하다. 그런가 하면 추억 속의 우리 어린 시절의 모습이기도 하며 허리띠 졸라매며 우리를 가르치고 길러주신 어르신들이기도 하다. 또는 각박한 세상을 나눔과 봉사로 따뜻이 밝히는 기업가와 봉사자들의 모습도 있다.

이렇듯 다양하면서도 진솔한 만남의 이야기는 한 길을 향한다. 바로 우리 모두가 꿈꾸고 소망하는 화해와 사랑의 미래 대한민국이다. 당연히 우리 정치가 당리당략과 부조리의 구태에서 벗어나 가야 할 길이며 온 국민과 한 마음으로 나아가야 할 통일 대한민국의 미래를 향한 길이기도 하다. 이명수 의원의 <코리아 하모니>는 바로 이러한 대한민국의 바람직한 미래를 향한 꿈과 소망을 전하고 있다.

그리고 그 반성과 성찰이 진지한 역사에 대한 시선에서 출발한다는 점에서 더욱 힘이 있다. 과거와 역사의 성찰이 없이 진정한 미래를 향할 수 있는가? 아니다. 그래서 문학의 또 다른 사명이 바로 역사에 대한 진지한 성찰에 있기도 하다. 그 성찰은 뼛속까지 투명하게 직시할 수 있어야 한다. 뼈아픈 성찰, 그곳에서 정말 참다운 대한민국의 첫 걸음을 내디딜 수 있다.

오늘 우리 대한민국의 정치는 갈등과 반목의 과거에 안주하느냐, 아니면 화해와 사랑으로 앞으로 나아가느냐 하는 기로에 서있다. 이명수 의원의 에세이는 바로 이러한 오늘 우리의 현실과 과제를 꿰뚫고 있다. 그리고 절절한 목소리로 외친다. 바로 온 국민, 나아가 온 민족이 하나되어 노래하자는 '코리아 하모니' 의 목소리다.

그 하나된 목소리는 잠시 우리를 감격하게 했던 역사의 순간에서 찾을 수 있다. 광복의 순간, 4.19혁명과 6월 민주항쟁의 순간, 또 월드컵 4강 신화의 순간과 최근 올림픽의 순간 순간, 우리는 한 마음으로 진정 하나된 꿈과 여망을 함께 외치고 노래하지 않았던가? 진정 우리가 자유와 민주의

정신으로 소망하는 대한민국의 미래를 노래하는 이명수 의원의 목소리가 정치인으로서나 또 문학인으로서 가슴 절절하게 전해오는 이유를 이 책에서 확인하게 될 것이다.

앞으로 이명수 의원의 꿈과 소망이 '우리' 라는 이름으로 눈앞에 펼쳐지기를 함께 소망하는 마음으로 그의 〈코리아 하모니〉 출간을 크게 기뻐한다.

대전대 대학원장(역), 대전문인총연합회장, UPLI 한국회장
김 용 재

반갑고 고마운 다음세대를 향한 열정

우리 아산에서 이명수 의원을 만나는 일은 다른 정치인들과는 아주 다르다. 그저 이웃처럼 늘 어디서나 볼 수 있다. 만나면 격의 없이 친절하고 예의 바르며 늘 상대방을 진심으로 존중하고 배려하는 마음이 오롯이 전해 오곤 한다. 이러한 그의 따뜻함은 공직에 있을 때나 대학에 있을 때, 또 정치인으로서 국회의원인 지금에도 한 치의 변함이 없다.

나는 평생을 교육계에 몸담았던 터라 이명수 의원의 여러 모습 중에서도 특히 교육에 대한 열정, 즉 다음 세대를 향한 열성적이고도 진지한 노력을 높이 평가하고 싶다. 오늘 우리 교육환경이 서울과 지방의 격차가 심하고 개선하고 투자해야 할 분야가 많다는 점에서 이러한 이명수 의원의 각별한 관심과 노력은 더욱 소중하게 다가온다.

그의 에세이집에서는 이렇듯 우리 교육, 또 우리 지역사회가 우리 어린이와 청소년들에게 해줘야 할 일들이 무엇인지를 만날 수 있다. 365일 한결같이 어린이를 생각하자는 마음은 내가 교육계에서 몸담으면서 꿈꾸었던 평생의 바람이었다. 또한 우리 어린이와 청소년들이 좀더 자유롭게 뛰놀며 우리 지역의 아름다운 전통과 정신을 배우고 계승하자는 노력 또한 공감하며 우리 모두 함께 힘써야 할 과제이다. 우리 청소년들이 시험과 경쟁으로만 내몰리는 입시풍토를 개선하고 격려하자는 목소리도 가슴에 깊은 울림을 준다. 그가 소망하고 노력하는 '경쟁이 아름다운 세상' 이야말로 우리가 다음 세대를 위해 반드시 바로 세워줘야 할 숙제가 아니던가?

나는 교육계 후배들에게서 직간접적으로 이러한 그의 열정을 직접 실천하고 노력하는 이야기를 전해 들을 때마다 진심으로 감사하곤 한다.

오늘날 부조리와 불신으로 우리 정치가 지탄을 받기도 하지만 우리 아산에는 이명수 의원과 같은 선량이 있어 시민들에겐 자부와 긍지를 준다는 소회다. 이명수 의원이 올곧은 아산의 정치인으로서뿐 아니라 충청과 대한민국의 동량으로 군건히 커나가기를 바라며 그의 참된 생각과 마음이 담긴 네 번째 에세이집 발간을 축하한다. 아울러 우리 아산의 청소년들과 어린이들에게도 일독을 권하며 참된 아산 사랑, 나아가 진정한 나라 사랑의 귀감으로 삼도록 해야겠다고 다짐해본다.

충남도교육위원회 의장(역), 아산시 교육장(역)
손 성 래

한 번 죽어 영원히 사는 길

이명수 의원의 〈코리아 하모니〉 발간을 진심으로 축하드립니다.

비단 이 책에 담긴 철학에서뿐 아니라 평소 이 의원을 볼 때마다 저는 근민(勤民)과 직정(直正)의 생생한 전형(典型)을 보는 듯하여 더욱 반갑고 감사하는 마음이 됩니다.

근민(勤民)은 연연한 우리 선비정신의 맥박이자 전통입니다. 오로지 백성을 위하는 마음으로 공무를 받드는 것입니다. 직정(直正) 또한 정도를 벗어나지 않는 것, 혹은 그 어떤 유혹에도 굴하지 않는 선비정신이라고 알고 있습니다. 이 의원의 글을 읽으면 바로 이러한 충청 선비정신이 그대로 전해 옵니다. 실례의 말이 될지 몰라도, 이 의원의 의정활동에서도 저는 항상 올곧은 선비를 발견하곤 합니다.

'한 번 죽어 영원히 사는 길' 은 특히 유심히 읽었습니다. 우리 선조들의 생사관(生死觀)이 옷깃을 여미게 했습니다. 정치인이 냉엄한 국민과 역사의 심판 앞에서 당당하려면 그 어떤 일에도 임기응변이 아니라 정도로 임해야 한다는 것을 새삼 깨달을 수 있었습니다. 한 번 살기 위해 국민의 가슴 속에서 영원히 지워질 수도 있고, 한 번 죽음으로써 국민의 가슴과 역사에 영원히 남을 수도 있다는 생각을 다시 한 번 하게 되었습니다.

바로 그런 점에서 선비정신과 함께 이번 에세이집을 관통하는 또 하나의 정신이라 할 수 있는 통합과 상생을 생각합니다. 지금 민생이 힘겹고, 우리 사회의 분열이 심각합니다. 정치인들의 책무가 정말 무겁습니다. 이 의원의 이번 에세이집은 우리 모두에게 많은 것들을 생각하게 하는 소중한 계기가 되리라 믿습니다.

다시 한 번 이명수 의원에게 축하의 말씀을 드립니다. 감사합니다.

국회의원, 국회의장
강 창 희

함께 하고픈 '코리아 하모니'의 여망

이명수 후배의 네 번째 에세이집 출간 소식에 새삼 그의 부지런함에 놀라움과 경의를 전하고 싶습니다. 기자 출신인 저 또한 부지런히 글을 써서 책을 내는 편이지만 공직자 출신인 그가 8년여 동안 벌써 네 번째 에세이집을 발간하게 되었다는 것은 보통 사람의 노력으로는 쉽지 않은 일이라는 생각에서입니다.

저와 이명수 후배와의 인연은 대학 시절 명륜동의 추억으로 거슬러 올라갑니다. 고등학교 선후배로 대전에서 올라와 객지생활을 하던 그는 제 하숙집을 자주 찾았고 흉허물 없는 교우는 제가 막 결혼한 신혼집에서, 또 기자와 공직자로서, 지금은 국회에서 함께 일하는 동료 정치인으로 삼십여 년이 넘도록 막역하게 이어져 오고 있습니다.

저는 이명수 후배를 만날 때마다 떠오르는 생각이 있습니다. 지킬 것은 분명히 지키고 고칠 것은 반드시 고치는 강인한 사람이라는 생각입니다. 비록 정당은 다르지만 항상 소신과 열정 가득한 그의 의정활동은 가히 모범적입니다.

저도 부지런하기로는 그 누구에게도 뒤지지 않는다는 각오로 의정 활동에 임하고 있지만 그의 근면함에는 높은 평가를 보내지 않을 수 없습니다. 저도 케이티엑스 열차로 대전과 여의도 국회를 출퇴근하지만 그 또한 지역구인 아산과 서울을 거의 매일 오가면서 의정활동에 임하고 있습니다.

이번 에세이집 〈코리아 하모니〉는 그가 이렇듯 부지런히 일하는 목표를 분명히 전하고 있습니다. 과거의 갈등을 씻고 미래지향적인 대한민국을 향해 나아가자는 그의 소신에 찬 글들에 공감과 동참으로 답하며 변함없이 우리 정치를 새롭게 하는 길에 함께 하고 싶습니다.

이명수 후배님의 〈코리아 하모니〉 발간을 진심으로 기뻐하며 축하합니다.

국회의원, 국회부의장

박 병 석

• 차례

개정증보판 서문 온 국민이 하나되어 여는 대한민국의 희망 2

저자서문 '코리아 하모니', 그 날을 소망하며 2

추 천 사 대한민국을 향해 행동하는 목소리 12
전 문화부 장관, 중앙일보 고문 이 어 령

참된 정치와 진정한 문학은 하나다 15
대전대 대학원장(역), 대전문인총연합회장, UPLI 한국회장 김 용 재

반갑고 고마운 다음세대를 향한 열정 18
충남도교육위원회 의장(역), 아산시 교육장(역) 손 성 래

축 사 한 번 죽어 영원히 사는 길 20
국회의원, 국회의장 강 창 희

함께 하고픈 '코리아 하모니'의 여망 22
국회의원, 국회부의장 박 병 석

제1부 '코리아 하모니'

'코리아 하모니' 30

근민(勤民)과 절차탁마(切磋琢磨)의 민주주의를 소망하며 38

20:80의 정치문화부터 개혁하자 42

감사하며 함께 꿈꾸는 새해 소망 46

충무공의 백의종군, 그 참뜻을 새기며 51

화해와 통합의 대한민국을 향하여 55

정치혁신, 과제는 '적시정책(適時政策)'이다 58

진정 대한민국을 사랑하는 충청인에 고(告)함 63

별에게 길을 묻다 67

제2부 이명수와 함께하는 ‘마따뉴’

추사 선생의 세한도, 그 따뜻한 정한 74
매화향 더불어 새기는 가르침, 한번 죽어 영원히 사는 길 77
〈댄싱퀸〉에서 배우는 해피앤딩 정치 80
차동엽 신부님의 〈잊혀진 질문〉을 읽으며, 그리고 고 이병철 회장의 눈물 85
“요로원에 충청선비 역사공원을 세우자” 88
해를 품은 달처럼 대통령을 품는 우리 국민 91
아름다운 경쟁으로 힘있는 아산을 만듭시다 95
여러분의 젊은 선택이 아산의 미래를 결정합니다 98
첫 마음, 첫 걸음, 첫 사랑, 첫 약속 변함없이 여러분과 함께 하겠습니다 100

제3부 더불어 사는 나라

아산 어르신들의 소중한 가르침, 제게 가장 소중한 선물입니다 106
새롭게 창조하는 우리 고향의 정겨운 공동체문화 110
설, 대보름, 그리고 우리 놀이문화의 참된 의미 115
나눌수록 커지는 사랑의 기쁨 119
올 한가위에 소망하는 농민사랑의 손길 123
치자꽃 향내 속 별 바라던 추억 126
‘나는 가수다’ 에서 ‘우린 아산이다’ 를 배우자 134
함께 일자리를 만들고 더불어 밥먹고 일하며 꿈꿀 수 있다면! 137
(주)에스에이씨 한형기 대표이사님께 140
푸른 눈의 한국인, 새봄이면 그가 그립다 144
‘잊혀진 질문’, 그리고 우리가 만들어가야 할 해답 155

제4부 지금, 이곳, 우리 사는 대한민국

광복 66주년을 보내며 되새기는 사명들 168
생전에 풀어드려야 할 위안부, 강제동원 피해자들의 한(恨) 172
진수린 독립투사를 올바로 추모하는 길 177
호국의 간성 대한청년이여, 감사합니다 182
2012 대한민국, "더 감사하고 보답하자" 186
통일과 남북관계, 진지하고 냉철하게! 189
발트 3국, 새로운 친구나라를 찾아서 193
친구의 나라 캐나다에서 배운다 203
인류의 비극을 기억하는 나라 미국 207
독일 통일의 교훈과 시사점 210

제5부 경쟁이 아름다운 세상

새 학기 '작심삼일 칠전팔기' 성공법 224
수능, 그리고 '경쟁이 아름다운 교육' 228
우리 수험생들의 노력과 열정에 힘찬 박수를! 232
우리 어린이와 청소년들의 창의적인 겨울방학을 소망하며 235
그리운 헌책방 순례 239
'365일 어린이위원회'를 제안한다 243

제6부 상생과 해원의 대동 대한민국을 향하여

'우리들의 신부님' 의 감동과 우리가 꿈꾸는 대통령 248
21세기 대한민국을 향한 신지조론(新志操論) 254
대한민국 대통합, 해원과 상생의 여성리더십으로 열자 258
'일자리 창출', 범국가적 · 초당적으로 최우선해야 262
"민생, 안전, 공정 우선의 소신으로" 265
스마트 환경, 서민경제 활성화의 장으로 삼자 270
충남의 메가트랜드를 생각한다 275
인삼관련법, 농민과 소비자 우선의 정책 필요 278

부록 코리아 하모니를 향한 최근 SNS 기록과 다짐

국민대통합, 그 상생과 화합의 미래를 향하여 284
총선 이후 코리아 하모니를 향한 기록들 286
코리아 하모니, 그 날을 향한 다짐 322

1부 코리아 하모니

'코리아 하모니'

근민(勤民)과 절차탁마(切磋琢磨)의 민주주의를 소망하며

20:80의 정치문화부터 개혁하자

감사하며 함께 꿈꾸는 새해 소망

충무공의 백의종군, 그 참뜻을 새기며

화해와 통합의 대한민국을 향하여

정치혁신, 과제는 '적시정책(適時政策)' 이다

진정 대한민국을 사랑하는 충청인에 고(告)함

별에게 길을 묻다

제1부

'코리아 하모니'

늘 가슴에 새기며 행하고자 노력하는 대한민국 헌법. 우리 대한민국은 자유와 민주, 평등권 행복권을 지키며 발전시켜 나아가야 합니다. 그러기 위해서는 상생과 화합으로 함께 하는 국민통합의 시대를 열어야 합니다. 이제 민주화 세력과 경제성장 세력은 갈등의 구태를 벗고 대한민국의 깃발 아래 하나의 길, 하나의 미래를 향해 나아가야 합니다. 그래야만 장년세대와 청년세대, 부유층과 서민층, 노동자와 기업, 수도권과 지방 모두가 소통하고 더불어 사는 미래 대한민국을 열어갈 수 있습니다.

'코리아 하모니'

내가 소망하는 대한민국을 향한 내 모습을 돌아보면 무력하고 초라해질 때가 있다. 그러면 "나는 우리나라가 세계에서 가장 아름다운 나라가 되기를 원한다"고 역설한 백범 김구 선생의 '나의 소원'을 나즉이 소리내어 읽곤 한다. 〈백범일지〉 말미에 덧붙인 이 글은 고등학교 교과서에 실려 있을 정도로 우리 국민 모두가 좋아하고 소망하며 꿈꾸는 글이기도 할 것이다. 행간의 의미를 가슴 깊이 새기며 하얀 백지에 또박또박 옮겨 적어본다.

"나는 우리나라가 세계에서 가장 아름다운 나라가 되기를 원한다. 가장 부강한 나라가 되기를 원하는 것은 아니다. 내가 남의 침략에 가슴이 아팠으니, 내 나라가 남을 침략하는 것을 원치 아니한다. 우리의 부력(富力)은 우리의 생활을 풍족히 할 만하고, 우리의 강력(强力)은 남의 침략을 막을 만하면 족하다. 오직 한없이 가지고 싶은 것은 높은 문화의 힘이다.

문화의 힘은 우리 자신을 행복되게 하고, 나아가서 남에게 행복을 주겠기 때문이다." – 〈백범일지〉, '나의 소원' 중에서

그냥 눈으로만 읽는 것보다 육필로 쓰다 보면 백범 선생의 웅혼한 기상은 물론 글에 담긴 진정 힘있는 대한민국을 향한 의지가 새롭게 다가온다. 오늘 21세기를 살아가는 우리는 물론 우리 다음 세대까지도 대한국민으로서 가져야 할 국민철학이 아닌가 깊이 새긴다.

문득 우리의 통일은 어떠한 모습으로 올 것인가를 상상할 때가 있다. 아무리 어렵더라도 반드시 와야 할 미래이기에 공상이 아니고 상상이다. 나는 남과 북이 백두에서 한라까지 칠천만 온 겨레가 손에 손잡고 한 목소리로 통일 대한민국을 합창하는 모습을 상상하곤 한다. 통일은 자유와 민주의 깃발 아래 평화와 화합으로 와야 한다,

한반도 삼천리 방방곡곡에서 온 겨레가 한 목소리로 부르는 노래. 나는 이러한 상상 속 아름다운 날을 '코리아 하모니(Korea harmony)' 의 날이라 이름하였다. 우리의 통일이 단순히 우리만의 화합이 아니라 백범 김구 선생이 염원하셨듯이 높은 문화의 힘으로 세계인을 행복하게 하는 내일을 열어야 겠기에 영문 철자를 빌어 '코리아 하모니'이다.

이러한 소망이 담긴 상상은 에스토니아 방문에서 비롯되었다. 지난 초여름 나는 우리에겐 그리 잘 알려지지 않은 발틱 3국을 찾았다. 에스토니아, 라트비아, 리투아니아 3국. 국회의장단 공식 외교 일정으로 찾은 이 곳에서 나는 형용할 수 없는 감동의 생생한 역사현장을 만나는 행운을 얻었다,

우리 한민족도 노래를 사랑하는 민족이지만 에스토니아인은 노래를 통해

독립과 혁명을 이룬 역사를 간직하고 이를 자부와 긍지로 기리는 민족이다. 에스토니아는 인구 130여만 명의 작은 나라지만 수도 탈린에서 5년에 한 번씩 열리는 대합창제(라울루피두 · laulupidu)는 140년의 전통을 자랑한다. 야외 공연장에서 열리는 이 노래축제는 3만여 명의 합창단이 수십만 명의 관중 앞에서 노래하는 장관을 연출한다.

합창은 700여년 동안 스웨덴, 독일, 러시아 등 끊임없이 외세의 지배를 받았던 에스토니아인의 고난에 찬 역사 속에서 국민을 화합하게 해준 엄청난 힘이었다. 구 소련 치하에서 벗어나 마침내 독립을 이루게 해 준 힘도 온 국민의 합창으로 시작하고 완성되었다. 구소련 붕괴 직전인 1987년부터 수만 명의 사람들이 광장과 거리로 나와 자유를 갈망하는 노래를 부르기 시작했고 1988년 9월 11일에는 전 인구의 4분의 1인 30여만 명이 모여 낮부터 이튿날 아침까지 밤새도록 자유의 노래를 합창했다고 한다. 특정 지도자나 주도자 없이 국민 모두의 자발적인 참여로 이루어진 에스토니아인의 합창은 1991년 독립할 때까지 4년간 계속되었고 구소련의 군대와 탱크도 스스로 인간방패가 되어 자유와 독립을 노래하는 에스토니아 국민을 꺾지 못했다.

노래로 독립을 쟁취한 이 놀라운 사건은 '노래하는 혁명' 으로 불린다. 노래하는 혁명은 이웃한 라트비아와 리투아니아에도 이어져 에스토니아의 수도 탈린에서부터 리투아니아의 수도 빌뉴스로 번져갔고, 1989년 8월 200여만 명이 손에 손을 잡고 발트 3국을 연결하는 장장 620km의 인간띠를 만들면서 절정을 이루었다. 이 평화와 자유를 향한 발틱 3국 국민의 합창의 힘은 1991년 마침내 구소련으로부터 독립을 얻어내기에 이르렀고 이 역사적 사건은 '발트의 길' 이라는 이름으로 명명되었으며 유네스코 인류 문화유산으로 등재되기도 했다. 수십만이 운집한 대합창제 광경을 담은 사진은 에스토니아 문화를 소개하는 홍보물과 거리 관광 안내판에도 빠짐없이 상징처럼 붙어 있다.

어쩌면 만남과 소통의 가장 아름다운 수단 중 하나가 음악과 노래가 아닌가 싶다. 신흥 IT강국으로 부상하고 있는 에스토니아가 MSN 메신저와 스카이프(Skype)라는 소통수단을 만들어낸 나라라는 것도 우연은 아니라는 생각이 들었다.

에스토니아의 자유와 독립의 합창이 절정이던 1988년 9월 11일, 당시 우

에스토니아 수도 탈린에서 열리는 대합창제(라울루피두 · laulupidu)를 홍보하는 사진. 에스토니아 관광을 대표적으로 홍보하는 이미지로 많은 곳에서 볼 수 있다. 사진은 Kirsti Eerik 작품으로 명기되어 있다.

리는 9월 17일 서울올림픽 개막을 막 앞둔 시점이었다. 오랜 만에 구 소련을 비롯한 공산권과 자유진영이 함께 한 올림픽으로 기록된 서울올림픽에서는 '화합과 전진' 이란 기치 아래 '손에 손잡고 벽을 넘어서' 라는 노래가 울려퍼졌던 것으로 기억된다. 하지만 우리는 아직 냉전과 정전 상태의 분단국가였다. 이에 비해 이미 동구를 비롯한 발틱 3국은 냉전체제가 붕괴되고 자유와 평화의 도도한 물결이 시작되고 있었던 것이다.

그로부터 25년여가 지난 오늘 삼십 초반의 나는 오십대 후반의 지천명의 나이가 되었고 하늘을 우러러 우리 아이들에게만큼은 통일 대한민국의 그 날이 오리라는 희망을 간직하며 살고 있다.

아직은 멀고 아득해 보이는 통일의 그 날. 하지만 그 날은 칠천만 온 겨레의 우렁찬 합창으로 오기를 소망한다. 어느 노래를 합창하여야 할까? 최근 '코리아' 라는 영화에서 소개되기도 했던 남북 탁구단일팀 구성시엔 '우리의 소원은 통일'을 남북 국가 대신 합창했다. 하지만 통일이 된다면?

에스토니아에서는 러시아 치하에서 아름다운 모국어로 조국에 대한 사랑을 노래했던 여류 민족시인 리디아 코이둘라(Koidula, Lydia)의 시에 구스타프 에르네삭스(Ernesaks, Gustav)가 곡을 붙인 '나의 조국, 나의 사랑'을 국가 대신 합창했다 전한다. 지금도 대합창제 때엔 이 노래가 우렁차게 불리며 모든 에스토니아인들이 눈물을 글썽이며 목놓아 부른다 한다. 에스토니아에 자유의 물결이 시작되기 전인 1986년 코이둘라는 세상을 떠났지만 그는 아직도 에스토니아의 우표와 화폐, 그리고 무엇보다 '나의 조국, 나의 사랑' 의 노래로 남아 맥박치고 있다.

에스토니아인들이 자유와 평화를 외치며 불렀던 '나의 조국, 나의 사랑'을 쓴 민족시인 리디아 코이둘라는 사후에도 우표와 지폐, 그리고 에스토니아인들이 대합창제 때마다 부르는 합창 속에서 살아 있다. 사진은 에스토니아 지폐에 담긴 민족시인 리디아 코이둘라의 모습.

"나의 조국은 나의 사랑
애정을 바쳤던 그대에게 노래하네.
크나큰 행운을, 생기발랄한 에스티여!"

일제강점기에 "지금 눈 내리고 / 매화 향기 홀로 아득하니 / 내 여기 가난한 노래의 씨를 뿌려라. // 다시 천고(千古)의 뒤에 / 백마 타고 오는 초인(超人)이 있어 / 이 광야에서 목놓아 부르게 하리라." 노래하였던 이육사 시인이 떠오른다.

어느 노래면 어떠랴. 김민기 씨의 '내 나라 내 겨레'도 떠오른다. 올 초 한 텔레비전 프로그램에서 홍경민이 이 노래에 곡을 붙인 송창식 씨 앞에서 열창해 가슴 뭉클하게 했던 노래. 나는 가끔 김민기 씨의 목소리로 이 곡을 올려 페이스북 친구 분들과 공유하며 감상하곤 한다.

보라 동해에 떠오르는 태양
누구의 머리 위에 이글거리나
피맺힌 투쟁의 흐름 속에
고귀한 순결함을 얻은 우리 위에

보라 동해에 떠오르는 태양
누구의 앞길에서 훤히 비치나
찬란한 선조의 문화 속에
고요히 기다려온 우리 민족 앞에

숨소리 점점 커져 맥박이 힘차게 뛴다
이 땅에 순결하게 얽힌 겨레여

보라 동해에 떠오르는 태양
우리가 간직함이 옳지 않겠나

숨소리 점점 커져 맥박이 힘차게 뛴다
이 땅에 순결하게 얽힌 겨레여

보라 동해에 떠오르는 태양
우리가 간직함이 옳지 않겠나
우리가 간직함이 옳지 않겠나

남과 북을 초월하여 하나로 부둥켜 안고 부를 노래. 이만하면 어떤가 생각하면서 벌써부터 가슴이 뛰고 맥박이 고동쳐옴을 느낀다.

이제 그 날, 온 겨레가 한 마음으로 우렁차게 합창해야 할 그 날을 향해 해야 할 일이 있다. 바로 오늘 우리 대한민국부터 상생과 화합의 한마당으로 손잡고 나아가야 한다. 민주와 성장으로 갈라진 오늘 우리의 모습부터 서로 부둥켜 안고 어깨 다독여주어야 한다. 세대와 세대의 갈등도, 빈과 부의 양극화도 서로 손내밀어 보듬어주는 상생의 문화부터 자리잡도록 해야 한다. 한 나라 한 겨레 아니던가.

한 나라, 한 겨레가 한반도에서 시작하여 세계를 향해 부를 우렁찬 합창의 그 날 칠천만의 하나된 목소리, 바로 '코리아 하모니(Korea Harmony)'이다.

근민(勤民)과 절차탁마(切磋琢磨)의 민주주의를 소망하며

최근 무상급식 주민투표로 시작되어 서울시장 보궐선거로까지 이어지고 있는 정치권의 흐름을 바라보며 정치인의 한 사람으로서 깊은 자성과 함께 한국정치의 현주소를 냉철하게 되짚어봅니다.

먼저 서울시민 전체의 현안이 아닌 무상급식 대상 학부모 유권자의 현안을 전체 주민투표에 부쳤다는 점에 대한 안타까움입니다. 나아가 서울시의 무상급식 현안이 내년 총선과 대선을 앞둔 정치일정에 소모적인 논쟁과 갈등의 불을 붙였다는 안타까움도 함께 돌아보게 됩니다. 아울러 이러한 정치일정에 소요될 예산의 소모와 낭비도 안타까움 중 하나입니다.

지난 8월말 선관위에 의하면 주민투표에서 서울시장 재선출까지 소요될 정치비용은 500억 원대로 추산했습니다. 우선 주민투표 진행 · 관리에만 182억원이 들고 서울시장 재선거 비용으로 200억 원 이상이 소요되며 후보별로 30억원이 훨씬 넘는 선거비용이 들어가게 됩니다. 이러한 500억원대의 소모적인 비용이 국민의 세금으로 충당되는 것입니다. 게다가 서울시의 경우 매년 수백억원을 추가부담해야 하는 무상급식이 전국 지자체로 파급될 경우의 재원조달로 인한 국민들의 세금부담 가중문제도 간과할 일이 아닙니다.

가장 중요한 문제는 이렇게 심각한 파장이 예상되는 사안을 단기간에 근시안적으로 주민투표를 강행했어야 하는가 하는 문제입니다.

저는 이러한 문제를 고민할 때마다 역사를 되돌아보곤 합니다. 조선 국운을 일으킨 성군으로 추앙받는 세종은 고려 때부터 이어진 세금과 관련한 공법(公法)을 개혁하는데 17년 동안의 노력을 기울였습니다. 고려 때부터 일괄적으로 20%를 부과해온 과전법이 핵심이었는데 이를 토지 비옥도와 농사의 풍흉에 따라 세분화하여 시행하기까지 현장조사와 여론조사를 포함한 민의를 수렴하면서 시행했습니다.

조선왕조실록은 그 과정에서 세종12년 8월 전 백성을 대상으로 여론조사를 실시해서 찬성 9만 8,657, 반대 7만 4,149의 결과를 토대로 6년여 동안의

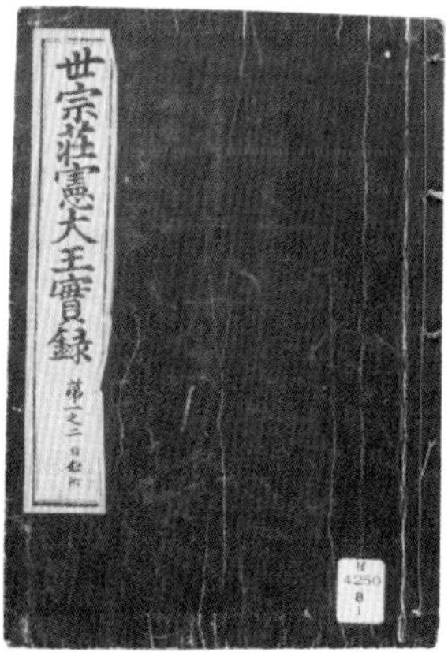

세종실록에는 공정한 세금제도, 즉 공법(公法) 시행을 위해서 17년 동안 세계사에 유례가 없던 여론조사를 비롯한 민의 수렴을 거쳐 법을 정비했다고 기록하고 있습니다. 사진은 현전하는 '세종실록'으로 한국학중앙연구원 제공.

시범실시와 보완을 통해 공법을 개혁한 것으로 기록하고 있고 사가들은 15세기에 이러한 민주적인 정책결정과정을 세계 초유의 민주적인 절차로 평가하고 있습니다. 이러한 공법의 개혁은 1493년까지 17년의 과정을 거쳐 육조는 물론 전국 백성들의 민의를 수렴하면서 진행되었습니다.

저는 이러한 세종대왕의 민의에 바탕한 리더십이 있었기에 조선의 국운 융성과 중흥이 오백년 조선왕조를 지탱하게 했던 초석이 아니었나 되돌아 봅니다. 나아가 오늘 21세기 대한민국의 민주주의의 현장에서 국민의 세금과 권익을 위임받은 정치인의 한 사람으로서 우리 대한민국 정부와 헌정 사상 과연 17년 동안 연구하고 토론하며 국민의 공론 수렴과정을 거쳤던 정책이 있었는지를 되돌아 봅니다.

이제 저는 오늘 우리가 되새기고 지켜야 할 소중한 원칙 두 가지를 생각합니다. 바로 민의(民意)와 국민의 권익을 우선하는 정신과 이를 실천하는 절차탁마(切磋琢磨)의 과정입니다. 만약 민의보다 개인의 정치적 욕망이나 권력욕에 우선한다면, 또 성급한 치적이나 전시효과를 노린 졸속한 과정을 묵인한다면 그것은 엄청난 소모와 낭비를 초래한다는 교훈을 깊이 생각해야 합니다.

저는 이러한 역사의 교훈 앞에 제가 해야 할 일을 하나하나 되새깁니다. 우선 다가오는 국정감사에서 국민의 세금이 바로 쓰이는지, 국민의 권익이 제대로 지켜지는지를 근민(勤民)의 각오로 임하고자 합니다. 또한 제게 소중한 권한을 위임해주신 아산시민의 편의와 권익을 위해 예산을 확보하고 법적, 제도적 수혜를 제대로 받을 수 있도록 더 바빠야겠다고 다짐합니다. 나아가 제 소관 분야인 행정안전 분야에서 국민의 권익과 안전을 위해 개선하고 새로 만들어야 할 법과 제도는 무엇인지 좀더 밤을 밝혀 연구하고 실천해야겠다는 각오입니다.

무엇보다 저 자신 스스로 시민 여러분께 심려를 끼치는 일이 없도록 깨끗하고 부지런해야겠다는 각오를 끊임없이 반성하고 되돌아 봅니다. 그리고 스스로를 버림으로써만이 얻을 수 있는 시민 여러분의 따뜻한 가슴과 손길의 소중함을 깊이 새깁니다.

20:80의 정치문화부터 개혁하자

전국 40여 작은 보선 외면, 서울시장 선거 올인

10.26 보궐선거가 목전에 다가왔다. 매스컴에는 온통 서울시장 선거에 집중되고 있다. 안타까운 것은 나머지 40여개 다른 지방선거의 실종이다. 비록 광역 선거는 서울시장 선거 하나뿐이지만 전국 11개 기초단체장, 11개 광역의원, 19개 기초의원 보선도 진행되고 있다는 사실은 묻히고 있다. 매스컴의 보도 시각도 2012 4.11총선, 또는 2012 대선 전초전 등과 같이 중앙정치 중심의 이슈에 주목하고 있다. 10.26보선에 있어 전국 40여개 선거는 열악한 여건에서 고군분투하는 시군 단위, 또는 광역 단위의 지역 언론에서나 찾아볼 수 있을 뿐이다.

지난 9월말 현재 대한민국 국민은 5천68만여 명, 서울시민은 1천27만여 명이다. 인구 비례로만 따져본다면 20:80의 양극화가 10.26 보선을 지배하고 있는 셈이다. 전 국민의 눈과 귀가 되어야 할 공중파 방송도, 중앙신문도 온통 서울시장 선거보도 뿐인 우리 정치문화를 어떻게 보아야 하는가? 그렇다고 시청료나 구독료를 지방주민들이 적게 내는 것도 아니다.

네트워크 중심의 수평적이고 평등한 미디어로 주목받고 있는 SNS(Social Network Service)조차도 사정은 크게 다르지 않다. 아마도 한나라당과 민주당의 거대 중앙정치세력이 양적으로 SNS의 대부분을 장악하고 있지 않나 하는 생각이 들 정도다. 어쩌면 이또한 정보화에 있어 중앙과 지방의 격차로 인한 집중이 아닌가 우려하게 된다. 만약 이대로라면 우리 지방자치의 미래는 어둡기만 하다. 20:80의 양극화가 비단 빈부의 양극화, 계층의 양극화뿐만 아니라 중앙과 지방의 양극화를 의미한다는 점 때문이다.

근대화와 산업화 과정에서 '서울로, 서울로' 집중하던 시대의 '서울공화국' 으로 상징되던 정치문화가 지방자치가 시작된 지 20여 년이 지나고서도 여전히 우리 대한민국의 정치문화를 지배하고 있다는 우려가 앞선다.

사실 필자는 초보 SNS 사용자의 한 사람으로서 10.26 지방선거에서 우리 지역, 또 지방의 선거에도 관심을 가져줄 것을 호소하고 있다. 페이스북에서의 '좋아요' 나 트위터의 '팔로우' 는 대부분 나경원, 박원순 두 후보의 메시지에 묻힐 뿐이다. 이러한 현실을 목도하면서 눈앞에 떠오르는 모습은 바로 우리 지방 언론의 언론인들이다. 광고도 구독료도 중앙 매스컴에 집중되고 있는 열악한 여건, 또한 열악한 복지와 취재를 비롯한 근무여건 속에서도 오직 사명감 하나로 묵묵히 지역민의 눈과 귀로서의 소명을 다하기 위해 땀흘리는 언론인들의 모습이 안타깝게 떠오른다. 대한민국의 아름다운 미래를 생각한다면 우리의 과제는 20:80의 정치문화를 개혁하는 데에서 다시 시작해야 한다.

먼저 민주당이나 범야권에 바란다. 노무현 전대통령의 가장 큰 업적이 무엇이었던가? 바로 지방분권이었다. 만약 중앙정치의 논리와 중앙권력 집권에만 눈이 어두워 지방분권과 자치의 미래를 외면한다면 80의 다수 국민의 심판에 직면할 것이라는 점에서 반성을 촉구한다.

한나라당에도 바란다. 이명박 정부 들어 가장 심각하게 실종된 정책이 바로 지방분권과 지방화이다. 세종시와 국제과학비지니스벨트로 상징되는 현 정부의 반지방화 정책은 이미 지방의 반정권 의식에 부딪치고 있음을 직시해야 한다.

'작은 것이 아름답다(Small is beautiful)' 라는 명제를 다시 생각한다. 독일 출신으로 영국의 여류 경제학자인 슈마허(Ernst Friedrich Schumacher)가 1973년에 출간한 경제비평서이다. '작은 것이 아름답다' 는 명제는 아담 스미스 이후 200여년 동안 산업화에 바탕한 서구 경제 중심의 '규모의 경제(Economy of scale)' 에 반론을 제시한 경제학과 생태계를 배려한 중간기술, 산업화에 소외된 개발도상국에 대한 관심으로 주목을 받은 이후 지방화(localization) 시대가 도래하면서 작은 경제에 바탕한 작은 민주주의의 철학적 바탕으로 주목받고 있기도 하다.

오늘 우리 대한민국은 생태계와 인간이 조화로운 녹색성장의 미래를 향해 나아가야 한다. 진정한 녹색성장의 미래가 200여 억원의 호화판 4대강 자축에 있지 않다는 점을 국민 누구나가 잘 알고 있다. 이제 20;80의 빈부격차, 계층격차 해소와 더불어 20:80의 중앙과 지역격차 해소에 나서야 한다.

박원순 서울시장 후보를 비롯한 민주당과 범야권도 명심해야 한다. 노무현 전대통령이 꿈꾸며 추진했던 진정한 대한민국의 미래가, 또한 지방자치 시민연대나 아름다운 재단의 희망이 참된 지방화와 지방분권의 실현이 아니었던가?

밑으로부터의 풀뿌리 자치가 구호로 그쳐서는 안된다. 지방이라는 뿌리가 튼튼하지 않고서 줄기와 열매가 알찬 민주주의를 꽃피울 수는 없다. 녹색성장의 기반은 중앙과 지방의 생태적 조화에 있어서도 무엇보다 중요한 정책과제임을 명심해야 한다.

"뿌리깊은 나무는 바람에 아니 흔들리고 샘이 깊은 물은 가뭄에 아니 마른다" 했던 600여년 전 세종대왕의 위민정치가 오늘 다시 뼛속 깊이 우러러진다.

감사하며 함께 꿈꾸는 새해 소망

2011년 신묘년을 보내고 2012년 임진년을 맞습니다. 타임지는 올 해의 인물로 '시위자(Protester)' 를 선정했습니다. 타임지는 "지구촌을 개혁과 민주화의 함성으로 가득 메운 시위자가 올해 단연 뉴스와 논란의 중심에 섰다" 고 밝히면서 시위자들이 전 세계 피플파워(people power)를 새롭게 정의하고 있다고 보도했습니다.

2011년 타임지가 올해의 인물로 선정 표지를 장식한 '시위자(Protester)'.

저는 올 해 우리 대한민국을 움직인 새로운 인물로 '2040세대' 를 비롯, 참여하고 행동하는 시민 여러분을 꼽고 싶습니다. 올 한 해 기존 정치권에 냉엄한 비판과 반성의 계기를 가져다 준 시민세력의 중심에 바로 2040세대가 있었고 참여하고 행동하는 국민이 있었습니다. 정치인의 한 사람으로서 깊은 반성, 그리고 성찰과 함께 늘 제게 진솔한 목소리로 이끌어주시고 아낌없이 성원해주시는 아산시민 여러분께 감사하는 마음으로 2011년을 돌아봅니다.

다가오는 임진년 새해는 2040세대뿐만 아니라 온 국민의 자각과 참여가 높아지는 한 해, 나아가 국민의 참여가 대한민국을 바꾸는 한 해가 될 것으로 전망합니다. 다가오는 4월 총선과 12월 대통령 선거는 바로 이렇듯 국민 여러분의 자발적인 선택이 21세기 대한민국의 새로운 길을 열 것이기 때문입니다.

저는 우리 아산에서도 정치에 대한 무관심과 방관을 벗어나 정치현장에 적극 참여하여 우리 아산을 바꾸고, 나아가 충청과 대한민국을 바꾸는 새로운 시민사회의 변화가 힘차게 일어나기를 소망합니다.

매일 아침 일찍부터 저는 페이스북과 트위터를 통해 시민 여러분의 목소리를 들으며 하루를 시작합니다. 이들 SNS에는 젊은 우리 아산 시민들의 목소리가 실시간으로 전해지고 제가 잊고 있던, 때론 미루고 있던 소명들을 일깨워줍니다. 저녁 늦게 집에 들어가면 이들 사이트에 도착한 메시지와 격려, 때론 질책을 접하면서 반성과 함께 하루를 정리하곤 합니다. 나아가 이렇게 24시간 제게 전해주시는 시민 여러분들의 목소리를 가슴 깊이 새기며 아산의 현장 곳곳을 찾고, 국회에 올라가 의정활동에 임하곤 합니다.

이제 비상하는 용의 기상이 어린 임진년 새아침이 밝아옵니다. 지난 어려운 시대에 피땀으로 오늘 우리의 삶터를 일구어 주신 어르신들을 생각합니다. 오늘 묵묵히 어려움을 이기고 봉사하고 헌신하며 자신의 일터에서 땀흘리시는 우리 아산의 선후배님들, 그리고 이웃 여러분들의 모습을 떠올려 봅니다. 그리고 우리 다음 세대의 아산을 이끌어갈 어린이와 청소년들의 맑은 웃음, 소중한 소망의 내일을 가슴에 새깁니다.

새해 임진년에는 이 모든 아산 시민 여러분들의 소중한 꿈을 함께 이루어 가는 한 사람이고자 다짐합니다. 늘 스스로를 반성하고 되돌아보면서 우리 아산 시민 여러분의 소망을 함께 실천하고 행동하는 참된 일꾼으로서의 신년 각오를 다집니다.

새해 임신년의 소망과 함께 제가 늘 가슴 깊이 새기는 함석헌 선생의 말씀을 함께 나누며 희망의 새해를 시작하고 싶습니다.

만리길 나서는 길
처자를 내맡기며
맘 놓고 갈만한 사람
그 사람을 그대는 가졌는가

온 세상 다 나를 버려
마음이 외로울 때에도
'저 맘이야' 하고 믿어지는
그 사람을 그대는 가졌는가

탔던 배 꺼지는 시간
구명대 서로 사양하며
'너만은 제발 살아다오' 할
그 사람을 그대는 가졌는가

불의의 사형장에서
'다 죽여도 너희 세상 빛을 위해
저만은 살려두거라' 일러줄
그 사람을 그대는 가졌는가

잊지 못할 이 세상을 놓고 떠나려 할 때
'저 하나 있으니' 하며
빙긋이 웃고 눈을 감을
그 사람을 그대는 가졌는가

온 세상의 찬성보다도
'아니' 하고 가만히 머리 흔들 그 한 얼굴 생각에
알뜰한 유혹을 물리치게 되는
그 사람을 그대는 가졌는가

– 함석헌 선생의 '그 사람을 가졌는가' 전문(全文)

저는 늘 제 곁에 계신 아산 시민 여러분이 바로 '그 사람' 입니다. 그리고 저또한 아산 시민 여러분께 '그 사람'이 되고 싶습니다. 그리하여 따뜻이 손 잡고 서로 어깨 두드려주며 새로운 변화의 길, 우리 아산 시민이 충청, 나아가 대한민국의 중심에 우뚝 서는 새해를 힘차게 열고 싶습니다.

아산 시민 여러분, 꿈꾸시는 소망 꼭 이루시는 새해 새아침을 기원합니다.

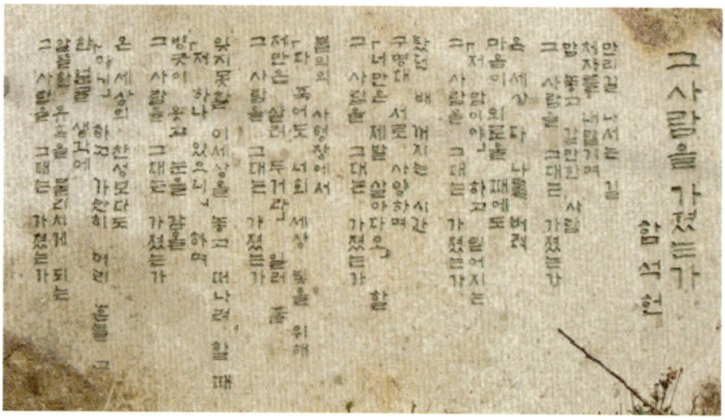

대학로 마로니에 공원에 가면 함석헌 선생의 시 '그 사람을 가졌는가' 전문을 새긴 시비를 만날 수 있습니다. 이 시는 함석헌 선생의 시집 〈수평선 너머〉에 수록되어 있습니다. 사진은 함석헌기념사업회 홈페이지에서.

충무공의 백의종군, 그 참뜻을 새기며

아산 시민 여러분께 드리는 19대 국회 출사표

4.11총선이 끝났습니다. 우리 아산의 4월은 이순신 장군의 달입니다. 이 충무공의 탄신일을 맞아 성웅이순신축제가 열리고 비록 음력이지만 4월은 이순신 장군이 다시 삼도수군통제사를 맡기까지 120여일 동안 백의종군을 시작하신 달입니다. 저는 이제 이러한 이충무공의 달 4월에 이충무공이 남기신 큰 유업을 가슴에 새기며 제19대 국회에 임하고자 합니다.

이번 총선에서 제게 주신 첫째 사명은 국민, 또 아산 시민을 위해서는 정파와 당리당략을 뛰어넘으라는 것입니다. 이번 총선에서 국민 여러분은 새누리당과 민주통합당의 양당 구도 속에서 자유선진당에 냉엄한 심판을 내려주셨습니다. 하지만 아산 시민 여러분께서는 제게 아산발전과 시민의 권익을 대변하라는 중임을 다시 한 번 맡겨 주셨습니다. 이는 초당적으로 아산의 미래를 향하라는 준엄한 명령이라 생각합니다.

공교롭게도 우리 역사에 이충무공이 있게 한 것은 선조 당시 붕당정치 속에서도 당파를 뛰어넘는 소통의 소산이었습니다. 흔히 당파나 붕당이라고

하면 부정적인 인식이 강하지만 당시 동인을 이끌었던 유성룡과 서인을 이끈 율곡 이이는 당파를 떠나 소통의 정치를 했던 것으로 기록되고 있습니다. 유성룡이 당시 이조판서 이율곡에게 이순신을 천거하자 이율곡은 당파를 떠나 이에 응하면서 오늘 우리 가슴 속에 구국(救國)과 위민(爲民)의 영웅 이충무공이 있게 했습니다.

저는 이러한 역사와 오늘 우리 아산 시민께서 주신 사명을 뼛속 깊이 새기면서 국민, 또 아산 시민의 권익을 우선하는 초당적 사명으로 제19대 국회에 임하겠습니다.

아산 시민께서 제게 주신 두 번째 사명은 소통과 공감입니다. 저는 지난 국회 의정활동과 이번 선거운동에 이르기까지 직접 시민 여러분을 만나면서, 또 페이스북과 트위터를 비롯한 SNS로 소통하면서 민원을 듣고 정책을 만들어가며 소통과 공감의 정치를 향해 노력했습니다. 이순신 장군 또한 120여일 백의종군으로 진정 이루고자 했던 바는 바로 경기, 충청, 전라, 경상에 이르는 대장정을 통해 호서와 삼남지방의 민정을 파악하고 소통하면서 민심을 수습하고자 함이었습니다.

저는 비록 부족한 제 힘으로나마 최선을 다하여 끊임없이 아산 시민, 또 국민 여러분과 소통하면서 진정 국민, 또 아산 시민의 편에서 권익을 대변하고 관철하는 백의종군의 소중한 사명을 이어 시민 여러분께서 주신 사명을 다하고자 밤낮을 잊고 뛰겠습니다.

아산 시민께서 제게 주신 세 번째 사명은 과거나 오늘을 뛰어넘어 미래를 향하라는 사명입니다. 이번 총선에서 국민은 '정권 심판'을 앞세운 야당의 공세에도 '과거로 돌아갈 것인가. 미래로 나아갈 것인가'라는 선택을 앞세운 여건에 근소하나마 높은 지지를 보내주셨습니다.

이순신 장군은 당시 일본이 조선을 침략하지 않을 것이라는 여론이 우세했고 전란 중에 '수군폐지론' 까지 나왔던 조정에 장계까지 올리면서 유비무환의 사명감으로 전란에 임합니다. 임진년 4월 12일 난중일기에는 "식사 후에 배를 타고 거북선의 지자포(地字砲), 현자포(玄字砲)를 쏘았다."고 기록하고 있는데 바로 그 다음 날인 4월 13일 도요토미 히데요시는 15만8700명의 일본군을 동원해 임진왜란을 일으킵니다.

저는 이러한 내일을 준비하는 이충무공의 소신과 신념을 되새기며 우리 다음 세대가 살아갈 아산, 또 대한민국을 생각하면서 위기에 미리 대비하고 미래를 향한 정책과 입법을 준비하면서 국민 여러분의 권익과 민생에 어려움이 없도록 최선을 다하겠습니다.

올해는 마침 임진왜란이 일어난 지 420년째를 맞는 임진년입니다. 60년만에 온다는 흑룡의 해 임진년, 이충무공이 태어나고 또 백의종군을 시작한 4월, 저는 이충무공의 유지와 함께 아산 시민과 국민께서 제게 다시 주신 준엄한 사명을 가슴 깊이 새깁니다.

이충무공은 어머님의 상을 미처 마치지 못하고 영전을 떠나면서 "나라에 충성을 다하려다가 이미 죄가 여기에 이르렀고, 어버이에게 효도를 하고자 하였으나 어버이 또한 돌아가셨구나."라고 눈물로 백의종군 길을 나섰다고 기록하고 있습니다. 〈(이충무공의 조카 이분(李芬)이 곁에서 기록한 '행록(行錄)'〉 나아가 선조가 이충무공을 다시 삼도수군통제사로 임명하면서 '수군폐지론과 함께 '이제 육전에 힘쓰라' 는 하명에 "아직 12척의 전선이 있고(尙有十二) … 미천한 신하 저 이순신은 죽지 않았습니다(微臣不死)"라는 내용의 장계를 올리고 명량대첩과 임진란의 승리를 이끌어냅니다.

올해는 이충무공 탄신 467주기이자 이충무공이 어머님을 모셨고 임진왜란 승리의 유허가 있는 여수에서 오는 5월부터 우리 해양문화를 세계에 알리는 여수세계박람회가 열리는 해이기도 합니다.

이러한 시점에서 저는 이순신 장군의 유업과 백의종군의 참뜻을 가슴 깊이 새기면서 국민 여러분과 국가의 미래를 먼저 생각하겠습니다. 나아가 아산 시민의 권익을 지키고 아산발전의 명령을 반드시 관철하고 이뤄내겠습니다. 아산 시민 여러분 정말 감사하다는 인사말씀과 함께 더 열심히 땀흘리겠다는 각오로 제19대 국회 출사표를 올립니다.

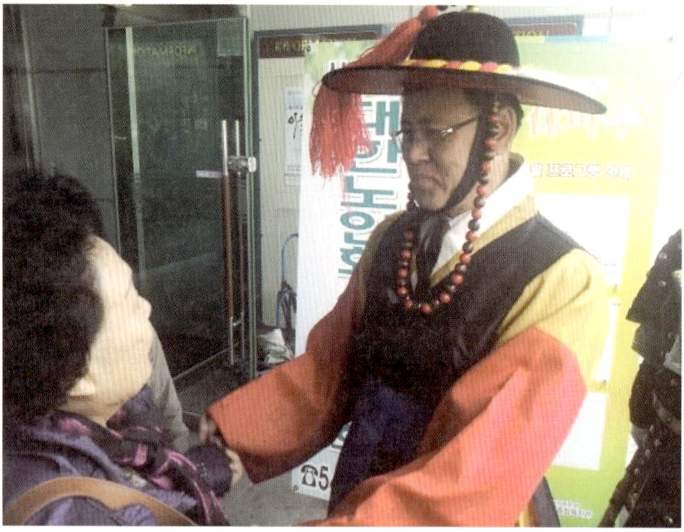

지난 4.11 총선에서 이순신 장군으로 분장해 선거운동을 했습니다. 아산인이라면 누구에게나 평생 존경의 대상인 이순신 장군의 충청과 애민정신을 조금이라도 따르고 싶은 각오로 선거에 임하고 싶었습니다.

화해와 통합의 대한민국을 향하여

이제 곧 제19대 국회가 열립니다. 다시 국민 앞에 두 손 모아 기도하는 마음으로 섭니다. 국민 여러분께서 주신 준엄한 사명을 깊이 새깁니다. 갈등과 당리당략을 넘어서 화해와 통합을 바라는 국민 여러분의 여망을 향해 한 걸음씩 묵묵히 나아가야겠다는 각오를 새로이 다집니다.

가까운 7월에는 세종특별자치시가 출범합니다. 지난 2002년 본격적인 지방분권과 로컬거버넌스 시대를 향해 내딛었던 첫 걸음이 갖은 역경과 반대 속에서도 절반의 실현을 이루는 날입니다. 세종특별자치시 출범은 우리 충청인만의 축제가 아닙니다. 세종특별자치시 출범은 정치적 분열과 지역 갈등으로 얼룩졌던 중앙집중의 과거를 딛고 진정 지역균형발전과 지역등권의 시대를 향해 나아가야 하는 역사적 전기라는 각오로 임해야겠습니다.

9월 정기국회에서는 제19대 국회 첫 국정감사가 시작됩니다. 87년 개헌의제 이래 한국 정치사에만 존재하는 국정감사를 상시 감사체계로 개선해야 한다는 18대 국회의 소신을 이어 불편부당함이 없이 국민의 시각으로 국민의 혈세가 올바로 집행되고 국민이 공권에 위임한 권력이 정당하게 집행되는지를 엄정하게 감사하고 바로잡아야겠습니다. 무엇보다 대통령 선거를 앞둔 정쟁과 당리당략을 벗어나 진정 국민 권익과 민생 우선의 국정감사가 되도록 땀을 쏟아야겠습니다.

다가오는 12월 19일 대통령 선거는 우리 대한민국이 경제성장, 민주화, 지방화 등의 역사적 과제를 하나의 사명으로 통합하고 그간의 갈등과 상처를 화해하고 치유하면서 공동선의 미래 대한민국을 향해 나아가야 하는 중요한 전환점입니다. 지난 헌정 65년 동안 우리는 경제성장도 민주화도 이루어냈습니다. 하지만 그 과정에서 대립과 갈등의 상처를 노정했고 진정한 선진 대한민국을 향하여 계층과 지역 갈등, 또 중앙과 지방의 갈등을 넘어서야 하는 과제를 눈앞에 두고 있습니다.

나아가 우리 헌법에 명시하고 있는 3.1운동과 상해임시정부의 법통을 계승하고 국민으로부터 나오는 권력의 참된 의의를 실현할 수 있는 대한민국의 새 역사를 향하는 전기여야 합니다. 그리하여 2013년 2월 취임하는 제19대 대통령만큼은 이러한 역사적 소명을 실천하는 화해와 통합의 지도자이기를 소망합니다.

다가오는 2014년 지방선거는 이제 과도기 지방자치의 한계를 벗고 진정 분권과 풀뿌리 자치를 실현하는 지방자치 완성을 향해 나아가야 합니다. 지난 18대 국회에서 최선을 다했으나 이루지 못한 국민적 여망인 기초단체장과 기초의원 정당공천 폐지를 비롯, 열악한 지방재정 확충, 나아가 궁극적으로 완전한 재정자립을 향해 나아가야 합니다. 지난 국회에서 여야가 합의하고도 용두사미에 그친 지방행정체제 개편의 올바른 실천도 점검하고 재검

중해서 지방이 국가경영의 주체가 될 수 있도록 경쟁력을 높여야 합니다. 이제 우리 지방자치가 중앙권력 집중에서 벗어나 진정 지역주민에 의한 풀뿌리 자치를 실현할 수 있는 원년을 만들어야 합니다.

마지막으로 제19대 국회에서 잊지 말아야 할 사명은 대한민국 국가승계의 불비한 역사적 잔재를 청산하고 통일 대한민국을 준비하는 일입니다. 1910년 경술국치 이후 간도협약을 비롯, 종군위안부 문제, 강제징용 문제 등 하루빨리 해결해야 할 외교와 민족 차원의 문제를 당당하고도 실용적으로 처리해야 합니다. 저는 미력한 힘이나마 여야를 뛰어넘어 지난 국회에서 무산된 간도협약무효화 선언을 비롯, 선조들의 희생을 보상하고 회복하는 대한민국을 건설하기 위해 혼신을 던져 땀흘릴 것을 다짐합니다.

지난 4년전 국회 첫 등원에서 엄숙히 국민 여러분 앞에 서약하고 선서했던 첫마음으로 돌아가 다시 신발끈을 조여맵니다. 그리고 오늘 우리 대한민국이 있기까지 수많은 희생과 헌신으로 지켜주신 모든 분들 앞에 엄숙히 다짐합니다. 우리 다음 세대에게 만큼은 자랑과 긍지로 아름다운 대한민국을 물려주어야겠다는 각오입니다.

정치혁신,
과제는 '적시정책(適時政策)' 이다

이제 6월이면 시작될 제19대 국회를 준비하면서 지난 총선에서 국민 여러분이 심판하고 선택해준 교훈을 하나 하나 가슴 깊이 새긴다. 가장 안타까운 것은 정치가 늘 국민의 요구를 예측해서 제 때 제대로 대처하지 못하고 민심보다 뒤쳐진다는 점이다.

정치인의 한 사람으로서 깊이 반성하면서 이제 제19대 국회에 임하는 첫 각오로 국민의 요구에 미리 대비하여 국민들에게 피해가 가지 않도록 미리 예측하고 준비하여 신속하게 입법과 정책에 임해야겠다는 다짐이 앞섭니다. 급변하는 국내외 정책환경에 신속하고 능동적으로 대비하는 새로운 정책 패러다임, 그것은 바로 '적시정책(適時政策 ; Just in time policy)' 이라는 소신이다.

요즘 방송 개그프로그램 중 '비상대책위원회' 라는 코너가 인기를 끌고 있다. 테러에 준하는 긴급한 상황에서 '안돼~' 만 연발하는 공직자의 모습과 엉뚱한 뒷북으로 사태의 본질을 흐리는 군간부의 모습, 요즘에는 심각한 사태는 아랑곳하지 않고 자신만 생각하는 대통령까지 등장하여 웃음을 자아낸다. 그런데 이 웃음은 상쾌한 웃음이 아니라 우리 정치현실에 대한 풍자의 웃음이요, 질책의 칼날이다.

'풍자(諷刺)'. 그 참뜻은 '찌를 자(刺)' 자(字)에 있다. 부조리하고 부패한 현실을 찔러 세간에 알려서 고치고자 하는 것, 그것이 바로 '풍자'이다. '비상대책위원회'라는 개그코너가 시작된 것은 지난 해 8월, 불과 4개월여 만에 집권여당은 실제 비상대책위원회를 꾸려 민심 추스르기에 나섰다. 이제 총선에서 국민의 비판적인 심판을 받은 야당도 비상대책위원회를 구성하거나 계획하고 있다. 정치권 모두 이른바 '비상대책위원회' 정국을 맞고 있다 해도 과언이 아니다.

우리 정치권이 왜 이러한 지경에 이르렀을까? 지난 18대 국회에 나는 초선으로 의정활동에 임했다. 인터넷 미디어가 발달하고 시간과 공간을 뛰어넘어 국민과의 직접적인 소통이 시작되었다. 여기에 모바일 환경이 결합되면서 실시간으로 정치에 대한 비판과 긍정을 비롯한 정책 담론이 봇물을 이루기 시작했다. 바로 페이스북이나 트위터 등과 같은 SNS(Social

요즘 방송 개그프로그램 중 인기를 끌고 있는 '비상대책위원회'라는 코너. 우리 정치현실을 풍자한다는 점에서 경각심과 자성의 마음을 갖게 한다.

Networking Service)다. 싸이월드나 미니홈피, 블로그 등과도 같은 초보적 소통으로 시작된 SNS가 정책적 의견과 입장을 제시하고 비판하면서 정치지형을 설정하고 좌우하는 '의제(議題 ; Agenda)' 설정 역할까지 앞장서게 된 것이다.

이미 우리나라에서도 인터넷과 모바일, 즉 휴대폰을 소통매체로 '촛불시위'나 '노사모' 같은 정치참여를 경험했고 이집트나 리비아 사태에서 보듯 이른바 '자스민 혁명'과도 같은 큰 정치적 파고를 이루고 있다.

이제 정치는 자신의 주권을 정치권에 위임하고 수동적으로 관망하는 대의민주주의를 뛰어넘어 유권자가 직접 참여하고 행동하는 직접민주정치로 진화하고 있고 그 주체로 이른바 '똑똑한 군중(Smart mobs)'이 부상하고 있다.

유엔미래포럼을 비롯한 학계에서는 이미 4~5년 전부터 이러한 트렌드를 예견해왔고 서구를 비롯한 선진 각국에서는 이미 이러한 환경에 대응하여 정부의 예산수립에서 감사까지 사이버에 공개하고 전문가를 비롯한 정책과 예산 수요계층의 의견을 직접 수렴하는 등 새로운 정책 소통시스템을 도입, 시행하고 있다.

나는 이론적으로 이러한 새로운 정치와 정책 패러다임을 '적시정책(適時政策 ; Just in time policy)'이라 규정하고 지난 국회 임기 동안 기고와 저술을 통해 관심을 가지고 대비해왔다. 지난 2008년 총선에서 부분적으로 활용했던 카페, 미니홈피에서 지난 해 초부터는 본격적으로 페이스북을 시작하면서 유권자들과 직접 실시간 소통에 나섰다.

새벽에 일어나 컴퓨터를 켜면 자잘한 일상사에서부터 개인 메시지로 보낸 민원이나 정책적 요구에 이르기까지 다양한 페이스북 '친구' 들의 이야기를 접하면서 하루가 시작되고 즉시 찾아가 민원을 직접 듣거나 해결하는 일들이 생겨났다. 나또한 하루를 시작하는 다짐과 안부로 시작해서 지역구 활동 중에도 간간이 내가 보는 지역의 소소한 일상부터 소감을 스마트폰으로 올렸다.

그 과정에서 기존 소통방식으로는 알 수 없던 지역 주민들의 작은 자치활동에 참여할 수도 있게 되고 아산 출신의 새로운 '친구' 도 만나 세대와 지역을 뛰어넘는 대화도 할 수 있었다. 아산을 떠나 군이나 공직, 또 대학에 다니는 유권자들과도 직접 소통이 이루어졌고 무엇보다 현장에서는 만나기 힘든 젊은 세대와 소통하고 공감하며 때론 정책 제언과 진솔한 비판들도 듣고 내 의견도 제시하면서 정치활동의 폭을 넓힐 수 있었다.

지난 해 말부터는 트위터를 통해 지역 여론과 의제를 만나고 페이스북과 연동하면서 많은 팔로워, 또 팔로잉을 통해 나와 공감하는 의견들, 또 나에게 비판적인 의견, 그리고 나또한 내 의견을 표명하면서 새로운 소통의 장을 넓혀왔다.

이제 제19대 국회를 준비하고 임하면서 첫째 변화의 화두를 실시간으로 직접 소통하고 의견과 비판을 수렴하면서 정책을 수립하고 가능한 신속하게 실시간으로 정책에 반영하고 추진하는 새로운 시스템으로 의정활동에 임하고자 다짐한다. 그래야 사후 대책으로 민생을 따라가는 '비상대책위원회' 식의 정치에 대한 비판을 겸허히 수용하면서 국민의 요구에 신속하고 정확하게 부응하는 '적시정책(適時政策 ; Just in time policy)' 의 새로운 의정활동을 열어갈 수 있다는 신념이다.

이제 여야의 정쟁 없이 국회법대로라면 6월 5일 제19대 국회가 열린다. 우선 내가 속한 자유선진당의 '비상대책위원회' 부터 일신하고 혁신해서 국민 곁에서 늘 소통하고 공감하면서 함께 어려움을 이겨내고 좀더 나은 대한민국을 향해 나아가야 한다는 다짐이다. 나아가 이번 19대 국회에서는 실시간으로 국민, 또 지역주민들과 소통하면서 국민의 민생과 국익의 미래를 먼저 생각하고 실천하는 의정활동에 임해야 한다는 각오다.

진정 대한민국을 사랑하는 충청인에 고(告)함

2012년 우리는 진정 나라의 미래를 생각하는 대한민국 국민으로서 우리가 만들어야 할 대한민국의 참된 내일은 어떠한 모습인가, 또한 우리 고장 충청의 미래를 걱정하는 시민으로서 진정 우리가 이루어야 할 충청의 참된 미래는 무엇인가 가슴 깊이 통찰해봅니다.

그리고 19세기 초반 프랑스 나폴레옹에게 패한 참담한 독일국민을 향해 베를린대의 피히테 교수가 행했던 '독일국민에게 고함'이란 강의록을 되돌아보게 됩니다. 피히테의 강연은 프랑스에게 굴욕적인 조약 아래 허덕이던 독일국민에게 민족적 자각과 사회적 각성을 불러 일으켰고 이러한 범국민 운동은 독일사회 전반에 농민해방, 정치와 행정개혁, 군제개혁 등의 새바람을 일으키면서 오늘날 경쟁력을 가진 독일을 만들었습니다.

오늘 우리는 어떻습니까? 봇물처럼 쏟아지는 복지에 대한 요구, 각계각층에서 터져나오는 권익의 목소리, 그동안 불균형과 불평등을 되돌아보면 반드시 고쳐야 하고 개혁해야 할 사안들입니다. 하지만 이러한 권리와 권익과

19세기 초 독일의 철학자 피히테는
프랑스 나폴레옹에게 패한 참담한 독일국민을 향해
베를린대에서 '독일국민에게 고함' 이란
강연을 통해 민족적 자각과 사회적 각성을 촉구했고
이러한 범국민 운동은 독일사회 전반에 농민해방,
정치와 행정개혁, 군제개혁 등의
새바람을 일으키면서 오늘날 경쟁력을 가진
독일을 만들었다는 평가를 받고 있습니다.
사진은 피히테(Fichte, Johann Gottlieb,
1762~1814)의 초상화.

정당한 요구와 더불어 꼭 되새겨야 할 의무와 사명이 있음 또한 잊어서는 안 될 것입니다.

가장 먼저 우리 앞에 놓인 장애는 바로 갈등과 반목입니다. 오늘 우리 사회의 불신을 초래한 빈부격차와 계층갈등, 또한 지역갈등과 세대간의 갈등부터 치유하고 고쳐 나아가야 합니다.

그러한 첫걸음은 정치권과 공직사회의 자성과 개혁에서 시작해야 합니다. 국민의 권리를 위임받아 엄숙히 집행해야 할 권력을 아전인수식으로 당리당략에 이용하려는 정치권부터 자성하고 뿌리째 개혁해야 합니다. 나아가 불편부당한 경제구조와 재벌 개혁으로 나아가야 합니다. 국민적 지원과 성원 속에서 이룬 부를 독점하려는 대기업의 불공정한 관행을 바로잡아야 합니다. 이러한 연후에야 바로 공평한 분배와 복지를 논하고 실천할 수 있다는 소신입니다.

오늘 우리가 내디뎌야 할 또 하나의 소중한 걸음은 바로 화해와 상생의 길입니다. 우리 어르신들은 허리띠를 졸라매고 헌신과 희생으로 다음 세대를 생각하면서 경제성장을 이루어냈습니다. 독재와 억압 속에서 온몸을 던져 민주화 또한 이루어냈습니다. 하지만 오늘 우리 사회는 어떻습니까? 이른바 경제성장 세력과 민주화 세력의 반목, 나아가 보수와 진보라는 이름의 갈등과 파쟁으로 이어지고 있습니다.

누군가 먼저 손 내밀고 화해하고 상생의 길을 열어야 합니다. 이 걸음 또한 우리 정치권부터 내디뎌야 합니다. 보수의 전통을 계승한다는 새누리당에게 청원합니다. 평생 독립과 민주의 길을 걸어오시다가 의문의 죽음을 당한 고 장준하 선생을 추모하고 유업을 기려 주십시오. 대통령에게 편지를 쓰고 분신한 고 전태일 열사의 영전을 위로하고 농민 노동자의 희생을 헛되지 않게 기려 주십시오. 저는 이러한 포용과 화해의 보수가 진정 국민과 국가를 위한 이념이라는 충정입니다.

민주화와 분배의 정의를 주장하는 민주통합당에게 또한 청원합니다. 외세와 열강의 틈에서 분단조국이나마 헌정을 이룩한 이승만 전 대통령의 업적을 인정하고 함께 기리도록 해주십시오. 불모의 폐허를 딛고 조국근대화와 경제성장을 이룩한 박정희 전 대통령의 공과를 엄정하게 공인해주십시오.

오늘 우리 대한민국의 맥박 속에는 정부수립과 경제성장, 또 민주화와 분배를 향한 뜨거운 핏줄이 함께 흐르고 있다는 사실을, 그리하여 이 모든 유업을 21세기 미래 대한민국의 동력으로 힘차게 이어가야 한다는 사실을 우리 청년, 우리 다음 세대 청소년과 어린이들에게 자랑스럽게 가르칠 수 있도록 해주십시오.

저는 이러한 화해와 상생의 소중한 첫걸음으로부터 진정 앞으로 나아갈 수 있고 부의 소산을 균형 있게 나눌 수 있는 정의로운 대한민국을 향할 수 있다는 신념입니다.

저는 19세기 독일에 피히테가 있었듯이 20세기 우리나라에는 단재 신채호 선생이 있었다는 자부를 되새깁니다. 단재 신채호 선생은 경술국치의 암울한 시대를 딛고 〈이태리 건국 삼걸전〉 서문에서 다음과 같이 외치고 있습니다.

"문명의 등불은 육주(六洲)에 찬란하고 자유의 종은 사방에 요란한데, 우리들은 무슨 죄가 있어 홀로 이 지옥인고. 이 책의 소개로 대한중흥(大韓中興) 삼걸전, 아니 삼십걸전, 삼백걸전을 쓰게 되는 것이 나 무애생(無涯生)의 피 끓는 영원한 염원이다."

단재 선생께서 백여년 전 간절히 염원하셨던 그 수많은 대한민국 중흥의 영웅이 바로 오늘 우리일 수 있기를 소망하는 마음으로 나라를 생각하고 사랑하는 충청인 여러분께 간절한 마음으로 청원합니다.

단재 신채호 선생은 중국의 학자 량치차오가 쓴 〈의대리 건국 삼걸전〉을 1907년 〈이태리 건국 삼걸전〉으로 번역했습니다. 신채호 선생은 이탈리아의 통일을 이끈 영웅들인 마찌니, 가리발디, 카부르 등 세 영웅의 이탈리아 부흥운동을 본받아 대한중흥의 미래를 소망하였습니다. 사진은 단재 신채호 선생 기념사업회에서.

별에게 길을 묻다

평소 잊고 살던 소중한 것이 문득 떠올라 소스라치는 때가 있다. 별이 그러하다. 어린 시절 별의 추억으로 거슬러 오른다. 여름 날 모깃불을 피운 마당 들마루에 나아앉아 하늘을 우러르면 점점이 빛나던 별들, 또 은무리져 흐르는 은하수. 한참을 보고 또 보아도 헤아릴 수 없는 무수한 별들. 문득 할머니 저는 어디에서 나왔어요 여쭈면 너는 원래 하늘에 별이었는데 옥황상제께서 엄마 아빠에게 내려주셨다시며 그래서 하늘엔 네 별이 있노라 하셨다.

할머니 이야기에 반짝이는 별이었을 내 모습을 그려보다가 잠이 들곤 했던 어린 시절. 문득 새벽잠에서 깨어 토방을 나서면 샛별 하나만 남아있는 서녘으로 달이 지고 서서히 동녘이 밝아오곤 했다. 샛별마저 지고 나면 낮동안은 별을 잊고 지냈다. 별은 어느 날 문득 맑은 밤하늘을 우러르기 전까지는 잊고 지내기 십상인 존재다.

학창 시절 별의 추억으로 마음 걸음을 옮겨 본다. 어린 시절 하늘에 있던 별은 사춘기의 사색과 함께 어느 덧 내 가슴 깊이 자리잡고 있었다. 늘 책상 머리 영어사전 옆에 있던 윤동주 시인의 시집 <하늘과 바람과 별과 시>. '서시' 로 시작하여 ' 별헤는 밤' 까지 조용히 읽고 또 읽으면서 내 소망과 꿈들을 겹쳐 그려보곤 했다.

우리 말과 글조차 금지당해야 했던 일제 강점기. 몰래 책상 앞에서 등촉을 밝혀 밤새 써내려갔을 윤동주 시인의 모습이 선연히 떠오르곤 했다. 과연 내가 그 시대에 살았더라면 어떠했을까? 우리 글을 금기시하던 풍토에 맞서 무언가 써서 남길 수나 있었을까? 더구나 이리도 가슴 시리도록 정갈한 마음을 노래한 아름다운 노래들을 흉내라도 낼 수 있었을까?

학창시절을 지나 군생활을 할 때의 별도 떠오른다. 광주 상무대에서 훈련받던 시절, 그리고 경북 영천 3사관학교에서 윤동주 시인의 노래는 또 다른 의미로 다가왔다. 초병을 설 때면 그리운 얼굴들이 별빛에 어룽이며 눈시울을 스쳐가던 밤하늘. 또 영천 3사관학교에서 조국을 가슴에 담고 내달던 젊은 날에는 윤동주 시인의 노래가 내가 꿈꾸는 나라의 모습과 더불어 가슴을 울리곤 했었다.

공직에 몸담을 때에도 윤동주 시인의 시는 늘 함께 했다. 물질적인 욕망이거나 또는 명예욕과도 같은 헛된 사념에 빠지려 할 때마다 번쩍 정신이 들게 하는 목소리가 바로 윤동주 시인의 시였다. 하늘을 우러러 한 점 부끄럼 없기를 소망하던 윤동주 시인의 정신은 나를 깨우쳐주고 늘 바른 길을 고민하게 했다.

훗날 연변을 찾을 기회가 있었을 때 나는 따로 시간을 내서 윤동주 시인의 생가를 찾아 나선 적이 있다. 지금은 대성학교로 되어있지만 소년 윤동주는 문익환 목사와 함께 은진학교에 다녔고 그 시절 학우들과 찍은 사진이 대성학교 기념관에 남아 있었다. 윤동주 시인의 생가는 용정 대성학교에서 한 시간 남짓 차로 달려야 했다. 조국을 떠나 이역만리 간도 땅에서도 나라사랑의 일념 아래 동쪽 우리 나라를 밝힌다는 뜻으로 조선 학생들을 가르쳤었다는 명동(明東)학교는 옥수수 밭 가운데 옛터를 기리는 표석만 남아 있었고 윤동주 시인의 생가는 오롯이 보존되어 후손들을 맞고 있었다.

수십 년이 흘렀지만 조선족 아이들의 천진무구한 웃음이 윤동주 시인의 어린 시절 모습을 보는 것같아 감회가 새로웠었다. 그 아이들의 초롱한 눈빛에 우리 한민족의 힘찬 미래를 보여줄 수 있는 그 날을 다짐해 보기도 했다. 어린 시절 윤동주 시인이 해맑은 꿈을 키웠을 생가가 좀더 잘 가꾸고 보존되기를 바라는 마음으로 성의껏 주머니를 털어 성금으로 넣고 시집을 샀다.

지천명의 나이를 넘겨 윤동주 시인이 새로이 다가온 것은 가수 윤형주 씨를 통해서였다. 윤동주 시인의 육촌 동생이라는 사실을 알기 전에도 나는 윤형주 씨의 열렬한 팬이었다. 윤형주 씨의 노래는 우리 세대가 공감하며 부르던 청춘 찬가였다. 그러고 보면 그리 뜻을 깊이 새기지 않고 연가(戀歌)로만 여기며 부르던 '두 개의 작은 별' 이라는 노래 가사도 윤동주 시인의 별과 오버랩되면서 새롭게 새기게 되었다.

우리 아산지역 교회 초청으로 새로이 만나게 된 윤형주 씨. 그에게 듣는 윤동주 시인 이야기는 그가 그리 먼 시대의 사람이 아니라 바로 우리 곁에 있던 시인임을 새삼 깨닫게 해주었다. 경희대 학장을 지내신 윤형주 씨의 부친 윤영춘 박사는 윤동주 시인의 당숙이었고 윤동주 시인에 대한 사랑이 남달랐다고 한다.

먼저 동경으로 유학 가서 조카인 윤동주 시인을 부른 것도 윤영춘 박사였다. 독립운동 혐의로 함께 체포되었는데, 사안이 가벼워 먼저 출옥했던 윤영춘 박사는 후쿠오카 형무소로 윤동주 시인을 자주 면회하곤 했다고 한다. 면회를 가면 윤동주 시인은 "삼촌, 자꾸 이상한 주사를 놔요"라 하곤 했다 한다. 후에 일제의 생체실험에 희생된 것으로 밝혀진 윤동주 시인의 사인도 당숙이자 윤형주 씨의 부친인 윤영춘 박사의 증언을 통해 확인되었다.

해방되기 6개월 전 세상을 떠난 윤동주 시인의 유해를 안고 나온 이도 바로 윤영춘 박사였다고 한다. 문학을 전공하고 시인이기도 했던 윤영춘 박사는 오촌 조카인 윤동주 시인에 대한 사랑이 유별났다고 한다. 그 사랑은 수많은 곡을 작곡한 아들 윤형주 씨에게 윤동주 시인의 시만큼은 노래로 만들지 말라는 당부로도 유명하다. "시도 노래다. 시도 음이 있고, 화음이 있고, 리듬이 있다"면서 윤동주 시인이 가진 시자체로서의 고유한 모습을 지키라셨다 한다.

오늘날 윤동주 시인의 시가 많은 노래로 작곡되어 불리우고 있지만 홀로 고요한 밤하늘을 우러르며 조용히 암송하는 그 맛을 따라올 수 없다는 점에서 공감이 간다.

한국인이 가장 사랑하고 애송한다는 윤동주 시인의 시. 아마 요즘도 문학을 배우기 시작하는 청소년들이 가장 먼저 만나는 시도 윤동주 시인의 시일 것이다. 나도 그 중 한 사람이었고 근 사십여 년을 윤동주 시인의 시를 가슴에 새기며 살아온 셈이다. 내가 우리 아이들에게 지금도 함께 읽고 느끼고픈 시를 꼽으라 하면 그 또한 윤동주 시인의 시일 것이다.

그가 어두운 책상 앞에서 등촉을 밝히고 시를 쓰는 모습을 떠올리면 지천명을 넘긴 나이에도 가슴이 서늘해져 온다. 그리고 그의 시에 전하는 삶에 대한 경건하면서도 엄숙한 모습이 떠오르면서 내 정수리에서 발끝까지 송연해짐을 느낀다.

그리고 묻곤 한다. 윤동주 시인이 일제의 암흑 속에서도 저리 아름답고 낭랑한 목소리로 노래했던 그 별을 우리는 지금 정녕 얼마나 참되이 간직하고 있는가? 그 별에 담겨 전하는 애절하고도 깊은 울림을 과연 우리 다음 세대에게 전하고 있는가?

오늘은 처서, 이제 곧 가을이다.

윤동주 시인의 '별헤는 밤' 을 새로이 읽어본다. 고향 어느 골짜기에 남아 있을 샘 하나 찾아가 맑은 물에 어리는 내 모습, 그리고 내 머리 위를 비추고 있을 하늘을 거울삼아 내 부끄럽고도 티끌 많은 지천명의 나이를 돌아볼 일이다. 별이 바람에 스치우듯 나 또한 시린 물로 얼굴을 씻고 조국 대한민국을, 그리고 그 나라에서 살아갈 우리 아이들의 내일을 위해 무엇을 해왔고 또 앞으로 무엇을 할 것인가 돌아보고 다짐해야 할 일이다.

윤동주 시인의 유고 시집.
〈하늘과 바람과 별과 시〉

지난 8월 10일 신정호 국민관광단지 우리의 소리 별빛축제에서 김군자 선생님(가운데)과 함께 한 모습이다. 그 날은 남도민요보존회의 우리 멋과 우리 가락을 흠뻑 느끼며 한여름 밤의 아름다운 축제를 시민 여러분과 함께 할 수 있었다. 우리 아산은 물론 대한민국 모두가 늘 이렇게 따뜻한 마음으로 살아갈 수 있기를 소망한다.

2부 이명수와 함께하는 '마따뉴'

추사 선생의 세한도, 그 따뜻한 정한

매화향 더불어 새기는 가르침, 한번 죽어 영원히 사는 길

〈댄싱퀸〉에서 배우는 해피앤딩 정치
"시민 여러분과 끝까지 해내는 빙신 리더십"

차동엽 신부님의 〈잊혀진 질문〉을 읽으며, 그리고 고 이병철 회장의 눈물

아산 음봉에 요로원에 충청선비 역사공원을 세우자

해를 품은 달처럼 대통령을 품는 우리 국민

아름다운 경쟁으로 힘있는 아산을 만듭시다

여러분의 젊은 선택이 아산의 미래를 결정합니다

첫 마음, 첫 걸음, 첫 사랑, 첫 약속... 변함없이 여러분과 함께 하겠습니다

제2부

이명수와 함께 하는 '마따뉴'

마음이 따뜻한 뉴스 ;
Heart warming news with Lee Myoung Soo

부정적인 뉴스로 가득한 오늘 우리의 현실, 하지만 우리 주변, 또 우리의 지나온 발자취를 돌아보면 우리 가슴을 따뜻하게 하는 작지만 소중한 이야기가 참 많습니다. 저는 페이스북과 이메일 등을 통해서 우리 아이들에게 물려줄 따뜻하고 아름다운 내일을 소망하며 여러분과 함께 '마음이 따뜻한 뉴스(Heart warming news)'를 찾아 나누고자 했습니다.

마따뉴1

추사 선생의 세한도, 그 따뜻한 정한

설이 가까워옵니다. 급변하는 세태 속에서 변함없는 따뜻한 정(情)이 그리운 시간. '마음이 따뜻한 뉴스' 첫 이야기는 150여년 전으로 거슬러 오릅니다. 1863년 온양군수를 지내신 우선(藕船) 이상적(李尙迪)이라는 분이 계셨습니다. 역관 출신으로 열두 번이나 중국을 오가며 외교에 기여했던 이상적 선생은 평생의 공로로 온양군수직을 제수받았습니다.

이상적 선생에게는 평생 은사로 모신 스승이 있었습니다. 바로 예산 출신의 추사(秋史) 김정희(金正喜) 선생입니다. 선생은 제주에서 8년을 비롯 평생 십여년의 유배생활을 했습니다. 모든 이들이 옥사를 두려워하여 선생과 인연을 끊었던 제주도 유배 시절, 제자 이상적만은 추사 선생을 잊지 않고 중국을 오가며 추사 선생에게 꼭 필요한 귀한 문집과 서책을 구하고 건강을 염려한 먹거리와 편지들을 함께 보냈습니다.

제주도 귀양 4년째이던 1843년부터 이듬해까지 계복의 〈만학집〉과 운경운의 〈대운산방문고〉, 하우경의 〈황조경세문편〉 등을 보내준 이상적

추사 김정희 선생이 제자 이상적의 정과 신의에 감사의 정표로 그려 전한 국보 제180호 '세한도'

의 정성과 신의에 감동한 추사 선생은 서화 한 폭을 그려 감사의 정표(情表)로 전했습니다. 이상적은 이듬해 이 그림을 가지고 북경에 가서 명사(名士) 16명에게 찬시(讚詩)들을 받아 곁들였습니다. 이 서화가 바로 오늘 우리에게 전하는 국보 180호 '세한도(歲寒圖)' 입니다. 추사 선생은 '세한도' 에 이렇게 쓰셨습니다.

"공자께서 말씀하시기를 '날이 차가워져 다른 나무들이 시든 뒤에야 비로소 소나무와 잣나무가 여전히 푸르다는 사실을 알게 된다(歲寒然後知松栢之後凋)' 고 했는데, 지금 그대와 나의 관계는 전(前)이라고 더한 것도 아니요, 후(後)라고 줄어든 것도 아니다. 아! 쓸쓸한 이 마음이여! 완당노인이 쓰다."

150여년 전 우리 온양과 이웃 고장 예산에 어린 두 선인의 이야기는 오늘 우리에게 진정한 신의와 정(情)의 의미를 일깨워줍니다. 꼭 새로운 뉴스가 아니더라도 우리 선인들의 삶 속에서 다시 발견하고 되새기는 '마음이 따뜻한 뉴스' 입니다.

설이 가까운 오늘, '세한도' 와 더불어 정말 참된 정과 믿음이 가득한 새봄을 꿈꾸는 마음을 함께 나누고 싶습니다. 가족들과, 또 이웃분들과 사랑과 정이 가득한 설 맞으세요.

우리 고장 가까운 예산군 신암면 용궁리에 있는 추사고택. 충청도가 고향인 분들은 설연휴 귀성길에 가족 나들이로 찾아보시는 것도 좋을 듯합니다. (사진 예산군청 제공)

마따뉴2

매화향 더불어 새기는 가르침

한번 죽어 영원히 사는 길

설 명절을 쇠고 나면 청매화 고절한 향취 그리운 새봄입니다. 지조와 충의를 목숨처럼 여겼던 선비들이 기리고 따르던 매화, 그 중에서도 한겨울에도 내내 푸르른 솔과 댓잎의 서기 어린 청매화의 고절한 암향(暗香) 그리운 새봄 문턱. 이른 새벽 가슴까지 시린 물 한 모금으로 나약한 제 정신을 일깨웁니다.

이번 주 '마따뉴(마음이 따뜻한 뉴스)' 로 우리 고장 아산 신창에 어린 면암 최익현 선생의 매화향 그윽한 옛소식을 생각합니다.

150여 년 전인 1862년 우리 고장 아산 신창에는 서른의 면암 최익현 선생이 현감이셨습니다. 선생은 당시 충청감사의 부당한 압력에 굴하지 않고 현감직을 사직하셨고 은사 화서 이항로 선생의 칭찬을 받았다 합니다. 신창현에서 시작한 면암선생의 백성을 향한 직정(直政)의 기개는 당시 서슬 퍼렇던 대원군과 세도정치에 맞서 34세 언관(言官)으로서 올린 6개 조항의 상소, 36세 사헌부 장령으로서 대원군의 실정, 즉 경복궁 중건 등 토목공사 중지, 수탈정책 중지, 당백전 철폐, 사문세(四門稅) 폐지 등을 주장했던 이른바 '무진소(戊辰疏)' 를 올립니다.

이후 세도정치에 밀려 제주도 귀향살이를 비롯, 온갖 역경에도 굴하지 않았고 1906년 74세의 나이에 일제의 을사늑약에 맞서 의병을 일으키셨습니다. 대마도에 유폐되셔서도 왜인이 주는 곡기조차 끊고 초개와 같이 오로지 조국사랑의 일념으로 목숨을 던지셨던 면암 최익현 선생. 그는 어린 시절 이항로 선생께 받은 '면암(勉庵)', 그리고 '낙경민직(洛敬民直)', 즉 "다하여 우러르며 백성에게 곧으라"셨던 가르침을 한 치의 흐트림 없이 지켜내셨습니다.

청양군 모덕사에 모셔진 면암 최익현 선생 영정.
(사진 청양군청 제공)

1906년 10월 21일 면암 선생의 유해가 도착하자 전남 구례에서 매화꽃같은 선비 한 분이 먼 길을 달려 찾아갑니다. 바로 매천 황현 선생입니다. 매화의 고장 광양 출신의 황현 선생의 호(號) 또한 매화의 절개를 기리는 매천(梅泉)이었고 면암 선생의 높은 충의를 '매천야록(梅泉野綠)'에 기록하여 후세에 전합니다. 매천 선생 또한 경술국치를 분개하여 스스로 목숨을 끊는다는 '절명시(絶命詩)' 를 남기고 목숨을 던지셨습니다.

면암 최익현 선생과 매천 황현 선생, 두 분께서 백여 년의 시간을 넘어 오늘 우리에게 전하시는 준엄한 가르침, 그것은 바로 '한 번 죽어 영원히 사는 길' 이라는 생각입니다. 두 분은 한 치의 부끄럼 없이 목숨까지 던져 오늘 우리 민족의 가슴 속에 새봄이면 변함없이 겨울을 이겨 봄을 알리는 매화향으로 살아계십니다.

올해에는 비로소 우리 신창면 읍내리에 면암 최익현 선생의 충절과 의기를 기리는 역사소공원을 세웁니다. 신창현 옛터를 알리는 누각과 면암 최익현 선생의 기념비도 세웁니다. 그동안 소망하며 노력해온 우리 아산, 또 신창의 많은 분들의 값진 땀과 정성이 맺은 결실입니다.

새봄을 기다리는 새아침, 우리 아산시 신창면에 어린 면암 선생, 그리고 면암의 이야기를 오늘에 전한 황현 선생 두 분께서 오늘 우리에게 전하는 매화향 고절한 가르침을 새깁니다. 저 자신 아직 부끄럽고 부족한 사람입니다. 하지만 우리 아산시민 여러분 앞에 한 떨기 푸르른 청매화처럼 겨울 속에서도 봄을 알리는 한 사람이 되어야겠다는 다짐으로 오늘 아침 길을 나섭니다.

그리고 한 걸음 한 걸음 내디딜 때마다 '한 번 죽어 영원히 사는 길' 의 가르침을 깊이 새깁니다.

예산군 광시면 관음리에 있는 면암 최익현 선생의 묘소(사진 railway4623님 블로그 공유)
그리고 청양군 목면 송암리에 선생의 영정과 위패를 모신 사당 전경. (사진 청양군청 제공)

마따뉴3

〈댄싱퀸〉에서 배우는 해피앤딩 정치
"시민 여러분과 끝까지 해내는 빙신 리더십"

요즘 많은 분들께서 영화 '댄싱퀸' 이야기로 즐겁습니다. 참 오랜만에 짬을 내서 아내와 딸아이와 함께 '댄싱퀸'을 보았습니다. '댄싱퀸'을 보는 내내 저 자신, 아내와 두 아이와 함께 살아온 지난 시간을 되돌아보았습니다. 장면마다 따뜻한 눈물을 몰래 닦으며 아내의 꿈, 우리 딸 지은이의 꿈, 아들 지형이의 꿈, 또 커가는 저를 지켜보며 간직하셨을 할아버님 할머님과 부모님의 소망, 아내를 제게 보내주시면서 기대하셨을 장인 어르신과 장모님의 바람도 되새겨 보았습니다.

"내 꿈은 대통령이 되는 것입니더."

영화는 1982년 부산에서 전학 온 소년 황정민과 엄정화의 만남, 그리고 자리를 놓고 일어나는 '민주주의 논쟁'에서 시작합니다. 암울한 시대였지만 우리 어린이들 가슴엔 '민주주의'가 싹트고 있었습니다. 저도 60년대 말 초등학교 다닐 때 장래 희망을 '국회의원' 이라 쓴 기억이 납니다. 높은 사람이 되겠다는 소망보다는 누군가를 위해 많은 일을 하는 사람이 바로 정치인이자 국회의원이라는 어린 생각이었습니다.

부산에서 전학온 황정민은 자신을 소개하면서 "내 꿈은 대통령이 되는 것입니다." 라고 말합니다.

이 영화가 재미있는 이유 중 하나가 황정민, 엄정화 두 배우가 실제 자신의 이름으로 출연하고 있다는 점이 아닌가 생각됩니다. 실제 황정민 씨는 1970년 경남 마산 출신, 엄정화씨는 1969년 충청북도 제천 출신이므로 영화 속의 시간 1982년에는 초등학교 5, 6학년 정도 되는 셈이고 지금은 40대 초반으로 실제 상황과 유사합니다.

오늘 우리 사회의 40대 세대는 초중등학교 시절 박정희, 전두환 두 권위주의적인 대통령의 시대를 겪었고, 고등학교 시절엔 6.10민주항쟁을, 그리고 오늘날엔 새로운 변화를 이끄는 이른바 '2040세대' 의 상징적인 주역입니다. 그래서 이 영화에는 '2040세대' 가 겪고 있는 고통이 진솔하면서도 사실적으로 나타나고 있고 그 희망 또한 설득력 있게 그려지고 있습니다.

우리 국민의 꿈이 담긴 지도자의 모습

영화 속 주인공 '황정민 서울시장' 의 모습에는 오늘 우리 국민이 바라는 지도자의 모습이 그대로 담겨 있습니다. 사법고시 출신이자 민주화운동 세

영화 속 '황정민 서울시장'의 모습 속에 그려진 듯이 보이는 우리 현실 속 인물들. 왼쪽부터 고 노무현 전 대통령, 오세훈 전 서울시장, 박원순 현 서울시장, 안철수 씨의 모습입니다.

대라는 점에서는 고 노무현 전 대통령, 오세훈 전 서울시장, 박원순 현 서울시장 등의 모습이 떠오릅니다. 또 위선과 허위로 가득한 우리 정치권에 새로운 충격과 변화의 화두를 던지고 있다는 점에서는 안철수 씨가 떠오르기도 합니다.

다만 영화 속 '황정민 서울시장'의 모습은 이 분들의 좋은 점을 모두 모아 우리 국민이 소망하는 지도자상으로 그려낸 듯합니다. 한 가지 더욱 매력적인 점은 '황정민 서울시장'의 모습을 가식적으로 우상화된 영웅상이 아니라 마음은 있되 행동은 주저하는 소시민적이고 인간적인 모습, 즉 우리 모습 그대로 연출하고 있다는 점입니다.

평범한, 그러나 열심히 사는 우리 서민 여러분의 초상

영화 속에는 너무나 평범한, 하지만 너무도 열심히 살아가는 우리 서민들과 꼭 닮은 모습들이 나옵니다. 자장면 외상값을 받을 때까지 찾아간다는 중국집 배달원의 소신 있는 직업의식은 TV토론에서 좌절한 황정민 씨를 다시 일으켜 세우기도 합니다.

가수가 꿈이었던 엄정화씨는 한때 꿈 많은 소녀였던, 하지만 현실 속에선 모든 것을 남편에게, 또 아이들에게 희생하며 살아가는 우리 주부님들의 모습이 담겨 있습니다. 특히 아직도 남성중심의 가부장적 풍조 속에서 희생당하는 여성의 모습은 눈물겹도록 감동을 줍니다.

"168에 46kg? 고기 근수 속이는 게 세상에서 제일 치사한기다!"

황정민은 다이어트를 하며 '슈퍼스타K' 출연 지원서를 쓰는 아내 엄정화에게 이렇듯 남성 중심의 평범한 가부장이었습니다. 하지만 시장 후보가 되면서 변화합니다.

"무슨 엄마들이 젖솝니꺼? 짝짝 짜면 무조건 우유가 나오게."

터져 나오는 관객들의 웃음, 하지만 저는 저 자신 정책과 예산을 다루면서 우리 주부님들, 또 나아가 힘없는 서민들을 그렇게 막연하게 대하거나 무시한 적은 없는지 뼈저린 반성을 했습니다.

끝까지 포기하지 않는 '빙신 리더십'

마지막 황정민 서울시장 후보가 계란세례를 당하면서 아내를 공격하는 상대후보들의 공세에 오히려 눈물을 흘리며 반성하는 연설은 가슴이 북받치도록 눈시울을 뜨겁게 합니다.

"저는 가정을 다스리는 대상이 아니라고 생각합니더. 서울시민도 마찬가지입니더. 가정도 시민도 다스리는 게 아니라 함께 손잡고 나아가야 하는 것입니더."

그리고 정말 우리 정치권과 지도자들이 가슴 깊이 새겨야 할 말 한 마디로 관객들의 가슴을 더 뜨겁게 울립니다. 황정민이 후보자 사퇴 압박에 맞서며 자신은 아내가 하라는 것은 꼭 하는 빙신이라면서 말하는 마지막 대사.

"어차피 빙신인데 끝까지 포기하지 않는 빙신이 되겠습니다!"

그렇습니다. 아내와 가족이 원하는 일부터 하는 '빙신', 나아가 평범하고 힘없는 서민들이 바라는 일부터 해내는 '빙신'의 리더십이 바로 오늘 우리 시대가 요구하는 리더십이라 가슴 깊이 새깁니다. 문득 '바보'가 되고자 하셨던 우리 역사 속 참다운 지도자들의 모습을 되돌아봅니다. 성철 스님, 김수환 추기경님, 또 이태섭 신부님의 얼굴이 떠오릅니다. 그리고 저 또한 시민 여러분을 가족처럼 받들고 따르는 한 사람으로 더 열심히 살아야겠다고 다짐합니다.

두 시간 남짓 웃다가 울다가 '○○○에 ○나도록' 감동을 준 영화 '댄싱퀸'입니다.

영화 '댄싱퀸'은 우리 서민들의 꿈과 소망을 담은 정치, 그리고 참된 우리 지도자의 모습을 그려내고 있다.

마따뉴4

차동엽 신부님의 <잊혀진 질문>을 읽으며

고 이병철 회장, 그리고 영원을 향한 눈물

신년 지인의 추천으로 책 한 권 구입해서 펼쳐 들었습니다. 평소 제 마음의 멘토로 따르던 차동엽 신부님의 <잊혀진 질문>. '내 가슴을 다시 뛰게 할' 이란 부제만큼이나 읽어 내려가는 순간 순간 제 가슴에 끊임없이 잔잔한 감동이 맥박쳐왔습니다.

책은 1987년 타계한 고(故) 이병철 회장이 유명을 달리하기 직전 전달한 것으로 알려진 24가지의 질문이 박희봉 신부와 정의채 신부를 거쳐 저자인 차동엽 신부님에게 전달된 인연으로 시작합니다. 차 신부님은 이중 오늘 우리에게 여전히 의미가 깊은 15가지 질문을 골라 이 책을 쓰기 시작하셨다고 합니다.

"여러분이 지닌 희망에 관하여 누가 물어도 대답할 수 있도록 언제나 준비해 두십시오."(1베드 3, 15) 차 신부님이 책을 쓰신 동기로 밝히신 화두입니다. 그 중 제 가슴에 두근거리며 맥박치는 몇 가지를 정리해보았습니다.

> "부는 악이 아닙니다. 선을 행할 기회입니다.
> 나쁜 것은 그 기회를 의도적으로 외면하거나 거부하는 것입니다."
>
> (책, 91쪽, 착한 사람은 부자가 될 수 없나? 중에서)

우연찮게도 우리 아산에는 고 이병철 회장이 이룬 삼성으로 시작해 세계적인 명성을 얻고 있는 삼성전자가 있고, 이곳에서는 수많은 직원 여러분들이 삶과 꿈을 가꾸며 아산시민으로 살아가고 있습니다. 또한 이 곳에서 일하는 근로자 분들은 지역사회 이웃들과 나눔의 '선' 을 행하시면서 살아가고 있습니다. 이는 한 기업을 일으켜 많은 사람의 일자리를 만들고 또 그 공동

우리 아산의 이웃들과 나눔의 '선'을 행하면서 살아가고 계신 삼성 근로자 여러분들의 모습. 사진은 지난 5월 아산 내이랑 마을 벽화 그리기에 자원봉사해주신 분들의 모습입니다.

체를 지역으로 넓혀나가는 '선한 부'의 모습입니다.

반면 오늘 우리 국민들이 삼성을 비롯한 우리 대기업들에게 요구하는 중소기업들과의 공존, 기업 구성원들을 위한 나눔 등의 과제는 앞으로 이뤄가야 할 '선한 부'의 미래입니다.

> "나는 네가 너무 슬플 때
> 나와 함께 있고 싶어서
> 눈물이 되었다.
>
> 나는 네가 너무 기쁠 때
> 나와 함께 있고 싶어서
> 눈물이 되었다."
>
> (책 174쪽, 마리아 수녀가 하염없이 흐르는
> '눈물' 속에서 만난 하나님의 위로 중에서)

우선 저 자신부터 지금 진정 내면에서 우러나는 일들을 해왔는가, 또 지금 하고 있는가 물어봅니다. 그리고 누군가의 슬픔을 나누며 눈물을 함께 해보았는가 묻습니다. 누군가의 슬픔과 고통을 손잡고 이겨내며 기쁨의 눈물을 함께 해보았는가 묻습니다.

차동엽 신부님의 내 가슴을 다시 뛰게 할 <잊혀진 질문>은 아마 제 가슴 속에, 또 제가 우리라 생각하는 모든 이웃 분들의 가슴 속에 영원히 빛나는 값진 눈물의 참뜻으로 아로새겨지리라는 믿음입니다.

마따뉴5

청소년 필독 고전 〈요로원야화기要路院夜話記〉의 고장 아산 음봉
"요로원에 충청선비 역사공원을 세우자"

충남 아산시 음봉면 신정1리 요로원에는 우리 고전문학의 백미로 꼽히는 홍성 출신 선비 박두세가 지은 〈요로원야화기(要路院夜話記)〉의 유래가 전합니다.

기록에 의하면 이곳 요로원은 조선시대에는 신정리에서 으뜸가는 마을로 요로원이라는 주막이 있었고 시장도 형성되어 있었다고 전합니다. 일명 요란이라고도 불리웠으며 이곳은 평택에서 천안을 거쳐 삼남으로 통하던 요충지였습니다. 조선시대에는 한양으로 가려면 이곳에서 하루를 묵어가던 주막거리였던 것으로 짐작됩니다. 이충무공의 백의종군 대장정도 이곳을 거쳐 아산에서 모친상을 받들었을 것으로 미루어집니다.

이곳에 전하는 〈요로원야화기(要路院夜話記)〉는 중고등학교 필독서로 고전문학의 백미(白眉)로 꼽히는 작품으로 국어교과서에도 실려 있습니다. 우리 국문학의 태두 가람 이병기 선생이 박지원의 〈호질(虎叱)〉에 견줄 만한 기문(奇文)이라고 평가하기도 했습니다. 국문학계에서는 화제(話題)거리로는 오히려 <호질>을 능가하는 명작으로 평가받고 있고, 또 주인공인 '나'가 서울 양반과 시로 자웅을 겨루는 대목은 김시습의 희작시(戲作詩)를 연상케 할 정도로 말놀이의 진수를 보여준다는 평가를 받기도 합니다.

<요로원야화기(要路院夜話記)>의 주인공 '나'는 충청도에 사는 선비입니다. 1678년(숙종 4)에 과거에 낙방하고 귀향하던 도중, 소사(素砂)를 지나 아산현 요로원에 이르러 주막에 들게 되고 우연히 동숙하게 된 서울 양반이 고단하고 초라한 행색의 시골 선비인 그를 멸시하는 정황에 부딪칩니다. 그는 짐짓 무식한 체하면서 서울 양반을 은근히 놀리면서 서울과 시골의 풍속(風俗)을 풍자합니다. 서울 양반의 제의로 육담풍월(肉談風月)을 읊게 되자 서울 양반은 자기가 속은 것을 알고 교만하였던 언행을 반성하며 부끄러워합니다.

마음이 통한 두 사람은 사색편론(四色偏論)을 비판하고 참된 학문과 수양

위성에서 바라본 충남 아산시 음봉면 신정1리 요로원 자리. 요로원은 음봉면 삼거리 이충무공 묘소에서 원남리를 지나 둔포면 소재지로 가는 45번 국도를 따라가다가 봉제저수지 조금 못미친 요란슈퍼 삼거리 왼편 10여호 마을 뒷쪽 작은 길가 빈터 자리입니다.

등을 주제로 한 대화로 밤을 지샙니다. 서로 주고받은 여러 편의 시를 통하여 낙방한 선비로서 당대의 정치제도에 대한 불만을 토로하고 세태를 풍자하며 이윽고 동창이 밝아오자 서로는 성명도 모른 채 헤어진다는 이야기입니다.

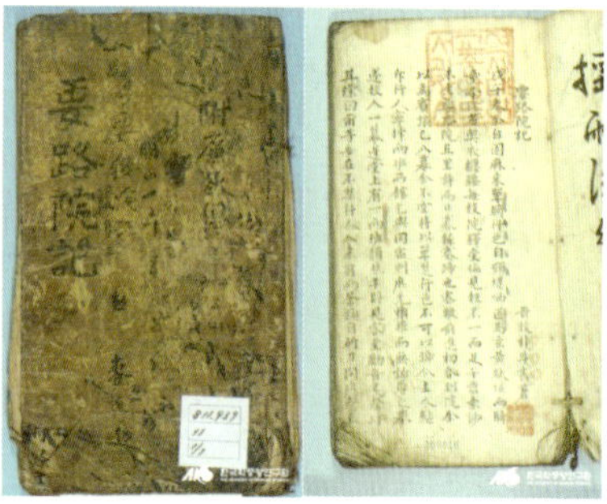

조선 숙종 때 박두세가 지은 것으로 알려진 〈요로원야화기(要路院夜話記)〉. 수필형식의 단편산문의 필사본. 연세대학교 도서관 소장. (사진 한국민족문화대백과)

〈요로원야화기(要路院夜話記)〉는 오늘 우리가 본받고 이어가야 할 소중한 충청의 정신, 선비의 기개가 어려 있다는 점에서 큰 의미가 있다는 생각입니다.

그동안 우리가 잊고 있던 이곳 음봉 요로원에 충청선비 역사공원을 세우자는 제안을 하고자 합니다. 이곳에서 〈요로원야화기(要路院夜話記)〉의 스토리텔링과 극을 감상하면서 인근 이충무공과 윤보선 전대통령의 묘소도 둘러보면서 진정한 충청의 선비정신을 본받는 명소로 가꾸자는 제안입니다. 아울러 우리 아산에 어린 고불 맹사성 선생의 청백리 정신과 토정 이지함 선생의 애민구휼정신을 함께 기린다면 역사 속의 선비정신을 우리 다음 세대와 함께 체험하면서 물려주는 충청의 명소가 되리라는 생각입니다.

여러분 의견은 어떠신지요. 좋은 의견과 아이디어로 우리 아산을 충청의 선비정신을 기리는 명소로 가꾸어 가자는 제안을 드립니다.

마따뉴6

해를 품은 달처럼 대통령을 품는 우리 국민

매년 2월 25일이면 생각하는 '우리 대통령'의 참모습 "역사와 더불어 국민이 사랑하는 대통령을 만듭시다"

우리는 2월 25일이면 5년마다 한 번씩 새 대통령 임기 시작과 취임식을 맞습니다. 1988년 대통령직선제 개헌 이후 헌법 부칙 제1조와 제2조 제2항에 의한 대통령 임기 개시 규정에 의해서입니다. 이제 1년 후인 2013년 2월 25일이면 우리는 새로운 대통령을 맞게 됩니다.

지금까지 제가 어릴 적부터 자라면서, 노 공식에서, 학계에서, 그리고 지금은 국회의원으로서 기억하는 대통령은 모두 12명입니다. 우리 역사 속의 대통령들은 대부분 불행한 마지막을 맞았습니다.

역사의 평가는 준엄하고 냉정해야 합니다. 하지만 우리 현대사와 함께 해온 대통령을 끌어안으면서 미래의 참다운 대통령의 모습을 가꾸어가는 것은 우리 국민의 몫이라는 생각입니다. 그 출발은 역사 속의 대통령들의 공과를

대한민국 정부 수립 이후 우리 현대사와 함께해온 12명의 대통령. 우리 현대사와 함께 해온 대통령을 끌어안으면서 미래의 참다운 대통령의 모습을 가꾸어가는 것은 우리 국민의 몫이라는 생각이다.

분명히 평가하고 기록하면서 비판적으로 계승하는 데서 시작한다는 믿음입니다.

미국 뉴욕의 관문은 케네디 공항, 프랑스 파리의 관문은 드골 공항, 베트남의 수도는 호치민 시입니다. 모두 그 나라 국민들이 존경하고 사랑하는 대통령들의 이름들입니다. 이제 우리에게도 이렇듯 우리 대통령의 이름을 따서 자부와 긍지로 간직하며 가꿀 수 있는 우리 대통령의 참모습을 만들어 가야 한다는 소신입니다.

우리 아산에는 제4대 윤보선 대통령이 있습니다. 4.19민주혁명 직후 민주정부를 이끌었던 분입니다. 우리가 사랑하는 우리 대통령 만들기, 우리 아산에서부터 시작해야겠습니다. 윤보선 대통령의 유적을 기리는 '윤보선로'를 만드는 일부터 시작하는 것은 어떨까 생각합니다.

역사를 끌어안는 그 순간부터 진정 국민의 사랑 속에서 국민과 함께하는 '우리 대통령'을 만들어가는 첫걸음이라는 생각을 하면서 2013년 새 대통령은 정말 국민의 사랑 속에서 국민과 더불어 행복한 시대를 열어갈 수 있기를 소망합니다.

요즘 '해를 품은 달'이 인기입니다. '우리 대통령을 품은 우리 국민', 바로 미래 대한민국을 향한 우리 국민의 몫이 아닐까 생각합니다. 더불어 우리 충청 출신 신동엽 시인이 44년전 꿈꾸었던 대통령의 모습이 담긴 시 한 편 함께 하면서 우리가 만들고 사랑해야 할 우리 대통령의 모습을 그려봅니다. 제가 본받으며 늘 가슴에 새겨 애송하는 시이기도 합니다.

스칸디나비아라든가 뭐라구 하는 고장에서는 아름다운 석양 대통령이라고 하는 직업을 가진 아저씨가 꽃리본 단 딸아이의 손 이끌고 백화점 거리 칫솔 사러 나오신단다. 탄광 퇴근하는 광부들의 작업복 뒷주머니 마다엔 기름 묻은 책 하이덱거 럿셀 헤밍웨이 장자 휴가여행 떠나는 국무총리 서울역 삼등 대합실 매표구 앞을 뙤약볕 흡쓰며 줄지어 서 있을 때 그걸 본 서울역장 기쁘시겠소라는 인사 한 마디 남길 뿐 평화스러이 자기 사무실 문 열고 들어가더란다 · · · (중략) · · · 하늘로 가는 길가엔 황토빛 노을 물든 석양 대통령이라고 하는 직함을 가진 신사가 자전거 꽁무니에 막걸리병을 싣고 삼십리 시골길 시인의 집을 놀러가더란다.

신동엽 시인의 '산문시(散文詩)1' 중에서 (1968.11. 〈월간문학〉 창간호 수록)

신동엽 시인의 시를 읽으면 떠오르는 자전거 타던 노무현 전 대통령의 모습. 하지만 노무현 전 대통령도 정쟁과 갈등의 소용돌이 속에서 슬픈 운명을 맞아야 했습니다. (사진은 카림 (eogusworhkd)님의 블로그에서 공유)

마따뉴7

아름다운 경쟁으로 힘있는 아산을 만듭시다

오딧세이아에 나오는 오딧세우스의 아들 텔레마코스와 멘토르의 모습. 텔레마코스는 아버지 오딧세우스의 친구 멘토르의 조언과 보살핌으로 자라 아버지를 찾아 모험을 떠나고결국 아버지를 도와 어머니와 나라를 구하게 됩니다.

새 학기가 시작됩니다. 문득 떠오르는 말이 멘토(mentor)입니다. 제 페이스북에는 중학교와 고등학교에 다니는 후배 친구들이 많습니다. 우리 아산의 청소년 후배님들의 진솔한 모습을 나누고 소통하면서 저 자신 부족하나마 우리 아산의 미래를 열 어린이와 청소년들에게 무엇이든 도움을 드리는 멘토가 되고 싶은 소망입니다.

멘토라는 말은 오딧세이아에서 유래합니다. 고대 그리스의 이타카 섬의 왕인 오디세우스가 트로이 전쟁을 떠나며 가장 신뢰하는 벗 멘토르에게 자신의 아들 텔레마코스를 맡기고 떠납니다. 멘토르는 오디세우스가 전쟁에서 돌아오기까지 아들 텔레마코스의 친구이자 선생님으로, 때론 아버지가 돼주며 그의 성장을 이끌어줍니다. 텔레마코스는 아버지 오디세우스를 찾아 모험을 떠나게 되고 결국 아버지를 도와 어머니 페넬로페를 구하고 다시 조국의 평온을 되찾는다는 이야기입니다.

오늘날 멘토는 한사람의 인생을 지혜와 신뢰로 이끌어 주는 조언자라는 의미로 사용되고 있고 국립국어원은 2009년 공모를 통해 멘토를 '인생길잡이' 로 쓰자고 제안하기도 했습니다.

저는 우리 아산의 어린이와 청소년들에게 모범을 보이며 이끌어주고 싶은 것이 바로 '아름다운 경쟁' 의 미래입니다. 아직 우리 교육, 또 우리 현실은 경쟁이 곧 고통을 의미하는 안타까운 실정입니다. 하지만 경쟁에서 앞서는 사람이 뒤쳐진 친구를 배려하며 이끌어주는 선의의 풍토가 자리 잡는다면 경쟁은 서로를 돕고 서로 발전하게 하는 계기를 만들 수 있다는 생각입니다.

행복이 성적순인 교육이 아니라 서로에게 배우며 협력해서 행복을 만들어가는 교육.

나아가 사회에서도 경쟁에서 지는 것이 인생의 패배가 되지 않도록 다시 일어설 수 있게 서로 돕고 일자리를 나누며 더불어 살아가는 경쟁문화와 제도를 만들어가는 미래 아산의 모습. 이것이 바로 제가 소망하며 가꾸어 우리 어린이와 청소년들에게 물려주고 싶은 '경쟁이 아름다운' 우리 미래 아산의 모습입니다.

먼저 저부터 총선에 임하는 몸과 마음을 가다듬어 봅니다. 늘 제게 모범을 보여주시고 아산 사랑의 정신을 가르쳐주신 어르신들의 모습을 기억합니다. 선거 때면 저와 경쟁했던 고향 선후배님들의 모습도 되돌아봅니다. 그리고 지금 보다 나은 우리 아산의 미래를 향한 공동의 목표 아래 저와 더불어 정책과 비전으로 경쟁하는 후보님 한분 한분을 생각합니다.

지금 예비후보로 활동하고 계신 후보님들은 김선화 후보님, 이건영 후보님, 김길년 후보님, 강훈식 후보님, 이동근 후보님, 이렇게 모두 다섯 분입니다. 모든 후보님들이 평소 아산 발전을 위해 머리를 맞대고 각자의 정당, 또 각자의 전문 분야에서 우리 아산발전의 미래를 위해 노력하고 땀흘려 오신 분들입니다.

우리 아산을 위해 선의의 경쟁을 하고 계신 예비후보님들. 왼쪽부터 김선화 후보님, 이건영 후보님, 김길년 후보님, 강훈식 후보님, 이동근 후보님입니다. 순서는 연령순입니다.

저는 이 분들과 우리 아산의 미래를 함께 걱정하고 정책을 놓고 대화하고 힘을 모으며 선거에 임하겠다는 다짐입니다. 국가를 생각하는 당론은 서로 다를 수 있지만 우리 아산을 생각할 때면 당을 뛰어넘어 머리를 맞대고 힘을 모아야 한다는 소신입니다.

우선 저부터, 그리고 아산의 미래를 향한 4.11 총선에서부터 우리 어린이와 청소년들에게 선의의 경쟁, 아름다운 경쟁을 보여주는 것이 우리 다음 세대를 위한 멘토링의 첫걸음이라는 신념입니다.

눈 앞의 선거만을 생각하기보다 우리 다음 세대가 살아갈 아산을 생각하는 마음, 우리 후보님들과 함께 하고 싶은 제 마음입니다.

마따뉴8

여러분의 젊은 선택이 아산의 미래를 결정합니다

곧 현충사 가는 길 은행잎 푸르러올 아산의 봄. 이제 4월 11일은 앞으로 4년 우리 아산시민을 대표해서 일할 국회의원을 뽑는 총선입니다. 그리고 4월 5일과 6일은 고향을 떠나계신 아산인 여러분의 부재자 투표일입니다.

신성한 국방의 의무를 다하며 전후방에서 수고하시는 우리 아산의 청년장병 후배님들을 생각합니다. 공직에서, 산업현장에서, 또 가족을 위해 고

젊은 시절 군생활하던 추억은 평생 어려움을 이기는 힘이 되곤 합니다. 우리 아산의 청년장병 후배님들, 또 지금 군복무중인 우리 아들도 값진 나라사랑의 추억을 간직하고 건강히 전역하길 소망합니다. 사진은 지난 2009년 겨울 우리 군장병들과 함께 했던 모습입니다.

향 아산을 떠나 땀흘리고 계실 많은 아산인 여러분의 얼굴을 생각합니다.

저또한 군생활과 공직생활 동안 고향을 생각하며 부재자 투표를 했던 날들을 기억합니다. 지금 군복무 중인 우리 아들 녀석 얼굴도 떠오릅니다.

우리 아산을 사랑하는 청년 장병 여러분과 공직, 산업현장의 모든 아산인 여러분, 비록 몸은 고향에서 멀리 떠나 계시지만 아산의 미래를 생각하면서 투표에 임해주시리라 믿습니다.

한 가지 꼭 당부 올리고 싶은 말씀은 이번 총선만큼은 대선전초전이나 중앙정치 바람에 휩쓸려선 안된다는 점입니다. 앞으로 4년 동안 결코 정쟁이나 당리당략에 휩쓸리지 않고 우리 아산 시민 여러분 곁을 지키며 여러분의 손발이 되어 줄 일꾼을 반드시 뽑아주시리라 믿습니다.

이제 우리 고향 아산에는 목련, 진달래와 더불어 봄꽃과 연푸른 신록이 짙어올 것입니다. 멀리 떠나 계시더라도 고향 사랑의 붉은 마음 변함없이 아산의 발전에 관심과 참여 바랍니다. 그리고 건강하고 행복한 모습으로 고향에서 다시 뵙길 기원합니다.

한 가지만 더 부탁 말씀 올립니다. 가까운 친지나 선후배 분들 중에 고향 아산을 떠나 계신 부재자 투표 대상이 되시는 분들께도 꼭 투표에 참여하실 수 있도록 격려와 안부 전해주시기 당부 올립니다. 이번 총선이 우리 아산사랑의 마음과 정성을 모으는 소중한 소통과 공감의 축제가 되기를 소망합니다.

아름다운 새봄, 건강과 행복 항상 함께 하세요.

고향 아산에서 푸르러 오는 설화산을 바라보며

이명수 올림

마따뉴9 _ 처음처럼

첫 마음, 첫 걸음, 첫 사랑, 첫 약속 변함없이 여러분과 함께 하겠습니다

첫 마음, 첫 걸음, 첫 사랑, 첫 약속 늘 가슴 설레게 하는 말들입니다.

요즘 많이 힘들고 고통스럽습니다. 진실을 왜곡하는 말들, 근거 없는 비난과 비방들, 그럴수록 제 자신, 제 주변부터 돌아보고 반성합니다. 제가 정말 잘못한 것일까 참회도 해봅니다. 하지만 제 마음을 알아주시고 진실한 마음으로 격려해주시는 분들을 생각하며 다시 힘을 냅니다.

이번 선거를 시작하면서 우리 아산에서만큼은 정말 깨끗하고 서로 힘을

김선화 후보님, 이건영 후보님, 권현종 후보님, 그리고 경선부터 참여해주신 강훈식 후보님, 김길년 후보님, 모두 우리 함께 손잡고 다짐한 첫 마음 잊지 마시고 갈등과 다툼, 또 정파와 당리당략을 넘어 아산사랑의 한마음으로 돌아오셔서 아름다운 유종의 미를 거두어 주시리라 믿습니다.

모아가면서 상생과 화합의 정책 선거를 해보자 다짐했던 첫 마음을 되새깁니다. 아마 우리 김선화 후보님, 이건영 후보님, 권현종 후보님 모두 첫 마음은 저와 같으셨으리라 믿습니다. 혹여 저나 제 주변 사람들이 후보님들께 상처를 드린 일이 있다면 다시 한 번 깊이 사과 드립니다. 그리고 이제부터라도 정말 우리 아산 시민 여러분만 생각하고 머리를 맞대고 가슴을 나누며 함께 손잡고 나아가기를 소망합니다.

문득 제가 늘 가슴 시리게 새기는 신용복 선생님의 삶이 생각납니다. 신용복 선생님은 독재와 불의에 맞서셨고 옥중에서도 희망과 사랑을 기록하셨습니다. 늦게서야 억울한 누명을 벗고 강단에 서셔서는 아름다운 강의로 우리 정신과 마음을 일깨워주셨습니다.

신용복 선생님의 삶과 함께 떠오르는 말, "진리는 반드시 따르는 자가 있고, 정의는 반드시 이루는 날이 있다. 죽더라도 거짓이 없어라." 하셨던 도산 안창호 선생님의 말씀입니다.

저 자신 아직 부족한 점도, 배우고 본받아야 할 점도 많은 한 인간입니다. 그래서 늘 반성하고 성찰하면서 첫 마음, 첫 발걸음, 첫 약속 변함없이 아산 시민 여러분과 함께 손잡고 내일을 향해 나아가고자 합니다.

늘 가슴을 울리는 신용복 선생님의 글 한 편으로 첫 마음 새로이 다짐합니다. 김선화 후보님, 이건영 후보님, 권현종 후보님, 그리고 경선부터 참여해주신 강훈식 후보님, 김길년 후보님, 모두 우리 함께 손잡고 다짐한 첫 마음 잊지 마시고 갈등과 다툼, 또 정파와 당리당략을 넘어 아산사랑의 한마음으로 돌아오셔서 아름다운 유종의 미를 거두어 주시리라 믿습니다.

처음으로 하늘을 만나는 어린 새처럼

처음으로 땅을 밟고 일어서는 새싹처럼

우리가 하루가 저무는 저녁 무렵에도

아침처럼 새봄처럼 처음처럼

다시 새 날을 시작하고 있다.

신용복 선생님의 '처음처럼' 全文

힘들 때
귀한 말씀으로
일깨워주시는
신용복 선생님,
그리고 최근 나온
〈처음처럼〉.

봄이 짙어오는 아산의 산야와 하늘을 우러러 다음세대의 아산을 생각하며

이명수 올림

3부 더불어 사는 나라

아산 어르신들의 소중한 가르침, 제게 가장 소중한 선물입니다

새롭게 창조하는 우리고향의 정겨운 공동체문화

설, 대보름, 그리고 우리 놀이문화의 참된 의미

나눌수록 커지는 사랑의 기쁨

올 한가위에 소망하는 농민사랑의 손길

치자꽃 향내 속 별 바라던 추억

'나는 가수다'에서 '우린 아산이다'를 배우자

함께 일자리를 만들고 더불어 밥먹고 일하며 꿈꿀 수 있다면!

(주)에스에이씨 한형기 대표이사님께

푸른 눈의 한국인, 새봄이면 그가 그립다

'잊혀진 질문', 그리고 우리가 만들어가야 할 해답

제3부

더불어 사는 나라

늘 웃음으로 만나고 더불어 살아가기를 소망합니다. 오늘 우리를 있게 해주신 어르신들, 각박해져가는 세상을 따뜻이 감싸주며 봉사하시는 이웃 분들, 어려운 농촌을 지키며 땀흘리시는 농어민들, 옛 적 가난했지만 함께 둘러앉아 밥과 일과 꿈을 나누던 그 시절의 맥박과 숨결을 가슴에 담고 어르신들과 젊은 세대, 농촌과 도시, 경영자와 근로자, 다문화 가정을 비롯 우리 나라를 사랑하는 외국인 분들 모두 따뜻한 정을 나누며 웃음으로 더불어 사는 나라를 소망합니다.

아산 어르신들의 소중한 가르침, 제게 가장 소중한 선물입니다

신묘년을 보내고 임진년을 맞이하는 시간, 한 해를 돌아보고 아산 시민 여러분께 드릴 마음의 선물, 또 제가 행동으로 실천해야 할 선물을 준비하는 시간이기도 합니다. 문득 올 해 제가 받은 선물들을 되돌아봅니다.

충남도지사와 대전광역시장을 지낸 홍선기 선배님께서 보내주신 책 한 권이 떠오릅니다. 세종대왕의 리더십을 정리한 그 책을 읽으면서 평소 홍선기 선배님께서 좌우명으로 전하시던 '상선약수(上善若水)' 도 되새겼습니다. '최고의 선(善)은 물(水)과도 같아서 만물을 이롭게 하면서 다투지 않고, 뭇사람들이 꺼리는 낮은 곳에 처하며 머물러 땅을 이롭게 하고 어짊(仁)을 더한다' 는 뜻으로 기억됩니다.

홍선기 선배님께서 선물하신 책을 읽으며, 또 홍 선배님과의 추억을 되돌아보며 많은 생각을 했습니다. 제가 공직에서 홍선기 선배님을 처음 뵌 것은 79년 당시 아산군 수습사무관으로 근무할 때 아산군수로서의 모습이셨습니다. 순천향대학교가 막 개교 준비를 하던 당시의 아산군, 79년 10월 26

일에는 박정희 전 대통령이 생전 마지막으로 삽교호방조제 준공식에 참석했던 때였습니다. 돌아보면 국토종합개발계획에서 우리 아산 일원이 아산만권으로 발돋움하던 전환기였습니다.

홍선기 선배님의 선물, 그리고 세종대왕의 리더십에 관한 책을 보내신 깊으신 배려를 가슴에 새기면서 문득 오늘 제 모습을 돌아봅니다. 오늘 제가 있기까지는 많은 고향 어르신들의 보살핌과 가르침이 있었습니다. 특히 정치에 입문하기까지 우리 아산 어르신들의 모습과 가르침이 주마등처럼 스쳐 지나갑니다.

가장 먼저 떠오른 분은 윤보선 전대통령이십니다. 4.19혁명 이후 제4대 대통령으로 일하셨고 5.16으로 물러나신 이후 두 번의 대선에 출마했던 우리 아산의 큰 어르신이십니다. 생전에 뵐 기회는 없었지만 민주주의의 유지와 함께 남기신 <구국(救國)의 가시밭길>이라는 저서, 그리고 우리 아산의 어르신으로 가장 존경하는 분이십니다.

다음으로 떠오르는 분이 황명수 선배님입니다. 국회 국방위원장과 집권당 사무총장을 역임하신 올해 84세의 황명수 선배님은 민주화와 더불어 우리 아산을 강력한 리더십으로 이끄셨던 정치인 선배이십니다. 늘 활달하시고 장부다운 기개로 격려해주시던 모습이 생생합니다. 세모에 찾아보려고 알아보니 병상에 계시다는 소식을 접했습니다. 하루빨리 완쾌하셔서 변함없는 청년의 모습 뵈올 수 있기를 소망합니다.

3년 전 작고하신 고 이선규 회장님은 우리 고장이 자랑할만한 기업 동성제약을 세웠고 평생 '제약보국(製藥輔國))' 의 신념과 더불어 장학사업을 비롯한 사회환원으로 우리 아산에 큰 발자취를 남기신 자랑스런 아산의 어르신이십니다.

재작년 유명을 달리하신 영원한 온양인 김용래 선배님도 떠오릅니다. 서울시장과 총무처장관을 역임하셨던 김용래 선배님은 충청향우회장으로서 '충청도는 멍청도가 아니라 엄청도' 라는 자부심으로 마지막 순간까지 고향사랑을 불태우셨던 충청인이시자 저승에 가서도 온양 출신이라면 깨끗해서 천당으로 보내준다더라는 유머로 아산인으로서의 자부와 긍지를 보여주신 선배님이셨습니다.

김용래 선배님과 동갑이신 이어령 전 문화부장관님은 한국을 대표하는 문필가로서, 또 아산의 문맥을 떨치신 아산인으로서 지금도 대한민국 지성사의 새로운 장을 열어가고 계십니다. 개인적으로는 에세이집 추천사로 격려해주신 은혜를 주시기도 하셨습니다.

지난 해 6월 급작스레 세상을 떠나셔서 아산시민들을 애통하게 했던 이상만 선배님은 경제기획원 차관보까지 지내시면서, 또 국회의원으로서 현직에 계실 때부터 작고하시기 직전까지도 아산호 명칭회복을 비롯, 각별한 아산사랑으로 평생을 헌신해오신 선배님이십니다.

이 분들 외에도 개인적으로 오늘의 저를 세워주신 여러 은사님, 또 이웃 어르신 분들까지 고향 사랑의 귀감으로 이끌어주신 많은 분들을 생각합니다. 아울러 새삼 깨닫는 것은 바로 우리 아산사랑과 아산발전의 최고의 선(善)은 마치 물과 같아서 우리 아산을 지키고 키워오신 어르신들의 본류(本流)를 이어받아야겠다는 각오입니다. 그리해야 저또한 미력하나마 아산발전의 강물을 도도히 일으켜 좀더 큰 아산, 강하면서 포용력 있는 아산의 미래를 향해 조금이나마 기여할 수 있다는 믿음입니다.

이제 2011년을 보내고 2012년 임진년을 맞는 시간의 강물굽이에 서서 제게 가장 소중하고도 귀한 선물이 바로 우리 아산을 이끌어오신 선배님들의 가르침이었다는 깨달음, 그리고 이 선물을 소중히 키워서 우리 다음 세대에게 정말 살기 좋고 아름다운 아산을 물려줘야겠다는 각오를 새로이 다짐합니다.

영원한 아산인으로서의 발자취로 오늘 우리에게 큰 선물을 주신 아산의 어르신들께 깊은 보은의 절 올리며 새 해 새 각오를 새깁니다.

윤보선 대한민국 제4대 대통령

김용래 한국학중앙연구원장

이선규 동성제약 회장

이상만 전 국회의원

황명수 전 국회의원

이어령 전 문화부장관

늘 그리운 우리 아산의 어르신들. 왼쪽으로부터 고 윤보선 제4대 대통령, 고 김용래 전 서울시장님, 동성제약 창업자 고 이선규 회장님, 밑줄 왼쪽으로부터 고 이상만 전 국회의원님, 황명수 전 국회의원님, 이어령 전 문화부장관님.

새롭게 창조하는 우리 고향의 정겨운 공동체문화

제가 태어나고 자란 곳은 아산군 신창면 읍내리, 지금 마을회관이 있는 곳에서 백 걸음 남짓한 곳이었습니다. 지금 제가 사는 곳은 배방읍 공수리 아파트입니다. 국회 일정이 없고 주민 여러분을 뵈러 도고, 선장을 오갈 때엔 하루에도 서너 번씩 지날 때도 있고 1주일이 멀다하고 찾곤 하지만 정작 고향 마을에서 잠을 자본 것은 아득했습니다. 아마 아버님 생전 신창에서 온양으로 이사하기 전 신혼여행에서 돌아와 아내와 함께 하룻밤 묵었던 것이 마지막이었던 것 같습니다.

그러던 지난 주 설 명절이 가까운 주말 저는 우연찮게 마을회관에서 어르신들께 인사드리러 갔다가 죽마고우들과 어울려 마을회관에서 잠을 자게 되었습니다. 막걸리 잔을 건네시며 초심(初心)을 잃지 말라시는 어르신들의 가르침 깊이 새겼습니다. 새벽이 이슥하도록 다섯 벗들과 어울려 토끼몰이하고 쥐불 놓던 추억이며 썰매타고 얼음 지치다 발이 빠져 불을 놓고 양말을 말린답시고 태워먹던 추억, 또 정월이면 연 날리고 쥐불깡통 돌리던 그 코흘리개 시절 아름다운 이야기로 시간가는 줄 몰랐습니다. 멀리 떠나 사는 외지 벗들의 소식도 나누고 어느 새 군대 가고 장가갈 나이가 된 아이들 취직 이야기까지 두런두런 정겨운 하룻밤을 보냈습니다.

이제 고인이 되신 어르신들의 모습도 그려보고 돌아보면서 늘 한 가족처럼 돌봐주시던 그 사랑이 그립습니다. 저는 과연 그분들이 제게 베풀어주신 만큼 우리 후배들에게, 또 아이들에게 무언가 힘이 되어주고 있는지 깊이 반성해봅니다.

돌아보면 제 고향마을 신창은 참 복 받은 삶터라는 생각이 듭니다. 그 이유 중 하나가 바로 순천향대학입니다. 어릴 적 70년대 중반까지만 하더라도 우리 고향 신창은 장항선 열차가 지나가는 간이역이 있는 작은 마을, 또 천안에서 서해안으로 통하는 신창휴게소로 더 유명한 조그만 농촌 마을이었습니다.

제가 행정고시를 보고 공직에 첫걸음을 내딛으면서 아산군 수습사무관으로 근무할 때 다시 찾은 우리 신창은 막 변화의 기지개를 켜고 있었습니다. 1978년 설립인가를 받은 순천향의과대학이 80년부터 순천향대학으로 바뀌어 학생들이 모여들기 시작했고 신창은 그저 스쳐 지나가던 소읍에서 대학생들로 생기가 넘치는 젊음의 거리로 바뀌어갔습니다.

순천향대학이 우리 신창에 더욱 소중한 이유는 바로 청년학생들과 교수님, 교직원분들과 우리 신창주민이 함께 만들어가는 새로운 공동체문화 때문입니다. 사실 순천향대학교는 신창 고향의 여러 이웃과 친지분들의 일자리이기도 합니다. 그래서인지 순천향대와 신창면은 옛 전통공동체 못지 않게 모범적인 새로운 어울림문화를 만들어가고 있습니다.

가까운 지난 연말을 예로 들어보겠습니다. 지난 해 초겨울 순천향대 캠퍼스에서는 '사랑의 김치 담가 나누기' 행사가 열렸습니다. 손풍삼 총장님, 김홍삼 신창면장님, 전유일 신창파출소장님, 박희대 신창면노인회장님, 임재열 총학생회장을 비롯한 지역 주민 대표 50여 명과 사회봉사단 동아리 회원 50명, 외국인 교환학생 50명, 재학생 등 총 200여 명이 어우러진 김장 담그기 행사는 행복 비빔밥 만들기로 이어졌고 이날 담근 배추김치 1000포기는 신창면의 홀몸노인 가정과 한부모 가정 자녀들에게 전달되었습니다.

12월 성탄이 가까운 세모에는 순천향대 절주 동아리 '쏘쿨이'가 보건복지부장관상 부상으로 받은 상금에 보건행정경영학과생들의 성금을 보탠 200만원을 한국의료지원재단에 기탁했고, 순천향대 재학생 홍보대사 모임 알리미 회원들도 교내에서 펼친 사랑의 쌀 모으기 캠페인으로 모은 200kg의쌀로 떡국을 만들어 신창면과 음봉면 복지관에 전달했습니다. 또 순천향대생 창업 마인드 향상을 위해 개설된 '내 아이디어로 창업하기' 과목 수강생 100여명은 수업과정으로 진행한 창업 프로젝트를 통해 얻은 수익금 110만원을 환희애육원에 기부했고, 순천향대 교직원 분들도 성금 120만원을 모아 불우이웃돕기에 써달라며 신창면에 전달했습니다.

이렇듯 순천향대는 우리 신창면 지역사회를 위해 헌신하고 봉사하는 모습으로 새로운 공동체 문화의 모범사례를 창조해나가고 있습니다. 그러한 공동체문화의 상징 중 하나가 경희학성아파트입니다.

순천향대 맞은 편 언덕에 위치한 경희학성아파트에는 937세대 약 3000여 명의 학생과 주민들이 살고 있고 중국을 비롯한 외국 다문화 학생들도 다수 살고 있는 공동주택입니다. 아파트 입구에서부터 190m에 이르는 담벽에는 3년간 주민들의 노력과 순천향대의 지원으로 그려진 벽화가 아름답습니다.

순천향대 맞은 편 언덕에 위치한 경희학성아파트는 순천향대와 신창 주민 모두가 힘을 모아 한마음으로 가꾸는 공동체 문화의 현장입니다. 지난 봄 철쭉축제 한마당 잔치에서 우리 신창의 풍물단 여러분들과 함께 한 모습입니다.

이 벽화공간은 주민과 대학이 함께 만든 성과라는 의미에서 '휴(休)' 라는 이름이 붙여졌고 천사 날개 모양의 포토 존을 비롯, 해바라기며 다양한 꽃들, 그리고 중국인 유학생들의 향수를 달래기 위한 팬더 곰 모습도 아로새겨져 있습니다.

매년 5월 이 벽화 윗편 언덕으로 희고 붉은 철쭉이 만개할 때면 주민들이 학생들과 함께하는 작은 철쭉축제가 열리고, 또 순천향대에서는 대학축제에 주민들을 초청하고 배려하는 행사를 기획하기도 합니다.

이제 우리 신창은 순천향대와 더불어 어르신들만 외로운 여느 농촌마을과는 달리 젊음과 더불어 서로 돕고 배려하는 새로운 공동체문화의 요람으로 성장하고 있습니다. 나아가 바라건대 폴리텍대학과 더불어, 또 새로 건설되는 서부산업단지의 기업들과 함께 창조하는 새로운 신창시대의 개막을 열어가고 있습니다.

이러한 새로운 신창시대 창조와 더불어 우리 신창에 어린 전통이 함께 어우러지는 그 날을 꿈꾸어 봅니다. 우리 신창은 지금은 면단위이지만 조선때만 해도 선장과 도고 등을 아우르는 신창현이 있던 곳이었고 제가 나고 자란 읍내리가 바로 신창현 소재지였습니다. 또한 신창현은 면암 최익현 선생께서 서른의 나이에 현감으로 재직하셨던 유서가 어려있기도 합니다. 이제 우리 신창에 면암 선생의 비석 건립과 함께 역사소공원도 추진되고 있습니다.

참으로 오랜만에 저를 길러준 고향 신창면 읍내리 동리에서 꿈결처럼 보낸 하룻밤. 그 새벽 첫 기차소리를 들으며 학성산을 우러렀습니다. 이 겨울 새벽 어김없이 재잘대며 깨어나는 새소리에 귀기울이며 이제 지천명의 제가 진정 고향을 위해 해야 할 일들을 하나둘 되새겨봅니다.

설, 대보름,
그리고 우리 놀이문화의 참된 의미

농경사회에서 우리의 세시는 설날부터 시작되었습니다. 음력 정월 초하루부터 정월 대보름까지 가장 큰 축제와 놀이가 이루어졌습니다. 가난하던 시절에도 이 시기만큼은 마을 공동체를 중심으로 넉넉한 먹거리를 준비해서 서로 나누어 먹고 남녀노소 어우러져 함께 놀이문화를 즐겼습니다. 한 해 농사가 시작되는 새봄을 준비하며 몸과 마음을 재충전하는 축제의 시기였던 것입니다.

우리 세대는 기억합니다. 설날에 시작되던 풍성함과 크고 작은 놀이들을 기억합니다. 어른들은 아이들에게 설날에 설빔이라 하여 때때옷을 갖추어 주시거나 새 신발, 새 옷 등을 장만해주셨습니다. 설빔을 차려입고 차례를 지내고 성묘를 모시고 나면 가까운 이웃 친지분들을 찾아 세배를 드렸습니다. 어르신들은 세뱃돈이나 사탕이나 과자를 주시며 덕담을 선물로 주셨습니다.

이렇게 시작되는 정월은 신나는 놀이마당으로 이어졌습니다. 대표적인 놀이가 윷놀이였습니다. 어르신들끼리 술과 안주를 나누며 노시기도 하셨지만 가족 모두가 한 자리에 모여 남녀노소 함께 윷판이 벌어지기도 했습니다.

> 동방의 풍속이 예로부터 세시를 중히 여겨, 흰머리 할범 할멈들이 아이처럼 신이 났네. 둥글고 모난 윷판에 동그란 이십팔 개의 점, 정법과 기묘함의 변화가 무궁무진하도다. 서툼이 이기고 교묘함이 지는 게 더욱 놀라워, 강함이 약함을 삼키고도 토하니 승부를 예측할 수 없구나. 노부가 머리를 써서 부려 볼 꾀를 다 부리고, 가끔씩 다시 흘려 보다 턱이 빠지게 웃노라. – 이색(李穡), 한시 '장단음(長湍吟)'

우리 역사에 첫 기록으로 고려말 목은 이색 선생의 한시에 전하는 윷놀이 풍경입니다. 앞서간 자가 뒤가 될 수도 있고, 또 모둠으로 함께 말을 두서넛씩 얹어 가면 더 빨리 나서 이길 수도 있는 다양한 말판 행보는 세상의 섭리를 그대로 놀이판에 옮겨 놓은 듯 여러 면에서 인생의 교훈을 뜻하기도 합니다. 또한 윷놀이는 짝만 맞으면 얼마든지 많은 사람이 함께 어울려 즐길 수 있다는 장점도 있습니다. 우리 고장 출신으로 한국 최고의 문화비평가인 이어령 선생은 말밥을 두서넛씩 얹어가는 윷놀이에 당파 다툼의 서글픈 역사가 배어 있다고 분석하기도 했습니다.

이러한 윷놀이와 함께 제기 차기, 연날리기, 쥐불놀이와도 같은 신나는 놀이가 이어졌고 동네 골목에서 푸르른 보리밭을 내달리던 추억은 정월 대보름까지 홍겹게 이어졌습니다.

마을에서는 대동제가 행해지기도 했습니다. 온 마을 사람들이 모여 마을 어른들을 중심으로 소나 돼지를 잡아 제물을 마련해서 성황당이나 마을 고목에 제를 지내고 제물로 마련한 고기와 떡과 술을 나누어 먹으면서 홍겹게

풍장을 치며 온 마을을 도는 농악놀이가 벌어지곤 했습니다. 농경문화와 유교의 전통이 어우러졌던 대동제(大同祭)에는 '화이부동(和而不同)', 즉 서로 같지는 않으나 화합하여 공동의 선(善)과 소망을 함께 가꾸어 가자는 전통 유교의 대동사회(大同社會)의 이상이 깃들어 있었습니다.

정월 대보름까지 이어지는 우리의 놀이와 축제는 쥐불놀이를 끝으로 절도 있게 마무리했습니다.

"설날부터 보름까지 서로 모여 윷놀이를 하는데, 보름이 지나면 윷을 거두어 감춘다. 이날 이후로 계속하면 농사에 해가 되기 때문이라고 한다. '보름을 넘겨 윷놀이를 하면 벼가 죽는다.' 라는 속담도 있다." – 김매순, '열양세시기' 중에서

설이나 추석같은 명절에는 달걀꾸러미 같은 선물 심부름을 하던 추억과 함께 가난했지만 따뜻하던 정겨운 문화가 그립습니다. 사진은 아직 우리 온양 5일장에서 볼 수 있는 추억의 계란 꾸러미입니다.

우리 또한 보름여 동안 정들었던 연을 높이 날려 올려 연줄을 끊어 푸른 창공으로 떠나보내며 각자의 청운같은 꿈을 가슴에 간직했습니다. 어르신들은 윷과 말판을 거두어 감추셨고 어르신들은 새봄을 준비하는 '입춘대길(立春大吉) 건양다경(建陽多慶)' 을 써서 대문에 내거시고는 한 해 농사를 시작하셨습니다. 또 우리는 새 공책, 새 책, 새 마음으로 새 학기를 준비하곤 했습니다.

이렇듯 설날부터 정월 대보름까지 이어지던 축제와 놀이문화를 되새기는 이유는 바로 정월 축제문화에 대동(大同)의 큰 꿈과 전통이 깃들어 있기 때문입니다. 서로 다름을 인정하고서 크게 하나되는 우리의 전통은 오늘날 핵가족화된 우리 현실에서 새로이 되살려야 할 정신이자 문화입니다.

설날 가족끼리 어울려 윷놀이를 즐기며 그 놀이에 깃든 전통을 되새기는 것은 어떠실지요. 조금 여가가 나신다면 아이들 손을 잡고 우리 아산의 민속박물관을 찾아 소중한 전통과 세시를 돌아보는 체험은 어떠신지요.

설을 쇠고 나면 다가올 올 새봄에는 온 나라 온 국민이 크게 하나되는 대동(大同) 대한민국의 한 해를 함께 소망해봅니다.

나눌수록 커지는 사랑의 기쁨

세모와 성탄이 가까우면 따듯한 사랑의 온정이 그립습니다. 기다려지는 소식도 있습니다. 바로 '얼굴 없는 천사' 의 소식입니다. 올 해에는 다른 해보다 조금 일찍 '얼굴 없는 천사' 의 소식이 전해졌습니다.

지난 20일 전주시 덕진구 노송동 주민센터에 낮 12시 10분경 한 통의 전화가 걸려왔고 12년째 한결같이 성금이 전해졌다고 합니다. 올 해 전해진 성금은 5천24만2,100원, 올 해에는 예년보다 9일 정도 빨리 성금이 전달됐다고 합니다. 지난 12년 동안 13차례에 걸쳐 전주시 노송동 주민센터에 전달된 성금은 모두 2억4,744만6,120원. 올 해에도 성금을 담은 상자에 "어려운 이웃 도와주십시오. 힘내시고 새해 복 많이 받으세요."라는 메시지가 담겨 있었다고 합니다. 전주시 노송동 '얼굴 없는 천사' 의 아름다운 선행은 노송동 주민들 사이로 퍼져 선행과 이웃사랑의 잔잔한 파문으로 번져 나아가고 있다는 훈훈한 소식입니다.

지난 2009년에는 우리 아산 신창면에도 '얼굴 없는 천사' 가 나타났습니다. "어려운 이웃을 돕고 싶다"는 전화와 자녀로 보이는 두 젊은 남매를 통해 전달된 성금은 200만원, "작은 정성입니다. 신창면에 거주하고 계신 어려운 장애인을 위해 사용해 주십시오"라는 성금 봉투 겉봉에 적힌 메모와 함께였습니다.

해마다 성탄과 세모가 다가오면 우리 아산의 한 해를 훈훈하게 해준 온정과 사랑의 손길들을 되돌아 봅니다. 최근에는 우리 아산 현대자동차 직원분들의 재능기부가 우리 아산인의 가슴을 따뜻하게 해주었습니다. 재학생 열 명 중 네 명이 기초생활수급자 가정의 자녀이고 그나마 인주면에는 변변한 학원조차 드문 현실 속에서 현대자동차의 젊은 직원 여덟 분의 영어, 수학 무료 과외 재능봉사는 정말 감사한 소식이었습니다.

어제는 아산 탕정 삼성 임직원분들의 복지관 위문과 봉사 소식을 전해 들었습니다. 지난 한가위를 훈훈하게 해주신 삼성전자 탕정사업장, 온양사업장, 삼성코닝정밀소재의 "한가위, 함께 나눠요. Happy Together!"의 온정도 떠오릅니다. 연초 설명절부터 추석, 또 연말연시로 이어졌던 신도리코를 비롯한 아산 입주 기업들의 크고 작은 온정과 봉사의 손길도 되돌아 봅니다. 또 연중 우리 아산의 라이온스와 로타리클럽, 제이씨아이와 같은 단체에서 한결같이 행하시는 귀하고 값진 봉사와 성품, 성금 전달 소식을 생각합니다.

라온제나 운동을 통해 어르신 여러분들께 동화책을 모아 읽어드리고, 제빵실습 시간에 어린 손으로 만든 컵케익을 들고 어르신들을 찾아 봉사해온 우리 신창중학교 후배님들, 또 소중한 봉사의 가르침을 이끌어주신 선생님께도 감사합니다.

우리 아산의 기업 삼성전자 직원분들의 따뜻한 이웃사랑은 늘 우리에게 사랑의 기쁨을 전합니다. 사진은 지난 해 가을 배방읍 삼성전자 온양사업장 임직원 분들이 배방읍에 사랑의 선물을 전달하는 모습입니다. (사진 아산시사 제공)

지난 10월과 11월에 만난 '아산 사보렌 합창단' 여러분의 아름다운 음악을 통한 지역문화봉사의 모습도 감사했습니다. 학교일과 교육청 업무로 바쁘신 중에도 화음을 맞추어 지역사회와 함께 하시는 유 · 초 · 중등 선생님과 행정직원분, 영양사님 등 아산관내 교직원 여러분의 재능기부의 목소리는 우리 아산 지역사회에 아름답게 널리 울려 퍼졌습니다.

일년 365일 눈이 오나 비가 오나 한결같이 우리 어린이들의 등교길 안전을 위해 묵묵히 헌신해주신 녹색어머님들의 천사같은 손길, 또 아산시민의 안전과 치안을 위해 묵묵히 밤길을 지켜주신 자율방범대와 순찰대 여러분의 아름다운 봉사에도 깊은 감사와 박수를 올립니다. 우리 아산의 크고 작은 행사에 안내와 질서를 위해 헌신해주시는 호국보훈단체 여러분들의 온정은 더욱 감사합니다. 젊어서는 나라를 위해 일해오신 열정을 오늘 우리 아산을 위해 봉사하시는 모습은 정말 아름답습니다.

지난 12월 1일부터 우리 아산에는 '희망 2012 나눔캠페인' 이 열리고 있습니다. 우리 아산의 기업과 단체, 기관과 시민들의 참여와 사랑으로 모아질 아름다운 온정과 사랑의 손길에 감사하는 마음으로 함께하고자 하는 다짐입니다.

돌아보면 봉사와 헌신은 도움받는 누군가를 위하기보다는 스스로를 위한다는 깨달음입니다. 아내와 신혼여행으로 택했던 봉사의 길, 휴일이면 어린 우리 아이들과 함께 다녔던 복지원 봉사, 작지만 어린 소녀가장을 찾아 함께 했고, 양로원을 찾아 어르신들과 함께 했던 젊은 공직시절의 추억은 우리 스스로 아름답고 따뜻한 사회를 만들 수 있다는 신념과 소신을 배우는 참으로 소중한 시간들이었습니다.

올 한해를 보내고 새해를 맞는 시간, 이웃을 사랑하고 봉사를 실천하는 우리 아산시민 여러분의 아름다운 모습 속에서 소중한 깨달음 하나 깊이 새깁니다. 바로 사랑의 기쁨은 나눌수록 커진다는 깨달음입니다. 아산 시민 여러분 정말 감사합니다.

올 한가위에 소망하는 농민사랑의 손길

초가을 무더위가 반갑습니다. 유난히 비가 많았던 올 여름, 농민 여러분의 가슴은 애타는 시간이었습니다. 우리 아산의 포도밭, 배밭, 그리고 사과밭을 지날 때면 늦은 햇볕이나마 좀더 과일에 쬐려고 잎을 따주고 반사용 은박필름을 깔아 주고 이중봉지를 씌워주며 조금이라도 빛과 당도를 올리려는 애타는 농심을 만납니다. 또한 탄저병에 결실이 적어진 고추밭에서 한 근이라도 결실을 올리려는 눈물겨운 땀방울들을 만납니다.

가장 큰 문제는 일조량이었습니다. 기상청에 의하면 우리 아산의 경우 지난 8월 1일부터 24일까지 일조시간이 65시간 정도로 지난 해 110여 시간에 비해 턱없이 부족했습니다.

우리 농민 여러분들의 시름은 사실 올초 시작된 이상기온과 냉해로부터 시작되었습니다. 1월부터 3월까지 삼한사온도 없이 열흘 이상씩 계속된 강추위는 추위에 약한 복숭아, 포도 나무 밑둥을 얼어붙게 해서 싹도 못틔우는 경우도 적지 않았고, 사과와 배는 예년에 비해 열흘 정도 개화와 접과가 늦은데다가 씨방이 얼어 수정도 하기 전에 새까맣게 말라 죽기도 했습니다. 잦은 비로 병충해 방제도 제대로 못했고, 부족한 일조량은 그나마 당도도 떨어지게 했습니다.

농민들은 올해 수확이 예년에 비해 30~40%는 감소할 것을 예상했고 그나마 당도와 품질도 떨어져 한숨을 짓고 있습니다. 게다가 지난 해 겨울 몰아닥친 구제역으로 텅빈 축사를 보며 한숨 짓는 농민들의 주름진 얼굴을 뵐 때마다 가슴은 타들어가기만 합니다.

이러한 흉작과 농민들의 한숨은 서민들의 생활고로 이어질 수밖에 없습니다. 쌀과 채소, 우유를 비롯한 축산물과 과일값이 오르고 가뜩이나 올해 최고를 기록하고 있는 물가는 서민가계를 압박할 수밖에 없습니다.

게다가 최근 대책도 근거도 모호한 쌀값 인하 정책은 가뜩이나 농심을 더욱 멍들게 하고 있습니다. 한국개발연구원(KDI) 등 10개 국책연구기관이 8월 초 발표한 분석 결과 자유무역협정(FTA) 실시로 제조업 등이 큰 수혜를 받는 가운데 가장 큰 피해를 보는 산업은 농어업 분야인 것으로 나타나고 있고, 농수산업 부문 생산은 향후 15년간 연평균 8400억원 줄어드는 것으로 보고되고 있습니다.

이러한 상황에서 물가안정을 명분으로 정부가 쌀값 인하에 직접 개입하는 것은 자유무역협정(FTA)의 최대 피해자인 농민을 벼랑 끝으로 몰아붙이는 근시안적인 정책이 아닌가 분개하게 됩니다. 정부의 벼 수매가 책정은 현 시세가 기준입니다. 따라서 농수산식품부의 방침대로 쌀값을 내릴 경우 올해 벼 수매가는 3%가량 인하될 수밖에 없습니다. 최근 급상승하는 물가를 잡으려면 유가와 통신비, 그리고 FTA 수혜품목인 공산품 가격과 서비스

요금부터 잡아야 한다는 것이 경제전문가들의 지적입니다.

이제 한가위가 가깝습니다. 한가위는 한 해의 추수와 결실을 감사하고 흩어졌던 온 가족이 함께 모여 조상을 기리며 정을 나누는 우리의 축제입니다. 이러한 한가위를 맞으며 추석 명절의 중심인 농심과 농촌현실부터 보살펴야 한다는 각오와 다짐입니다.

비록 제 상임위가 농수축산 분야는 아니지만 관계 분야의 상임위와 정책위, 또 정부 담당자들을 만날 때마다 이러한 농민 여러분의 애로와 고통, 그리고 장기적이고 실효성 있는 자유무역협정(FTA) 대비책과 합리적인 물가대책을 호소하기도 하고, 또 설득도 하고 있습니다.

작은 힘이나마 저부터 우리 농민 여러분의 지원과 정책 안정에 힘을 모아야겠다고 다짐하며 발길을 서두르고 있습니다. 아울러 우리 아산을 비롯한 시민 여러분께 올 추석에는 우리 농민들의 고통과 땀이 어린 곡식과 과일 한 알을 사랑하고 아끼는 마음으로 팔아드림으로써 농촌사랑의 한가위를 맞자는 소망 함께 당부 올립니다.

치자꽃 향내 속 별 바라던 추억

유년의 여름은 치자꽃 향기와 시작되었습니다. 우리 키만한 치자나무는 큰 화분에 담겨 있었습니다. 겨울에는 대청마루 한 켠을 차지하고 있다가 여름에는 안마당을 바라보며 토방 댓돌 옆으로 나아 앉은 치자나무. 장마가 시작될 무렵 새하얀 치자꽃 망울이 부풀면 방학이 오고 즐거운 여름이 시작되었습니다. 치자꽃 향기 그윽한 안마당으로 들마루를 내어놓고 날 맑은 저녁이면 모깃불을 놓았습니다. 들마루에 한 상, 또 그 옆에 편 멍석 위에 한 상, 그렇게 온 가족이 모여 풋고추랑 상추쌈이랑 저녁을 먹기도 하고 할머님 앞에 옹기종기 모여 앉아 옛 이야기를 듣기도 했습니다.

해골바가지를 닥닥닥 긁어서 머리에 맞춰 쓰고는 사람으로 변한 여우는 부잣집 어여쁜 외동딸을 죽을 병이 들게 합니다. 이를 지켜본 소금장수가 박달나무 지게 작대기로 내려쳐서 여우를 잡고는 어여쁜 색시의 신랑이 되어 검은 머리 파뿌리 되도록 백년 천년 아들딸 낳고 행복하게 잘 살았다는 할머님의 옛이야기. 몇 번을 듣고 또 들어 뒷 얘기를 다 알고 있으면서도 소금장수가 지게 작대기를 들고 여우를 내려치려는 대목에선 침을 꼴깍 삼키며 손에 땀을 쥐곤 했습니다. 구렁당당 신선비, 우렁각시, 또 달걀귀신과 처녀귀신 이야기도 더운 여름밤에 소름 돋도록 흥미진진하던 할머님의 옛이야기였습니다.

할머니의 이야기가 한 마당 지나갈 즈음 우물에 담가 놓았던 참외나 수박을 먹었고, 모깃불 속에는 하지감자나 옥수수가 익어갔습니다. 잿불 속에서 익은 뜨거운 감자껍질을 벗기며 먹다 보면 숯검댕에 검어진 입가를 서로 마주 가르키며 까르르 웃곤 했습니다.

웃다가 문득 눈에 드는 하늘에는 별이 많고 많았습니다. 가끔씩 별똥별이 긴 꼬리를 남기며 떨어지는 여름 밤하늘, 그 한 가운데를 흐르는 한 줄기 은하수를 바라보다가 할머니를 다시 졸라 견우 직녀 이야기를 듣곤 했습니다. 견우가 일년 내내 소를 치다가 단 하루 직녀를 만나는 날, 또 직녀가 일년 내내 열심히 베를 짜다가 견우를 만나는 칠월 칠석날, 그날은 까마귀 떼가 하늘에 다리를 놓아 두 사람을 만나게 해주고 둘이 만나 흘리는 기쁨의 눈물이 비가 돼서 내린다고, 그래서 꼭 칠석날은 비가 내리고 우리 신랑과 각시들도 그 날은 천년 해로하는 은행나무처럼 오래오래 잘 살자며 은행알을 구어 나누어 먹는다고 했습니다.

예부터 선비들은 칠석날이 지나면 여름내 눅눅해진 서책을 내어 말리고 모내기에서부터 김매기에 바빴던 농군들에겐 백중놀이와 함께 잠시 한 마당 여름축제가 이어지곤 했습니다.

어느 날은 할머니 이야기에 시간가는 줄 모르다가 평상에서 잠이 들기도 했습니다. 라디오의 일기예보 소리에 잠을 깨면 훤히 밝아오는 하늘에 그

많던 별들은 사라지고 샛별만이 미명을 밝히고 있습니다. 할아버지는 어느새 삽자루를 들곤 새벽 물꼬를 보러 나가셨고 우리에겐 즐거운 여름 하루가 시작되었습니다.

한 줄기 소나기라도 내리면 우리는 얼멩이와 양동이를 들고 냇가로 달려갔습니다. 논에 물을 대는 수로에 얼멩이를 대고 잡아내는 미꾸라지와 붕어들, 가끔은 물뱀에 놀라 소스라쳐 물 밖으로 나왔다가는 금세 물속으로 들어가 다시 붕어와 미꾸라지를 잡곤 했습니다. 큰 놈은 골라 소금을 뿌려 해금을 해선 구어 먹거나 추어탕을 끓여 먹기도 했습니다. 작은 놈들은 닭모이로 던져주기도 했고, 예쁜 버들붕어는 물동이에 넣어 기르기도 했습니다. 붕어도 미꾸라지도 우렁도 물방개도 거머리도 참 많고 많았습니다.

비오는 날의 별미 중 하나는 밀국이었습니다. 오늘로 말하면 칼국수입니다. 손이 많이 가서 일손이 바쁜 맑은 날엔 해먹기 어려웠던 밀국은 비오는 날에만 먹을 수 있었습니다. 넓은 도마위에 홍두깨로 둥그렇게 밀어서는 둘둘 말아 썰어낸 밀국을 가마솥에 넣고는 호박이랑 감자며 파를 썰어 넣은 밀국. 어르신들은 호박이나 정구지를 넣은 부침개 안주에 막걸리로 흥을 돋우기도 하셨습니다.

여름 밤 마실도 즐거운 추억이었습니다. 이른 저녁엔 동네 친척 어르신 댁이나 또래가 있는 집을 찾아가 장기나 바둑을 두기도 했고 어디서 들은 이야기나 꾸며낸 이야기로 짧은 여름밤이 깊어가는 줄 몰랐습니다. 여자 아이들은 하루 저녁이 지나면 봉숭아 물들인 손을 어여쁘게 뒷짐으로 감추고 다녔고, 어머니들은 누이들 손에 백반을 이겨 봉숭아 물을 들여주시곤 하셨습니다. 어느 저녁엔 동네 형들이 서리를 하다가 들켜선 치도곤을 맞았다는 얘기가 들려오기도 했고 어르신들은 우리도 서리하던 때가 있었다면서 그 시절을 못내 그리워하셨습니다.

어느 아침에는 곤충채집 방학숙제를 핑계 삼아 산으로 들로 내달았습니다. 우리들의 매미채는 둥그런 철사에 여기저기 거미줄을 찾아 둘러 엮은 것이었습니다. 왕매미, 참매미, 잠자리, 호랑나비, 제비나비, 어떤 땐 하늘소도 사슴벌레도 풍뎅이도 잡았습니다. 소똥을 뒤져서 소똥구리를 잡기도 했고 땅강아지며 여치와 풀무치, 또 이름 모를 딱정벌레를 잡으며 즐거워했습니다. 잡은 곤충들은 서로 몫을 나누어 정성스레 말렸습니다. 그리고는 와이셔츠 상자나 양과자 상자를 구해 열과 오를 맞추어 핀을 꼽은 후 비닐 덮개를 씌워 방학숙제로 내곤 했습니다.

식물채집도 즐거운 여름놀이었습니다. 청려장을 만드는 어린 명아주에서부터 비름, 엉겅퀴, 바랭이, 달개비, 여뀌, 마타리, 강아지풀, 달맞이꽃, 애기원추리, 애기나리, 패랭이꽃을 뽑아 씻어서 사회과부도 같은 큰 책 갈피에 넣어 다듬잇돌로 눌러 놓곤 물기가 마를 때까지 기다리곤 했습니다.

그렇지 않은 날은 텅 빈 학교 운동장에 모여 오징어 가이상, 팔자 가이상을 하며 놀거나 비석치기나 땅따먹기 놀이를 했고, 여자 아이들은 사방치기나 줄넘기를 하며 놀았습니다. 그러다가 지치면 잔디밭에 누워 미루나무와 뭉게구름 가득한 하늘을 우러러 보며 양같기도 하고 소같기도 하고, 때론 사람 모습 같기도 한 구름 모양을 가리키며 땀을 식히기도 했습니다. 저고리 등짝에 하얀 소금기가 절도록 땀투성이가 되어 돌아오면 샘물을 길어 서로 등목을 해주며 더위를 식혔고, 어느 날은 아예 냇가로 멱을 감으러 가기도 했습니다.

어린 우리들에겐 마냥 즐겁기만 했던 여름, 하지만 어르신들께는 땀과 노고의 여름이었습니다. 우리 어머님들은 뙤약볕 흡쓰며 김을 매고 새참과 들밥을 내시느라 바빴고, 틈틈이 대마를 쪄서 껍질을 벗겨두었다가 날이 궂으면 대청마루에 모여 무릎에 삼껍질을 굴리며 이어 삼실을 삼으셨습니다. 아버님들의 굳은 살 배긴 손에는 늘 삽과 괭이, 낫과 함께 긴 여름날이 저물도록 들일에 땀흘리셨습니다. 비오는 날은 사랑채에 모여 새끼를 꼬고 가마니를 삼거나 담배잎을 쪄서 건사하기도 했습니다. 그러한 짬짬이 어르신들은 푸성귀를 거두어 이고지고 예산이나 온양 오일장을 걸어서 오가며 사고 팔아 저희 학비를 주시고 주전부리와 학용품을 사주셨습니다.

무더위가 한 줄금 가시고 문득 산이 가까워지고 저수지 물빛이 푸르러 오면 여름이 끝나갔습니다. 들마루에 나앉는 저녁에는 소슬한 바람이 불어오고 치자꽃 진 망울마다 애기치자 열매가 맺히기 시작했습니다. 하늘에는 별들이 더욱 또렷이 빛나고 우리 얼굴은 여름내 뛰논 훈장이나 되듯이 까무잡잡하게 그을려 있었습니다. 길섶에는 풀벌레 소리에 귀또리 소리가 섞여 들리기 시작했고, 서울이나 도회에서 놀러왔던 벗들은 신작로에 먼지를 날리는 버스를 타거나 기차를 타고 떠났습니다. 우리는 추석이나 겨울방학에 다시 만날 것을 약속하곤 했습니다.

철이 들면서 우리는 할머님 옛 얘기의 추억을 생각하며 황순원의 '소나기'를 읽고, 또 알퐁스 도데의 '별'을 읽으면서 누군가를 향한 끝모를 그리움으로 가슴 설레며 사춘기를 맞았습니다. 사내 아이들은 코밑에 거뭇한 수염이 나고 목젖이 두드러지며 까까머리 중학생이 되고 고등학생이 되었습니다. 여자 아이들은 코흘리개 티를 벗고 흰 카라, 흰 양말에 검정구두를 신은 어엿한 여학생으로 변해갔습니다. 우리들은 함께 코흘리며 손잡고 뛰놀던 어린 시절이 언제였느냐 싶게 서로 멋쩍고 서먹서먹한 인사로 지나치곤 했습니다.

그 여름이 그립습니다. 어릴 적 벗들이 보고 싶습니다. 그 그리운 날들은 세월이 흐르고 나이가 들수록 더욱 또렷이 살아옵니다. 그 그리움을 생각하며 읽고 또 읽었던 윤동주 시인의 시 한 편 샛별처럼 지천명(知天命)의 여름 밤을 밝혀줍니다.

계절이 지나가는 하늘에는
가을로 가득 차 있습니다.

나는 아무 걱정도 없이
가을 속의 별들을 다 헤일 듯합니다.

가슴 속에 하나 둘 새겨지는 별을
이제 다 못 헤는 것은

쉬이 아침이 오는 까닭이요,
내일 밤이 남은 까닭이요,
아직 나의 청춘이 다하지 않은 까닭입니다.

별하나에 추억과
별하나에 사랑과

별하나에 쓸쓸함과

별하나에 동경과

별하나에 시와

별하나에 어머니, 어머니,

어머님, 나는 별 하나에 아름다운 말 한마디씩 불러봅니다.

소학교 때 책상을 같이 했던 아이들의 이름과 패, 경, 옥

이런 이국 소녀들의 이름과 벌써 애기 어머니 된 계집애들의 이름과,

가난한 이웃 사람들의 이름과 비둘기, 강아지, 토끼, 노새, 노루,

'프랜시스 잠' '라이나 마리아 릴케' 이런 시인의 이름을 불러 봅니다.

(중략)

그러나 겨울이 지나고 나의 별에도 봄이 오면

무덤 우에 파란 잔디가 피어나듯이

내 이름자 묻힌 언덕 위에도

자랑처럼 풀이 무성할 게외다.

– 윤동주 시인의 '별헤는 밤' 전문

이제 가을입니다. 아니 이제 가을의 나이입니다. 어린 시절 즐거웠던 기억의 끝으로 아득히 거슬러 올라가면 다섯 살 배기 아이가 서있습니다. 돌

아가신 어머니의 상여를 따르던 어린 제가 있습니다. 손에는 어머니를 여읜 어린 것이 가여웠던지 누군가 사주신 '아이스케키'가 들려 있습니다. 내가 울었는지조차 가물가물한 그 여름, 어린 저를 눈부처로 담고 떠나셨을 어머니를 생각합니다. 이제 쉰일곱의 아들이 가만히 불러봅니다. '어머니'.

어머니께는 늘 치자꽃 향이 났던 듯도 합니다. 치자열매 주황빛 볼이셨던 듯도 합니다.

처서인 오늘 날이 맑습니다. 오늘은 저녁 들판에 나가야겠습니다. 코발트빛 검푸른 하늘을 우러러야겠습니다. 그리고 별을 헤야겠습니다. 별을 헤면서 '어머니', 또 어릴 적 벗들의 얼굴을 가슴 가득 담아야겠습니다.

치자꽃 향은 여름의 시작을 알리는 향이다.

'나는 가수다' 에서 '우린 아산이다' 를 배우자

'나는 가수다' 열풍이 사그러들지 않는다. '나는 꼼수다' 라는 풍자와 패러디로 펴져 나가고 '나는 교수다' 를 비롯한 각계 각층에 영향을 주고 있다. 최근 규칙 위반이나 음원 문제로 시비가 일기도 하지만 '나는 가수다' 열풍은 일파만파로 펴져나가고 있다.

'나는 가수다' 열풍이 증폭되는 현상을 보며 그 이유를 곰곰이 생각해본다. 그중 하나가 세대를 초월한 경쟁의 아름다운 모습이 아닐까 생각한다. 사실 '나는 가수다' 이전에도 경쟁을 테마로 한 각종 서바이벌 형식의 프로그램이 인기를 끌었다. 하지만 '나는 가수다'가 이들 프로그램과 다른 점 중 하나가 경쟁의 긍정적 측면을 부각시킨다는 점, 그리고 세대를 뛰어넘는 경쟁 속에서 아름다운 패배의 모습까지도 보여준다는 점이 아닐까 생각한다.

사실 우리 사회에 경쟁은 이미 보편화되어 있고 교육에서부터 사회생활 전반에 경쟁은 생존과도 직결된다는 인식이 지배할 정도로 부작용도 심각했다. 하지만 경쟁이 있기에 아름다운 패배도 있다는 생각이다. 나아가 오늘 우리 사회를 병들게 하는 지역 갈등, 세대 갈등, 계층갈등을 치유할 해법도 이렇듯 아름다운 패배를 인정하고 격려하는 풍토에서 비롯될 수 있다는 믿음이다.

나는 '나는 가수다' 라는 열풍 속에서 역설적으로 '우린 하나' 라는 교훈을 배우고 싶다. 승자든 패자든 하나의 경쟁 속에서 땀흘려 달렸고 최선을 다했다는 공감 속에서 하나가 될 수 있다는 믿음이다. 순위나 등수의 결과만이 아니라 순간순간 땀흘리고 열정을 다하는 모습까지를 공감하면서 승자는 패자를 격려하고 패자는 승자를 진심으로 축하하는 풍토가 가능하지 않을까 생각하게 되는 것이다. 나아가 지역갈등, 계층갈등, 세대갈등도 이렇듯 경쟁의 과정을 공유한다면 공감과 통합도 가능하리라 생각하는 것이다.

나는 이러한 공감과 통합을 우리 아산에서부터 이루고 싶다. 우선 세대간의 통합이다. 우리 어르신들은 허리띠 졸라매고 자신을 희생하며 우리 세대를 뒷바라지해오셨다. 그러나 정작 대접을 받아야 할 연세가 되어서는 사회의 뒤안길로 밀려나 외로운 모습으로 살아가고 계시다. 어르신들이 가지고 있는 경륜과 역사조차도 외면당하기 일쑤다. 이러한 어르신들께 '나는 노인이다' 라 당당히 발언하고 아산 지역사회의 주역으로서 반듯한 위상을 갖도록 마련해 드려야 한다. 그 첫걸음이 어르신들과 장년세대, 그리고 젊은 세대의 만남이다. 만나야 소통할 수 있고 공감할 수 있다.

최근 세대통합 프로그램이 우리 사회 곳곳에서 시작되고 있다. 지난 30일 개막해 '노인의 날' 인 다음 달 2일까지 열리는 제4회 서울노인영화제를 비롯, 전국 각지에서 노인과 청소년들의 세대통합을 위한 프로그램도 이어지고 있다. 우리 아산에서도 이러한 프로그램과 마당을 활성화하여 '나는 노인이다' 라 당당하게 발언하고 사회적 위상을 찾아 나설 수 있는 마당을 만들어 드려야 한다.

지역갈등도 마찬가지이다. 우리 아산은 급격한 개발과 성장 속에서 지역간의 불균형이 심화되고 있다. 개발지역과 개발소외지역간의 불균형, 특히 도시지역과 농촌지역간의 불균형 등이 바로 우리 아산인의 통합을 멍들게 하는 지역불균형의 현주소이다. 이러한 불균형 지역의 시민들도 '나는 농민이다', 또는 '나는 산간 오지 자연부락이다' 라고 당당히 말하며 주목을 받고 개발의 혜택을 나누어 받아야 한다. 그러면 '우리는 아산이다' 라는 통합으로 한 걸음 나아갈 수 있다는 믿음이다.

계층간의 갈등은 또 어떤가. 기업가와 노동자, 부자와 가난한 영세민이 당초부터 격차가 있었던 것은 아니라는 인식으로 서로의 목소리를 인정하고 만날 때 '우리는 아산' 이라는 하나의 울림과 공감의 화음이 가능하지 않을까?

요즘 우리 사회에 큰 반향을 불러 일으키고 있는 '나는 가수다' 라는 열풍 속에서 우리 아산의 다양한 세대와 계층, 그리고 지역이 스스로의 당당한 목소리로 만나 공감하며 '우리는 아산이다' 의 큰 길로 나아갈 수 있는 내일을 꿈꾼다. 그리고 나 스스로부터 '나는 정치인이다' 라고 큰 목소리를 낼 수 있도록 더욱 노력하고 땀흘려야겠다는 다짐을 해본다.

함께 일자리를 만들고
더불어 밥먹고 일하며 꿈꿀 수 있다면!

〈밥 · 일 · 꿈〉
(4차원 경영 이야기),
장명국 지, 2011년 9월
석탑출판 발행,

신년이면 올 한 해 일을 계획하면서 그간 읽었던 책을 다시 읽곤 한다. 올 해 뽑아든 책은 <밥 · 일 · 꿈>이었다. 지난 해 10월쯤 나온 신간인데 오늘 우리 한국사회가 직면하고 있는 일자리 창출, 또 우리 중소기업과 자영업자들의 고통스런 현실을 고민하고 해법의 실마리를 푸는데 필요해보여서 샀는데 우리 정책이 가야 할 방향을 고민하는 데에도 삶신 교훈이 담겨 있다.

이 책의 저자는 현재 토탈 미디어 그룹 (주)내일신문 창업자이자 경영인이다. 그는 경기고와 서울대 경제학과를 졸업한 엘리트이지만 다양한 경영일선의 경험을 통해 우리 경제가 가야 할 근본적인 해법을 조목조목 찾아가고 있다. 대학시절 어머니와 함께 했던 딸기농사의 경험에서부터 노동현장과 지식산업 현장을 비롯, 70년대 이후 경영일선에서 온갖 역경을 헤쳐온 장 대표의 경륜이 담겨 있는 철학은 오늘 우리 사회와 경제가 나아가야 할 방향을 실천적으로 제시해주고 있다는 점에서 더욱 의미가 있다.

장 대표가 전하는 철학은 '밥 · 일 · 꿈' 이라는 제목과 내용에 핵심적으로 담겨 있다. 밥을 해결하면서 일의 보람을 찾고 꿈을 이루어 나아간다면 이보다 더 아름다운 삶이 어디에 있겠는가? 장 대표의 '밥 · 일 · 꿈' 철학은 한 걸음 나아가 노사와 계층의 조화로운 상생과 협력으로 나아가고 있어 더욱 소중한 시사점을 던져 준다. 나 혼자만의 행복이 아니라 한 밥상을 마주하면서 더불어 일하고 함께 꿈꿀 수 있는 미래, 바로 오늘 우리 대한민국이 고민하고 반드시 해내야 할 국민적 과제이자 국가적 대의가 아닌가?

그래서 이 책은 우선 오늘 불황으로 고통 받는 중소기업과 자영업자, FTA의 거센 파고에 내몰리고 있는 농업경영인, 또 창업을 꿈꾸는 청년들과 일자리를 찾아 애쓰는 젊은 세대에게 일독을 권하고 싶다.

나아가 오늘 일자리문제, 양극화가 더욱 심각해지고 있는 경제문제의 해법을 고민하는 정책담당자와 정치인을 비롯한 사회 지도층에게 반드시 읽어야 할 필독서로 권하고 싶다. 나 스스로부터 행정과 학계, 또 정치일선에서 일하면서 부족했던 경륜과 실질적인 교훈을 얻을 수 있었다.

더구나 매년 국가경쟁력 순위에서 경제와 기업, 그리고 민간부문 경쟁력은 상위권에 있으면서도 유독 정부를 비롯한 공공부문과 국회를 비롯한 정책부문, 또 노사문제와 같은 사회적 신뢰 부문에서만 바닥권 경쟁력으로 대한민국 성장의 걸림돌이 되고 있는 현실에서 이 책이 던져주는 가르침은 아무리 강조해도 지나치지 않다.

올해에는 총선과 대선이 함께 하는, 그래서 대한민국의 미래를 좌우하는 중요한 해이다. 진보냐, 보수냐를 떠나 당리당략을 버리고 국민의 일자리와 먹거리부터 해결하는 정치권의 변화를 소망하면서, 나부터 '밥 · 일 · 꿈' 을 함께 하는 국민우선의 대한민국을 향한 한 알의 밀알이 되고자 하는 각오를 새로이 다짐한다.

(주)에스에이씨
한형기 대표이사님께

저는 최근 정책위원회에서 일자리 창출과 관련하여 현안을 정리하면서 한형기 형을 생각했습니다. 최근 통계청 발표에 의하면 우리나라 비정규직이 전체 근로자의 약 65.8% 600여만 명으로 집계되었고, 이는 작년보다 5.4%가 증가한데다가 월 임금이 정규직원 56%, 사회보험 가입률 역시 정규직의 절반 이하인 것으로 확인되었습니다. 오늘 우리 사회의 기업들은 경영여건의 어려움이나 생산성을 이유로 근로자의 복지나 문화는 물론 정규직을 비정규직으로 전환할 정도로 일자리 여건은 물론 노사문화까지도 척박해지고 있습니다.

하지만 지난 주 저는 한형기 대표이사님을 만나 우리 아산시 인주면 인주공단으로 옮겨온 (주)에스에이씨 공장을 방문하면서 새로운 희망과 비전을 찾을 수 있었습니다.

말끔하게 새로 지은 공장은 생산시설이라기보다는 문화시설에 가까웠고, 5개층 중에서 2개 층은 문화와 복지시설이었습니다. 샤워시설에서부터 음악과 영화까지 즐길 수 있는 휴식 공간, 잘 갖추어진 바와 노래방, 그리고 실내 골프연습장까지 조성되어 있는 위락시설은 누구라도 한 번 들어오면 나가기 싫을 정도로 훌륭한 문화공간이었습니다.

(주)에스에이씨는 1998년 창업한 이래 2007충남벤처인대회에서 충남지역 벤처기업의 위상을 높이고 지역경제발전에 기여한 공로로 충남벤처기업인 대상을 수상할 정도로 놀라운 경영실적을 기록하며 성장했습니다. 특히 (주)에스에이씨는 녹색성장의 총아인 이산화탄소 저감기술을 개발, 공업로 생산분야에서 세계적인 열처리 장비 엔지니어링 기업으로 성장하면서 2009년 매출액 700억원, 올해 매출액 1,000억원을 목표로 하는 중견 중소기업으로 성장해왔습니다.

사실 저는 (주)에스에이씨의 이렇게 놀라운 성장이 어디에서 오는지 궁금했습니다. 하지만 이러한 궁금증은 새로 지은 인주 공장 현지를 방문하면서

아산시 인주면 (주)에스에이씨 아산공장 신사옥은 직원들의 복지시설이 잘 갖추어져 있습니다. 사진은 직원들의 문화공간으로 활용되는 도서관 모습.

말끔히 풀렸습니다. 비단 문화와 복지시설뿐만이 아니라 종이서류 한 장을 볼 수 없을 정도로 첨단화된 전산시스템, 또 순천향대 도서관과 협약을 맺고 지속적으로 사원들에게 지식과 정보를 제공할 정도로 앞선 지식경영 시스템, 무엇보다도 지역의 한계를 뛰어넘어 우수한 인재를 유치하고 육성하려는 인재 중심의 경영철학이 (주)에스에이씨 성장의 동력이었다는 것을 눈으로 확인할 수 있었습니다.

올 해 저는 아산시민들이 소중한 권리와 권한을 맡겨주신 대변자로서 여러 가지 가슴 아픈 일들을 겪었습니다. 그중에서도 유성기업 사태를 비롯한 극단적인 노사갈등은 여러 번 현장을 찾아 중재와 화해의 노력을 기울이면서도 그 때마다 한계를 절감했던 일들이었습니다.

하지만 이번에 (주)에스에이씨 현지공장의 문화와 복지시설을 돌아보고, 또 한형기 대표이사님을 만나 사람중심의 경영철학과 그 실천현장을 눈으로 확인하면서 저는 우리 지역, 나아가 우리 경제의 고질적인 문제 중 하나인 노사문화가 나아가야 할 미래의 모습을 보는 것 같아 희망을 가질 수 있었습니다.

특히 대기업 중심의 경영여건 속에서 오히려 중소기업이라는 불리한 여건을 생산성 향상의 기회로 바꾸고 있는 한형기 대표이사님의 신념과 소신은 제게 강한 감동을 주었습니다.

"중소기업은 가족 같은 훈훈함이 있고, 경영자와 근로자 간 친밀도가 대기업에 비해 높다는 의미에서 이를 생산성 향상으로 이어가고 있다."는 한형기 대표이사님의 목소리는 아직도 제 가슴을 울리고 있습니다. 그리고 엊그제는 (주)에스에이씨가 올 하반기 25명의 신입사원을 채용한다는 반가운 소식도 들었습니다.

저는 (주)에스에이씨가 우리 아산을 대표하는 벤처기업, 나아가 대한민국의 일자리 창출과 노사문화의 모범을 보이는 기업으로 성장할 것을 믿고 또 기원합니다.

푸른 눈의 한국인,
새봄이면 그가 그립다

새봄이면 새꽃이 핀다. 봄에 '새' 라는 말을 붙이면 가슴이 더욱 설렌다. 설레이는 마음으로 꽃망울을 기다리는 시간. 까치발로 발돋움을 하고 그리운 이를 기다리듯 언덕을 바라보는 아이의 마음이 되어 설레이며 서성거리며 꽃소식을 기다린다.

새봄 새로 피는 꽃은 모두 곱고 아름답지만 그중에서도 목련이 가장 앞장서 기다림의 언덕을 넘어온다. 양지 바른 곳부터 아침햇살을 받아 피는 꽃 목련. 꽃말은 고귀함. 꽃말이란 그 꽃을 바라보아온 많은 이들의 마음과 느낌이 모여 붙여졌을 것이고 그래서 목련에는 고귀함이라는 의미가 전하리라.

문득 천리포 수목원이 떠오른다. 흔히 백목련과 자목련만 알던 내게 천리포수목원은 이렇게 많은 목련이 있다는 사실을 깨우쳐 준 경이의 동산이었다. 목련이 피기 시작하면 천리포 수목원에는 430여종의 수많은 목련이 만개한다.

한국인보다 더 한국을 사랑했던 미국인으로 오늘 우리에게 천리포수목원을 남겨준 고 민병갈 씨의 모습이 함께 떠오른다. 충청남도 부지사 시절 생전의 그와 함께 천리포수목원에서 보낸 아름다운 하룻밤의 추억이 새롭다. 2009년부터는 일부가 민간에게 개방되었지만 당시만 해도 천리포수목원은 누구나 쉽사리 들어갈 수 있는 곳이 아닌 비밀의 정원이었다. 사람을 위한 수목원이기를 거부하고 철저히 나무만을 위한 수목원을 고수했던 민병갈 씨의 철학 때문이었다.

천리포수목원에 가면 고 민경갈 원장의 생전 모습을 만날 수 있다. 그의 열정과 노고에 비하면 아주 조그맣게 자리하고 있는 그에 대한 소개 글이다.

민병갈 씨가 1973년 황폐하고 염분이 많던 모래언덕에 처음 심었던 나무가 목련이었다고 한다. 세계적으로 희귀품종 노란 꽃망울의 엘리자베스 품종의 목련 곁 팻말에는 그가 고국 미국에 있던 이모를 그리며 심었다는 글귀가 적혀 있었다. 어쩌면 목련이 주는 이미지 중 하나가 고귀한 모성을 상징하는 어머니인 것은 미국인인 그에게도 똑같았으리라 생각했다. 목련에 푹 빠진 그는 이후 사재를 털어가며 외국의 식물원과 양묘장, 목련 애호가들로

부터 목련 품종을 수집했다고 한다.

봄이면 양지바른 곳부터 연이어 꽃망울을 터뜨리기 시작하는 희귀하고도 아름다운 목련 봉오리들. 천리포수목원 밀러가든 들머리에 큰 연분홍 꽃잎의 '밀키웨이'. 뉴질랜드에서 중국 원산의 목련을 교배해 만든 품종을 옮겨온 것이라 했다. 연못가로 내려가면 짙은 붉은 색의 꽃망울이 화사한 '벌컨'. 우리가 흔히 보는 자목련보다 색깔이 짙고 꽃잎 바깥쪽만 자색인 자목련과는 달리 꽃잎 앞뒤 모두 짙은 붉은 빛이다. 그 옆으로 흐드러지게 꽃망울을 터뜨리던 국화처럼 꽃잎이 많은 '파우더 퍼프'.

내 기억과 메모 속의 목련은 이렇게 몇 안되지만 지난 사십여년 동안 민병갈 씨의 사랑 속에 천리포 바닷가에 뿌리를 내리고 해해년년 봄마다 아름다운 꽃망울을 터뜨리는 목련은 모두 430여종이다. 천리포수목원의 목련은 1997년 국제목련학회 총회를 유치함으로써 그 진가를 인정받기도 하였다.

목련과 식물은 중생대 백악기인 9500만 년 전 꽃피는 식물 중에서는 처음 지구상에 등장했다는 기록이고 보면 천리포수목원 목련원은 세계 최대이자 최고의 식물원으로서 우리의 자랑인 셈이다. 학계에 의하면 목련이 나타난 백악기는 꿀벌이 나타나기 전이어서 꽃가루 받이를 하는 딱정벌레가 손상을 입히지 않도록 암술이 단단하고 꽃잎과 꽃받침의 구분이 안될 정도의 자태를 지닌 것도 원시적 속성의 하나라 한다.

목련은 대륙이동과 조산운동, 빙하기 등을 비롯한 지질학적 변화기를 거치며 오늘날까지 살아남았다 한다. 전 세계 245종 가운데 60% 이상이 아시아에 분포하는데, 특히 중국 남부에 40% 이상이 자란다고 한다. 아메리카 대륙에도 일부 서식하지만 목련 품종 대부분을 개량한 유럽에는 정작 자생

종이 없다고 한다. 우리나라의 자생종은 한라산과 고산지대에만 자라는 함박꽃나무라 불리는 산목련 두 종이 있고 우리가 흔히 보는 백목련과 자목련은 중국이 원산이라 한다.

국제식물원보존기구(BGCI)의 2007년 보고서에서는 전세계 목련의 절반 이상이 야생상태에서 멸종위기에 놓여 있다고 밝히고 있다. 학계에서는 목련이 원예종일 뿐 아니라 지역사회의 목재, 식량, 의약품 원료이자 생태계 건강을 가리키는 지표종으로서의 중요성을 지니고 있다고 보고하고 있다. 천리포식물원의 목련이 전세계적으로 유전자원 보존과 증식, 이용의 중요한 보고이기도 한 이유이다.

천리포수목원은 목련 이외에도 400여 종류가 있는 호랑가시나무, 380여 종류의 동백나무, 250여 종류의 무궁화, 200여 종류의 단풍나무 등의 군락이 식물다양성과 보존가치에 있어 세계적인 공인을 받고 있다. 천리포수목원은 이제 우리나라를 넘어서 세계적인 식물자원의 보고로의 가치를 인정받고 있는 것이다.

천리포수목원은 2000년 세계에서는 12번째, 아시아에서는 최초로 국제수목학회로부터 '세계의 아름다운 수목원' 으로 인증받기도 했고, 환경부는 2006년 천리포수목원을 가시연꽃, 노랑무늬붓꽃, 망개나무, 매화마름, 미선나무 등 멸종위기종 5종의 서식지 외 보전기관으로 지정하기도 했다.

현재 천리포수목원에는 1만 3200여 종의 다양한 식물과 수목이 자라고 있다. 민병갈 씨는 처음엔 국내 자생종을 중심으로 수집해서 식재하다가 1973년 이후부터 외국에서 다양한 묘목과 종자를 수집하여 심기 시작했으며, 1978년부터는 다국간 종자교환 사업인 인덱스 세미넘(Index Seminum)에 참여하여 세계 각국의 저명한 식물원과 수목원, 자연사박물관, 식물재배농장, 식물애호가, 식물 관련 대학들과 잉여종자들을 교환하는 방식으로 다양한 외국 수종을 확보해왔다고 한다.

민병갈 씨는 한때 이러한 종자교환 사업으로 인해 우리 토종종자를 유출시킨다는 오해를 받기도 했다고 토로하기도 했다. 하지만 그 덕분에 우리는 오늘날 세계적으로 중요하면서 세계적인 식물다양성의 표본이 되는 천리포 수목원을 가질 수 있게 되었다는 생각이다.

내가 민병갈 씨와 특별한 인연을 갖게 된 것은 충남도 기획정보실장으로 근무하던 90년대 후반 2002안면도국제꽃박람회를 기획하면서부터였다. 돌아보면 민병갈 씨의 천리포수목원이 세계꽃박람회를 열자는 아이디어의 동기가 되기도 했었던 듯하다. 이런저런 공무로 태안을 찾을 때마다 주말이면

국적과 민족을 초월해 한 사람의 가장 아름다운 모습을 느끼고 배울 수 있는 곳이 바로 천리포 수목원과 고 민병갈 씨의 모습에서다. 사진은 고 민병갈 기념전 소개 자료집의 한 면.

천리포수목원에 내려와 있던 민병갈 씨와 만났던 기억이 있고 잠시 총리실로 올라갔다가 다시 충남도 부지사로 내려왔을 때에는 꽃박람회를 준비하면서 그를 만나기도 했다. 나는 2002년 꽃박람회 개막 막바지 준비가 한창이던 4월 8일 암투병중이던 그가 82세의 나이로 우리 곁을 떠났다는 안타까운 부고를 접했다.

목련 봉우리에 물이 오르기 시작하면 그 어떤 사람보다 먼저 떠오르곤 하는 민병갈 씨. 이제 그가 우리 곁을 떠난 지 만 10년을 넘기는 새봄, 천리포수목원의 소중한 가치를 되새기며 내가 알고 있던 그의 모습과 함께 책과 기사들을 뒤적이며 내가 몰랐던 그의 삶까지를 본받으며 공부하는 마음으로 되짚어 본다.

민병갈 씨는 1921년 미국 펜실베이니아주 출신으로 본명은 칼 페리스 밀러(Carl Ferris Miller)이다. 그는 1945년 미군 정보장교로 한국과 인연을 맺었고 군정이 끝나자 국제개발처(AID) 직원으로 계속 한국과 인연을 맺었으며 1955년부터 1982년 3월 정년 퇴직할 때까지 한국은행에 근무한 것으로 알려져 있다. 한국은행 퇴직 후에는 쌍용증권을 비롯한 증권사 투자가로서 명성을 얻기도 했다. 그는 1979년 미국인으로서는 귀화한 첫 한국인이기도 했다.

민병갈이라는 한국 이름은 한국은행 재직 시절 한국은행 총재까지 지냈던 동료 민병도 씨의 성과 돌림자를 땄다고 전하는데 민병도 씨는 민병갈 씨의 영향으로 퇴임 후 평생 남이섬 수목원을 가꾸었고 이들의 우정은 국경을 뛰어넘은 아름다운 수목의 인연으로 사람들의 입에 회자되기도 한다.

그가 천리포와 인연을 맺은 것은 1962년. 여름휴가차 한국은행 동료와 함께 만리포해수욕장을 찾았을 당시 천리포마을을 방문하면서부터였다고 한다. 잘 차려입은 신사 일행을 맞은 천리포 마을의 한 노인이 딸을 시집보내려면 돈이 있어야 하는데 가진 게 척박한 땅밖에 없으니 땅을 사달라고 다짜고짜 졸랐고 민병갈 씨는 노인의 청에 못이겨 당시로서는 투자가치가 거의 없던 모래언덕 땅을 사면서 오늘날 천리포수목원의 밑알이 되었다 한다. 처음부터 이 땅을 수목원으로 가꾸었던 것은 아니었다. 그가 이곳 불모의 모래언덕에 수목원을 가꾸기 시작한 것은 1970년대 초반부터였다고 한다.

한때 천리포수목원을 부러워했던 박정희 전 대통령과 이병철 삼성그룹 창업자의 일화는 천리포수목원의 참된 가치를 일깨워주는 대표적인 사례로 전한다. 1970년대 중반 이병철 씨는 용인자연농원을 추진하면서 수목원 조성을 지시했고, 삼성 직원들이 여러 차례 천리포를 방문해 자료를 수집해갔다고 한다. 기획 마무리 단계에서는 이병철 창업자가 직접 수목원에 며칠간 묵으며 둘러보려 하니 특별 숙소를 마련해 달라고 민병갈 씨에게 요청했다고 한다. 물론 돈을 넉넉하게 준다는 조건이었지만 민병갈 씨는 "우리 수목원은 누구나 평등하게 대접한다"며 거절했다고 한다.

박 전 대통령도 서울시에 수목원을 조성하라는 지시를 내렸다고 한다. 대통령의 지시에 공무원들이 천리포에서 하숙까지 하며 6개월간 수목원 자료를 샅샅이 뒤져가며 준비했지만 박 전대통령의 갑작스러운 죽음으로 이 계획은 실현되지 못했다는 후문이다.

민병갈 씨는 한국은행을 퇴직한 80년대 초반부터 주식시장에서 이름난 투자자의 면모도 가지고 있었다. 1956년 증권시장 개장 때부터 주식 투자를 해온 그가 처음 주식투자와 인연을 맺은 것은 유한양행 유일한 씨와의 교우에서 비롯되었다고 한다. 민병갈 씨는 미 군정청 직원으로 일하던 시절부터 유한양행의 창업자 유일한 박사를 친아버지처럼 따르며 가깝게 지냈고 좀처럼 '존경' 이라는 말을 쓰지 않는 그였지만 유일한 박사에게만큼은 항상 각별한 경의를 표시했다고 한다. 유일한 박사는 민병갈 씨에게 유한양행 주식을 액면가로 살 수 있도록 해줬고 그는 월급을 모은 돈을 유한양행 주식에 투자하면서 이후 주식 투자와 천리포수목원 조성의 종자돈이 됐다고 한다.

그는 1983년 한국은행 퇴임 후에는 당시 한양증권과 쌍용투자증권에서 고문으로 본격적인 전업 투자자의 길로 나섰고 그의 투자 능력은 탁월했다고 한다. 홍콩의 유력한 경제지 파이스트 이코노믹 리뷰는 민병갈 씨를 '아시아 최고의 펀드매니저' 로 소개하기도 했고 월스트리트의 살아있는 전설로까지 불리던 존 템플턴도 그에게 개인 자산 투자를 맡길 정도였다고 한다. 민병갈 씨는 이렇게 번 돈을 수목원을 키우는 데 모두 쏟아 부었던 것이다.

천리포수목원을 가꾸는 사십여년 동안 민 원장의 라이프스타일은 항상 일정했다고 한다. 주중에는 서울에 올라와 명동 쌍용투자증권 지점 2층 사무실에서 주식 투자를 했고 금요일 오후 3시 주식시장이 끝나면 곧바로 천리포수목원으로 내려와 그가 사랑한 나무들을 돌봤다고 한다. 월요일 새벽이면 어김없이 수목원을 출발해 명동 사무실로 직행했고 암투병 중이었던 2002년 4월에도 금요일까지 주식 투자를 하고 주말에 수목원에 내려와 있다가 유명을 달리 했다고 한다.

민병갈 씨는 기억력이 무척 뛰어났다고 한다. 수목원에 있는 수많은 나무들의 라틴어 학명을 모두 외웠고, 주식 종목 코드도 수백 개를 기억했다. 그는 좀처럼 메모를 하는 법이 없이 모든 것을 기억했고 영어뿐만 아니라 일본어와 독일어, 그리고 한자에도 박식한 글로벌한 지식인이었다고 한다. 물론 한국어 또한 모국어처럼 말하고 썼던 푸른 눈의 한국인이었다.

민병갈 씨의 생활은 매우 검소했다. 수목원에는 좋은 기와집이 여러 채 있었지만 정작 본인은 침대도 들이지 않고 3단 매트리스에서 생활했다. 구두를 한 번 사면 밑창과 굽을 수없이 갈아가며 신었고 나중에는 위 가죽까지 바꿀 정도였다고 한다. 양복조차 거의 사입지 않아 그를 따르던 한 증권사 임원은 이를 보다 못해 양복을 한 벌 해준 적이 있다는 일화도 전한다.

자신이 쓰는 것은 아무리 작은 것이라도 아끼려고 들었지만 수목원 일에는 아낌없이 투자를 했다고 한다. 민병갈 씨는 매년 한두 번씩 미국을 방문했는데 그때마다 나무 경매에 참여해 마음에 드는 묘목을 많이 사들였다. 새로운 품종이 나오면 아무리 비싸도 무조건 사서 귀국해야 했고 때로는 묘목 1개에 100만~200만 원까지 가는 비싼 품종 구입에 주머니를 털기도 했다고 한다.

민병갈 씨가 사랑하며 키운 것은 나무만이 아니었다. 평생 독신으로 살면서도 고아 4명을 양자로 입양해 가르쳤고, 수목원 주변 태안지역의 가정 형편이 어려운 학생들에게 학비를 대주었던 숨은 기부가이기도 했다. 자신은 검소하면서도 수목원 직원들에게는 식물원 관리와 교육에 필요한 해외 연수에 돈을 아끼지 않았다는 일화들은 그가 나무 뿐만 아니라 사람에게도 따듯한 사랑을 실천했음을 알 수 있게 해준다. 평생 홀로 살았던 그의 임종을 외롭지 않게 지킨 것도 여동생과 두 명의 양자였다.

워렌 버핏에 버금가는 가치투자로 증권가의 모범이 되었던 그에게도 시련이 닥쳤었다. 1997년 외환위기로 주가가 폭락하면서였다. 나는 그때 충남도에서 금모으기를 비롯, 기업과 서민경제 대책마련에 분주했던 때였다.

나중에서야 알게 된 일이지만 외환위기 이후 한때 수목원을 서울대에 기증하는 방안을 추진했던 것도 재정난 때문이었던 것으로 짐작된다. 하지만 수목원 운영에 지나친 간섭이 예상돼서 포기했다고 한다. 수목원은 재정난을 해결하기 위해 이때부터 회원제를 도입했다. 후원 회원을 모집해 이들에게만 제한적으로 수목원을 개방하는 방식이었고 나도 회원으로 참여하고 있다.

돌아보면 민병갈 씨가 암과 싸우면서 팔십 노구를 이끌고 죽기 직전까지 주식에 매달렸던 이유도 어쩌면 수목원의 미래에 대한 고민 때문이었는지도 모른다는 생각이 든다. 민병갈 씨가 세상을 떠난 이후 계속 어려움을 겪던 수목원은 결국 4년 전 일반 개방을 선택했다. 이 아름답고 경이로운 천리포수목원을 일반인이 즐기고 배울 수 있다는 점에서는 고마운 일이다. 한편으론 '인간을 위한 수목원이 아니라 나무를 위한 수목원' 을 소망했고 평생 이 원칙을 지켜왔던 민병갈 씨의 철학에서는 벗어난 일이라는 점에서 안타깝기도 하다.

새봄이 가까운 깊은 밤. 내 책상 앞에는 그의 삶을 기록한 기사와 자료들이 두툼하게 놓여 있다. 그러나 그가 오늘 우리에게 남기고 간 천리포수목원의 값진 가치에 비하면 너무 얄팍한 게 아닌가 하는 소감이 든다. 이 밤 천리포수목원의 목련들은 봄을 재촉하며 물과 수액을 끌어올려 개화를 준비하고 있을 것이다. 그 목련의 꽃자태에는 수목원 한 켠에 묻혀 이들 목련과 함께 피어나고 있을 민병갈 씨의 유지도 함께 피어날 것이다. 고귀함이란 꽃말이 어울리는 고아하고 아름다운 수천 수만 송이의 목련으로 그의 높은 삶의 자취도 함께 피어나리라는 믿음이다.

생전 다시 태어나면 개구리가 되고 싶어했던 민병갈 씨. 천리포수목원을 찾으면 마치 그가 환생한 것처럼 돌개구리 한 마리가 묵묵히 수목원을 지키고 있으리라.

그와 나누었던 대화 한 마디가 가슴 속에서 은은한 울림으로 살아난다. 나는 민병갈 씨에게 물었었다. 먼 훗날 내가 공직을 떠나 이곳으로 와서 봉사하며 나무를 가꾼다면 허락해줄 수 있느냐고…. 그는 푸른 눈으로 따뜻이 웃었었다.

새봄 다시 목련이 그 눈부신 자태로 눈앞에 피어나면 그가 정말 그리울 것이다.

‘잊혀진 질문’, 그리고 우리가 만들어가야 할 해답

〈잊혀진 질문〉은 고 이병철 회장이 생전에 남긴 종교에 대한 질문에 대해 차동엽 신부가 답하는 형식으로 이루어져 우리에게 많은 것을 생각하게 한다. 사진은 고 이병철 회장의 생전 모습(왼쪽)과 차동엽 신부의 모습(오른쪽).

새봄을 맞는 책상 머리에 세 권의 책을 뽑아 책장을 넘겨 본다. 고 이병철 삼성 창업자의 질문으로 시작되어 지난 해 말 나온 차동엽 신부의 <잊혀진 질문>, 고 정주영 현대 창업자의 일생이 담긴 <이 땅에 태어나>, 그리고 순천향대 설립자이신 고 서석조 박사의 추모문집 <인간적인, 너무나 인간적인> 이렇게 세 권이다.

차동엽 신부의 <잊혀진 질문>은 지인의 추천으로 지난 해 말 사읽은 책이다. 평소 마음의 멘토로 따르던 차동엽 신부는 ‘내 가슴을 다시 뛰게 할’이란 부제 아래 1987년 타계한 고(故) 이병철 삼성그룹 회장이 유명을 달리하기 직전 박희봉 신부에게 전달한 것으로 알려진 24가지의 질문에서 이 책을 쓰기 시작했다고 밝히고 있다. 타계 직전 암투병중이던 고 이병철 회장의 질문은 생전에 답을 얻지 못했고 이후 정의채 신부를 거쳐 차동엽 신부에게 전달되었다고 한다. 차 신부는 이 회장이 질문을 던진 지 이십여 년을 넘긴 지난 해 그 질문 중 오늘 우리에게 여전히 의미가 깊은 15가지 질문을 골라 해답을 찾으며 이 책을 써내려가기 시작했다고 한다.

> "여러분이 지닌 희망에 관하여 누가 물어도 대답할 수 있도록
> 언제나 준비해 두십시오." (1베드 3,15)

차 신부가 책을 쓴 동기로 밝히고 있는 화두다. 고개를 들어 창밖을 바라본다. 이제 새봄이다. 새봄에 가장 잘 어울리는 말이 바로 '희망' 이란 말이리다. 이 새봄 '희망' 이라는 말과 함께 우리 아산에 깃든 세 사람의 삶과 유업을 곱씹어보며 깊은 상념에 잠긴다.

고 이병철 삼성그룹 회장, 고 정주영 현대그룹 회장, 그리고 순천향대 설립자인 고 서석조 박사. 우연찮게도 이 세 분 모두 우리 아산 출신은 아니다. 널리 알려진 대로 삼성 이병철 회장은 경남 의령 출신이고 정주영 회장은 강원도 통천 출신, 그리고 서석조 박사는 경북 의성 출신이다. 하지만 오늘 우리 아산에는 이 세 분이 일으킨 기업과 대학의 인연을 씨앗으로 수많은 아산시민들이 잎과 꽃을 피우듯 삶과 꿈을 가꾸며 살아가고 있다. 탕정에는 삼성전자가 있고 인주에는 현대자동차 아산공장, 그리고 신창에는 순천향대학교가 있다.

이병철 회장은 1910년생이고 정주영 회장은 1915년생, 서석조 박사는 1921년생이다. 모두 일제 강점기에 태어나 순탄치 않은 역경을 이겨내며 한국을 대표할 만한 기업을 일으켰거나 수많은 후학들의 요람을 세워 남겼다. 나라를 빼앗긴 시절에 태어나 경제계와 학계에서 우리나라를 움직이는 큰 흐름을 이룬 세 분의 인연이 백여 년이 지난 오늘 우리 아산 땅에 면면히 이어지고 있다는 사실은 많은 것을 되새기게 해준다.

더구나 오늘 삼성가의 유산 분쟁이 세인의 구설수에 오르내리고 있고 몇 해 전 현대가의 적통 다툼이 세인의 안타까움을 샀던 일들을 생각하면 그 분들이 한 인간으로서 가졌을 고뇌를 미루어 헤아리게 될 뿐만 아니라 수십만의 일자리를 만들어 우리 대한민국 현대사에 큰 흐름을 통해 전하고 싶었을 참된 유지는 무엇이며 오늘 우리가 이를 어떻게 이어가야 할 것인지를 깊이 생각하게 한다.

지난 해 봄 나는 우연찮은 기회로 경북 의령을 찾은 적이 있다. 호암 이병철 회장의 생가는 경남 의령군 정곡면 중교리에 있다. 의령군에서는 문화해설사까지 배치해서 이곳을 찾는 방문객들에게 지역의 큰 인물로 이병철 회장의 유업을 기리고 있었다. 생전 이 회장이 신조로 여겼던 사업보국(事業報國) 인재제일(人材第一) 합리추구(合理追求)의 경영철학이 되새겨졌다.

생가는 1851년 이 회장의 조부가 전통 한옥 양식으로 손수 지었다고 전하며, 이 회장은 부친 이찬우 옹 슬하에서 유년시절과 결혼하여 분가하기 전까지 이 집에서 살았다고 한다. 오랫 동안 사유지로 공개되지 않던 이 생가는 이 회장 타계 20주기를 맞던 2007년 11월 19일부터 개축과 단장을 마친 후 일반에게 공개되기 시작했다.

이 회장의 조부에게는 삼남이 있었는데 나란히 세 채의 집을 짓고 왼쪽에 큰 형 일가, 가운데에 둘째인 이 회장 부친 이찬우 옹 일가, 그리고 오른 쪽에 동생 일가, 이렇게 벌가를 이루어 살았다 한다. 이 회장의 부친은 일제 강점기 때 일경의 눈을 피해 백산 안희제 선생을 통해 독립운동 자금을 대기도 했으며, 어머니 안동 권 씨도 덕이 두터워 근동에 산모가 있으면 여름에는 삼베와 미역과 양식 등을, 겨울이면 삼베 대신 무명 한 필과 양식을 전했다는 훈훈한 이야기도 전해 온다. 우리 전통 속의 노블리주 오블리제였으며 더불어 사는 공동체 문화의 모범이었던 사례라 여겨졌다.

이웃한 의령군 부림면 입산리에 벽산 안희제 선생의 생가도 있다 하는데 안희제 선생 역시 의령 출신으로 이 회장의 부친 이찬우 씨와 막역한 사이였고 스물일곱의 나이에 만주로 건너가 대동청년단을 결성하기도 했다고 한다. 서른 넘어서는 부산에서 백산상회를 세워 일제강점기 독립운동 자금을 마련했다 하며 지금도 부산 중앙동에는 백산기념관이 세워져 유지를 기리고 있다.

대부분 언론에서 호암 생가를 소개할 때면 집 뒤 왼편 곡식을 쌓아놓은 형상의 바위로부터 시작하곤 하는데, 생가의 담장이기도 한 이 바위에서 나오는 노란 철분 성분과 푸른 마그네슘 성분으로 이루어진 광물질의 기운이 세인들에게 가문의 부와 홍성의 기운을 북돋아준 원천이라고도 전해지고 있다.

이 회장은 슬하에 맹희, 창희, 건희 이렇게 삼남과 다섯 딸을 두었는데 삼성전자의 이건희 회장이 바로 셋째 아들이다. 이 회장 생가는 후대에 복이 이어진다는 전통 풍수에서도 길지로 여겨 풍수 연구가들의 발길을 모으기

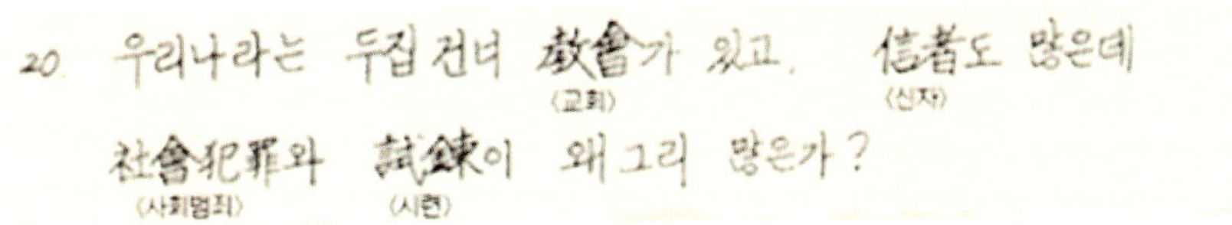
20. 우리나라는 두집 건너 敎會(교회)가 있고, 信者(신자)도 많은데 社會犯罪(사회범죄)와 試鍊(시련)이 왜 그리 많은가?

고 이병철 회장의 친필로 전해진 질문 중 스무번 째 질문. 사진 scjempire 님의 블로그에서 퍼옴.

도 하는데 이곳은 배산임수(背山臨水 뒤는 산이고 앞이 물), 전착후광(前窄後廣 입구는 좁고 안은 넓음), 전저후고(前低後高 앞은 낮고 뒤는 높음) 등의 세 가지 조건을 두루 갖춘 명당터로 전한다.

의령을 찾은 김에 김채용 의령군수와도 잠시 다담(茶談)을 나누었다. 공직시절 인연이 있는 김 군수는 지난 2010년 이병철 회장의 탄생 100주년을 맞아 생가가 있는 정곡면 중교리를 중심으로 진입로를 단장하고 주변환경을 정비하면서 '호암생가 방문의 해' 를 비롯한 기념사업을 펼치고 있었다. 하지만 정작 삼성 측에서는 그리 적극적인 모습을 보여주지 않아 아쉽다는 심경을 토로하기도 했다.

의령을 떠나면서 잠시 망개떡으로 요기를 하면서 문득 홍의장군으로 이름난 곽재우 장군도 잠시 생각했다. 망개떡은 임진왜란 당시 의병을 일으켰던 곽재우 장군 부인이 여름이라 떡이 쉬지 않도록 팥앙금을 넣은 떡을 망개잎에 싸서 쪘던 데서 유래되었다 한다. 망개떡의 유래와 더불어 우리 나라 우리 민족의 맥박과 숨결은 삼천리 방방곡곡 어느 곳에도 깊이 어려 맥박치고 있음을 되새겼다.

그리고 이렇듯 의령에 서린 이병철 회장 집안의 맥박과 숨결이 백여 년이 지난 오늘 삼성이라는 기업을 통해 멀리 우리 아산 땅에까지 이어지고 있다는 생각에 이르러서는 더욱 감회가 새로웠다.

잠시 생각의 실마리를 돌려 아산(峨山)이라는 호를 따서 아산사회복지재단과 아산나눔재단, 그리고 아산병원 등으로 이어지고 있는 정주영 회장의 유업에 상념이 잠긴다. 정주영 회장이 태어나 평생 그리워했던 고향 아산 마을에서 따온 아산이라는 호는 현대중공업 경영인이자 선배 정치인이기도 한 정몽준 의원을 비롯, 현대가의 사회환원 사업으로 맥박을 잇고 있다.

차동엽 신부는 <잊혀진 질문>에서 이렇게 써내려가고 있다.

> "부는 악이 아닙니다. 선을 행할 기회입니다.
> 나쁜 것은 그 기회를 의도적으로 외면하거나 거부하는 것입니다."
>
> (〈잊혀진 질문〉, 91쪽, 착한 사람은 부자가 될 수 없나? 중에서)

우리 아산에는 고 이병철 회장이 삼성으로 시작해 세계적인 명성을 이룩한 삼성전자 탕정 사업장, 또 정주영 회장의 숨결이 어린 현대자동차 아산 공장에서 수많은 직원들이 삶과 꿈을 가꾸며 아산시민으로, 나아가 지역사회 이웃들과 나눔의 '선'을 행하면서 살아가고 있다. 이는 한 기업을 일으켜 많은 사람의 일자리를 만들고 또

세상을 떠난 후에도 고 정주영 회장은 우리에게 많은 것을 남기고 있다. 사진은 고 정주영 현대그룹 명예회장의 타계 10주기를 맞아 펴낸 정주영 회장의 경영론을 되돌아본 책 〈정주영 경영을 말하다〉.

그 공동체를 지역으로 넓혀나가는 '선한 부' 의 모습이라는 생각에 이른다.

반면 오늘 우리 국민들이 삼성과 현대를 비롯한 우리 대기업들에게 요구하는 중소기업들과의 공존, 기업 구성원들을 위한 나눔 등의 비판과 과제는 앞으로 이뤄가야 할 '선한 부' 의 미래라는 믿음이다.

이병철 회장이나 정주영 회장처럼 기업인은 아니었으나 우리 아산에 대학을 세우고 전국에 병원을 세워 삼성이나 현대 못지 않은 교육과 보건의료 사업의 맥박을 이어오고 있는 순천향병원과 순천향대학 설립자 고 서석조 박사를 떠올린다. 1999년 향년 79세로 별세한 향설 서석조 박사 추모 10주기를 맞아 2009년 펴낸 책이 <인간적인, 너무나 인간적인>이다.

서석조 박사는 70년대 후반 순천향대학교를 설립, 우리 아산과 인연을 맺은 이후 우리 아산의 교육문화 진흥에 큰 획을 남겼다. 1921년 경북 의성 명문가에서 태어난 서석조 박사는 일본 교토부립 의과대학에서 수학한 뒤 서울대학교 의과대학 내과 조교, 미국 뉴저지 주 세인트발라바스 병원 레지던트, 미국 코넬대학 의과대 강사를 거쳐 1955년 귀국했고, 귀국 후에는 세브란스 병원, 명동 성모병원, 가톨릭 의대 등에서 환자를 진료하고 후학을 양성했다. 특히 우리나라 신경내과 분야의 개척자이자 최고 권위자였다. 뇌혈전증에 걸린 영친왕의 주치의를 맡기도 했고 박정희 전 대통령과 육영수 여사의 주치의이기도 했다. '뇌졸중' 이란 용어를 처음 만들 정도로 한국의학을 발전시킨 분이었다.

평소 "질병은 하늘이 고치는 것이고, 의사는 그 과정을 도울 뿐이다"라는 소신으로 평생을 질병구제와 후진양성에 힘썼던 것으로 알려지고 있다. 그래서 70년대 말 우리 고향 아산시 신창면에 순천향대학을 세울 때에는 하늘

작은 시골마을을 젊은이들의 꿈을 키우는 학문의 요람으로 변화시킨 순천향대학교 전경. 내가 나고 자라며 뛰놀던 한가로웠던 시골 들판과 야산을 바꾼 서석조 박사의 유지가 늘 새롭게 되새겨지는 곳이다. (사진 순천향대학교 제공)

의 뜻에 순응한다는 뜻으로 '순할 순(順)' 자와 '하늘천(天)' 자, 그리고 고향을 뜻하는 '향(鄕)' 자를 담아 대학의 이름을 '순천향'으로 정했다 한다.

내가 막 공직에 입문해서 아산에 돌아와 수습사무관으로 근무할 때 어릴 적 뛰놀던 읍내리 마을 앞벌에 청년 학생들이 모이기 시작했고, 아산 교육문화의 새 장이 열리고 있었다. 그 후 30여년이 지난 오늘 우리 아산은 전국 각지에서 사람들이 모여 인구 30여만의 큰 도시로 발전해왔다. 그리고 오늘 다시 신도시지역 아산시민들의 교육문화 인프라를 확충해야 하는 과제를 안고 있다.

이러한 시점에서 이미 30여년 전 아산에 교육문화의 밀알을 싹틔운 고 서석조 박사의 생애와 정신이 담긴 <인간적인, 너무나 인간적인>이라는 책 한 권은 오늘 우리 세대가, 또 제가 우리 아산의 교육문화를 위해 해야 할 많은 일들을 깊이 생각하게 해준다.

'순천향(順天鄕)'이란 서석조 박사님의 유지에 담긴 "하늘의 뜻을 따르는 자는 흥한다"는 말의 참뜻을 다시 한 번 새긴다. 하늘이 곧 민(民)이요, 민심(民心)은 곧 천심(天心)이라 아니했던가.

세 권의 책에 담긴 이병철, 정주영, 서석조 이 세 분의 삶과 남긴 유지를 생각하다가 인생의 근원적인 질문으로 돌아온다. 우리는 과연 무엇을 바라고 소망하며 사는가?

창밖에는 새봄을 재촉하는 비가 내린다. 창문을 연다. 아직은 한기가 채 가시지는 않았지만 이 비가 그치면 새 생명을 싹틔우고 새 잎을 돋우며 봄이 오리라. 그리고 이 비는 그 생명들에게 슬픔과 고난을 이겨내게 해주고 기쁨과 희망을 나눌 수 있게 해주는 눈물이 아닐까.

문득 〈잊혀진 질문〉의 한 구절이 떠오른다.

"나는 네가 너무 슬플 때
너와 함께 있고 싶어서
눈물이 되었다.

나는 네가 너무 기쁠 때
너와 함께 있고 싶어서
눈물이 되었다."

(〈잊혀진 질문〉 174쪽, 마리아 수녀가 하염없이 흐르는
눈물 속에서 만난 하나님의 위로 중에서)

종교를 가진 이들에게 눈물은 신의 선물이리라. 그리고 그 눈물은 누군가와 더불어 슬픔과 기쁨을 나눌 수 있다는 징표이리라.

우선 나 자신에게 묻는다. 누군가의 슬픔을 함께 하는 눈물을 흘려 보았는가? 누군가의 슬픔과 고통을 손잡고 이겨내는 기쁨의 눈물을 함께 해보았는가? 나 스스로 만족하고 가족과 이웃과 더불어 행복한 진정 값진 눈물의 참뜻을 이루어가고 있는가?

반성과 상념 끝에 그 해답으로 옛 선인들이 <설원(說苑)>에 전하는 성구 하나를 되새긴다.

화향천리행 花香千里行

인덕만년훈 人德萬年薰

꽃향기는 천리에 이르기까지 미치고

사람의 덕은 만년이 지나도록 향기롭다.

더불어 비록 오늘 우리 곁에는 없지만 우리 아산에 덕을 미친 이병철 회장, 정주영 회장, 서석조 박사 이 분들이 남긴 삶의 자취와 의미를 흠향(歆饗)하며 기린다. 그것은 바로 우리라는 이름으로 함께 가꾸어야 할 희망이라는 믿음이다.

4부 지금, 이곳, 우리 사는 대한민국

광복 66주년을 보내며 되새기는 사명들

생전에 풀어드려야 할 위안부, 강제동원 피해자들의 한(恨)

진수린 독립투사를 올바로 추모하는 길

호국의 간성 대한청년이여, 감사합니다

2012 대한민국, "더 감사하고 보답하자"

통일과 남북관계, 진지하고 냉철하게!

발트 3국, 새로운 친구나라를 찾아서

친구의 나라 캐나다에서 배운다

국회의장단 캐나다 오타와 공식 방문

인류의 비극을 기억하는 나라 미국

의원외교 보고, 미국 뉴욕 종군위안부 기념비 수호 방문

독일 통일의 교훈과 시사점

제4부

지금, 이곳, 우리 사는 대한민국

우리 어린이들에게 어떤 대한민국을 물려줄 것인가 묻고 또 묻습니다. 그리고 내가 해야 할 일을 생각합니다. 피땀으로 나라를 지켜온 선열들의 힘찬 맥박을 물려주고 싶습니다. 주린 허리띠 졸라매고 오직 자식들을 위해 살아오신 어르신들의 헌신과 사랑을 고이 이어받아 물려주고 싶습니다. 세계를 향해 당당하게 나아갈 수 있는 자부와 긍지의 대한민국을 물려주고 싶습니다. 그러기 위해서 지금, 이곳, 오늘 우리 사는 대한민국이 세계 속에서 화합과 사랑의 손 맞잡고 한 걸음씩 나아갈 수 있도록 더 힘을 냅니다.

광복 66주년을 보내며
되새기는 사명들

66주년 광복절을 보낸다. 나 스스로 일제강점과 광복을 경험하지 못한 세대어서 더욱 선열들의 유지를 깊이 새기며 광복의 참된 뜻을 되새긴다. 더욱이 우리 국민을 대변하는 국회의원으로서는 더욱 할 일이 많다는 각오를 새긴다. 아직 유공 서훈을 받지 못하는 독립유공자를 찾아 보답하는 일부터 이름 없이 일제 강점기에 동원되어 피해를 당한 분들께 작으나마 보상을 드리는 일들도 그 중 하나다.

그러한 사명 중 하나로 지난 해 12월 7일 김을동 의원님을 비롯한 9분과 함께 '대일항쟁기 강제동원 피해조사 및 국외강제동원 희생자 등 지원에 관한 특별법 일부개정법률안' 을 대표발의했다.

우선 법의 제명을 '대일항쟁기 강제동원 피해조사 및 국외강제동원 희생자 등 지원에 관한 특별법' 에서 '대일항쟁기 강제동원피해 진상조사 및 지원 등에 관한 특별법' 으로 변경하도록 했다. 왜냐하면 그동안 국외로 강제동원되어 피해를 입은 사람과 유족에게만 지급되던 위로금, 미수금 지원금,

의료지원금의 지급 대상을 국내에 강제동원되어 피해를 입은 분들과 그 유족까지로 확대하고, 희생자 뿐만 아니라 생환자에게도 보상을 해드리기 위해서이다.

또한 미수금 지원금 지급시 강제동원 될 당시 못받은 급여에 대한 일본국 통화 1엔에 대하여 대한민국 통화 2천원으로 환산 지급되었던 것을 물가상승률을 반영하여 1엔에 대하여 10만원으로 상향 지급하게 하고, 이미 미수금 지원금을 지급받았던 분들에게는 그 차액을 계산하여 추가로 지급하도록 하였다.

무엇보다 위원회가 피해조사 및 지원업무를 충실히 수행할 수 있도록 존

2012년 8월 29일 오전 서울시 종로구 중학동 일본대사관 앞에서 일제강점기 피해자유족분들과 함께 한일 강제병합 102주년을 맞아, 일본 전범기업 3차 명단을 발표하고 일본정부의 진정성 있는 사과와 배상을 촉구했다. (사진 문화일보 김연수 기자 제공)

속기간을 2011년 12월 31일에서 2014년 12월 31일로 연장하고, 피해조사기간을 2011년 2월 28일에서 2014년 2월 28일로 연장하도록 했다.

아직 개정법안이 계류중이나 하루 빨리 통과되어 일제에 피해를 받은 많은 분들께 조금이나마 보상이 돌아갈 수 있기를 소망한다. 또한 우리 국민을 강제동원한 일본 기업이 우리나라 공사를 비롯한 각종 입찰을 금지하는 법안도 실현되어서 우리 대한민국이 역사의 교훈을 잊지 않는 나라임을 분명히 해야 한다.

광복과 함께 당연히 무효가 됐어야 할 청과 일제 사이의 '간도협약 무효화 선언'에 대한 국회와 정부의 가시적인 조치도 하루빨리 실현되어야 한다. 2009년 선배 동료 국회의원 40분의 동의를 얻어 발의한 '간도협약 무효화 선언' 선언도 하루 빨리 채택되기를 바란다. 독도문제 또한 일본의 도발이 있거나 3.1절, 광복절뿐만 아니라 상시적으로 관심을 가지고 우리 영유권임을 공고히 해야 한다.

무엇보다 우리 역사는 이름을 남긴 몇몇 지도층만의 역사가 아님을 깊이 새겨야 한다. 이름 없이 몸 바쳤던, 또 국권을 잃음으로써 피해를 당하고 고생한 민족 모두의 역사이기 때문이다. 당연히 정부와 국회만의 역사도 아니다. 오늘을 사는 우리만의 역사도 아니다. 8.15 광복절은 이름없이 몸바친 온 겨레의 역사요, 국권을 잃은 20세기 초반부터 오늘까지 한 세기를 이어온 현재진행형의 역사임을 깊이 새겨야 한다.

광복 66주년을 맞으면서 90년대 초반 대통령 비서실에 근무할 때부터 건의하고 국회 활동중에도 계속 주장해온 대통령 비서실 보훈담당 부서 신설 또한 다시 한 번 강조하고 싶다.

지난 주 미국 오바마 대통령은 경제위기의 급박한 와중에도 만사 제쳐놓고 아프가니스탄에서 작전 중 탈레반의 로켓포 공격을 받아 숨진 미군 30명의 유해 귀환식에 참석했다. 이번뿐만이 아니라 미국은 자국 군인의 유해 귀환식은 그 어느 행사보다 가장 높은 예우와 격식을 갖추어 정성을 다한다. '고결한 운송식(dignified transfer)' 이라는 별칭까지 붙을 정도다.

현재진행형의 8.15 광복절 66주년을 보내며 소망한다. 독립에 몸바친 선열들의 귀환식에 대통령이 참석하는 대한민국을 보고 싶다. 정권이 바뀌었다고 친일잔재 청산이나 강제동원자 보상, 또 종군위안부에 대한 정책이 오락가락하는 정부가 아니라 대한민국의 역사가 지속되는 한 영원히 잊지 않고 일관되게 우리 국민의 권익을 찾아 노력하고 힘이 닿는 한 보상하는 대한민국을 보고 싶다.

생전에 풀어드려야 할 위안부, 강제동원 피해자들의 한(恨)

국정감사로 연일 바쁜 나날 중에도 서둘러야 할 일들이 뇌리를 떠나지 않는다. 그 중 하나가 일제에 의해 자행된 위안부 피해자들과 강제 징용 피해자 분들의 보상문제다.

지난 25일 일요일 국회에 출근해 국정감사를 준비하던 중 울산 언양병원에서 위안부 피해자였던 송남이 할머님께서 향년 90세의 연세로 세상을 떠나셨다는 소식을 접했다. 송남이 할머님은 1921년 경남 거제에서 태어나 열한 살이던 1932년 일본군에게 대만으로 끌려갔고, 13년을 일본군 위안소에서 보내며 혹독한 고통을 겪다 해방되던 해 귀국하셨다고 한다. 이후 함께 살던 남편과도 사별하고 생활보호대상자로 어렵게 생계를 꾸리다 최근에는 신장질환에 시달리며 요양 시설에서 생활해왔다고 전한다.

한국정신대문제대책협의회는 송남이 할머님을 추모하면서 올해에만 12명의 위안부 피해자께서 세상을 떠나셨고, 9월 26일 현재 정부에 공식 등록한 생존 위안부 피해자는 67명으로 줄었다고 전했다. 또한 "마지막까지 사죄와 배상을 염원하며 눈을 감고 있는 피해자들 앞에서 일본정부는 여전히 책임을 회피하고 있는 현실을 지적하며 일본은 한국정부의 제안에 즉시 응해 성실히 협의에 나서고 피해자들의 요구에 귀기울여야만 한다"는 입장을 발표했다.

평생 일본군에 의해 자행된 치욕적인 상처를 안고 사셨으나 그토록 바라던 일본 정부의 공식사과와 보상도 변변히 받지 못한 채 한 분 한 분 세상을 떠나고 있는 가슴 아픈 현실에 가슴이 먹먹할 따름이다. 빈소에는 가지 못할 사정이라 잠시 추모의 묵념으로 송남이 할머님의 명복을 빌었다. 그리고 이 분들께 더 늦기 전에 보상다운 보상과 예우를 해드릴 방법은 없는지 생각하게 된다.

지난 9월 16일 나는 여야 선배 동료 의원들과 함께 국가가 발주하는 사업과 관련, 1차 일본 전범기업 136개 명단을 발표하고 입찰에서 원천 배제할 것을 촉구했다. 이는 국회 기획재정위원회와 기획재정부가 지난 8월 18일 회의에서 WTO 정부조달협정상 개방대상 공공기관이 아닌 7개 중앙부처, 전국 기초자치단체, 교육청과 초·중고교, 263개 공공기관 등에서 과거사 미 청산 일본 기업에 대한 국가발주 입찰을 제한해 불이익을 주기로 합의한 데 따른 후속조치였다. 사실상 이 조치가 이뤄지게 된 배경에는 근로정신대 할머니들을 비롯한 일제 강제 징용피해자들의 끊임없는 투쟁이 있어 왔다.

이명박 정권 출범 직후인 2009년 1월 아소다로 총리와 가진 한일정상회담 기간 중, 일제강점기에 무려 10만여 명의 한국인을 강제징용한 제1의 전범기업 미쓰비시가 2012년 상반기 발사 예정인 '아리랑 3호' 위성 발사 용역을 수주했다고 발표하자 피해자들은 강력히 반발했다. 뒤이어 일본정부가 근로정신대 할머니들에게 후생연금 탈퇴수당금이라는 명목으로 99엔을 지급하는 몰염치한 사태가 일어나자 국민적 비난 여론이 빗발쳤다.

나는 이러한 사태를 더 이상 좌시할 수 없다는 판단 아래 선배 동료의원들의 동의를 얻어 일본 전범기업들에 대해 국가가 발주하는 사업에 대해 입찰을 제한하는 것을 골자로 하는 '국가를 당사자로 하는 계약에 관한 법률 일부 개정법률안'을 대표발의했고 WTO 정부조달협정 규정상의 어려움으로 인해 제한적이나마 개방 대상에서 제외된 기관들만이라도 입찰 제한 조치를 취하도록 하였다.

현재 근로정신대할머니와함께하는시민모임에서는 근로정신대 보상문제로 미쓰비시중공업과 협상을 하고 있는 것으로 전해 듣고 있다. 늦게나마 이번 조치는 미쓰비시중공업과 같은 일본 전범 기업이 '아리랑 3호'와 같은 항공우주산업 분야 입찰과도 같은 사례는 더 이상 없게 됐다.

이러한 조치는 중국의 사례에서 교훈 삼을 만하다. 중국정부의 강력한 반발에 부딪친 일본 니시마츠 건설이 지난 2009년과 2010년 2차에 걸쳐 중국인 강제노역 피해자 543명에 대해 공식 사죄와 함께 총 47억 2천만 원을 지급함으로써 화해했다. 반면 중국인들과 함께 같은 수력발전소 공사 현장에서 노역했던 한국인 징용 피해자 110명에 대해서는 1원 한 푼도 보상이 없었다.

우리는 여기서 일본 니시마츠 건설이 중국 강제노역 피해자에게 지급한 '47억원'과 우리 근로정신대 할머니들에게 지급한 '99엔'의 차이가 어디에서 비롯됐는지 분명히 되새겨야 한다. 우선 우리 정부가 단순한 위안부 차원의 문제의식에서 한 걸음 나아가 과거사 문제 전반에 걸쳐 일본정부에 대해 대한민국 국민의 명예와 존엄을 걸고 당당하게 협상을 요구하고 보상을 받아내야 한다.

이미 2007년 4월 27일 일본 최고재판소 판결은 일본 전범기업들에게 강제 노역 피해자들에 대해 기업들의 자발적 구제 조치를 내렸음에도 불구하고, 이를 무시해왔다는 점 또한 분명히 인식하고 이의 연장선상에서 일본 전범기업에 요구할 것은 요구하고 보상과 사과가 관철될 수 있도록 현실적인 조치를 취해야 한다. 충분하지는 않지만 이번 일본 전범기업 입찰제한 조치가 그 중요한 첫 걸음임을 확신한다.

2012년 2월 29일 일본대사관 앞에서 정신대 할머님들과 함께 일본전범기업 명단 2차 발표 현장. 근로정신대라는 미명 아래 어린 소녀들을 착취한 기업과 홋카이도 비행장 등 우리 동포들의 유해 발굴을 외면한 기업, 중국 해남도에 천여 명의 조선인을 사망에 이르게 한 기업 등이었다. (사진은 딸 지은 제공)

하지만 한 가지 더욱 중요한 것이 있다. 지금 이 순간에도 한 분 한 분 세상을 떠나시는 위안부 할머님들의 예에서 보듯 이 분들이 살아계실 때 한을 풀 수 있도록 우선 우리 정부가 먼저 소정의 보상을 해드리고 일본에게 그에 상응하는 보상과 사과를 받아내는 방안을 제안한다.

우리 대한민국 헌법 전문에 명시한 바대로 우리가 조선과 대한제국의 국가를 승계한 상해임시정부, 즉 대한민국 임시정부의 법통을 계승하고 있다는 점을 분명히 한다면 국민을 지키지 못한 일정한 책임이 우리 정부에게도 있고 당연히 일본, 그리고 일본의 전범기업에게 당당히 보상과 사과를 받아 위안부와 강제동원 피해자들의 한을 풀어 드려야 할 책임이 있기 때문이다.

진수린 독립투사를 올바로 추모하는 길

지난 9월 9일 염치읍 강청리에서 독립투사 진수린 선생의 80주기 추모행사가 거행되었다. 지난 해 추모행사에도 비가 왔는데 올해도 부슬비가 내렸다. 진수린 선생이 남기신 행적과 유지를 생각하면 많은 것을 반성하고 생각하게 하는 자리였다. 우선 묘역을 향하는 길에 제대로 된 표지판이나 독립의 행적을 기록한 안내판 하나 변변하게 없다. 행사도 진풍호 씨를 비롯한 후손 및 유족과 읍장급 인사가 참석할 정도로 초라하다는 반성이 앞선다.

진수린 선생의 독립운동 행적은 일제치하 당시 동아일보를 비롯한 언론보도에서 충청 일원에서는 초유의 사건으로 기록하고 있을 정도였다. 하지만 오늘 우리가 알고 있는 진수린 선생은 행적은 너무나 단촐하다. 오늘날 전하는 진수린 선생의 행적을 요약하면 다음과 같다.

"진수린 독립투사는 1898년 신창면 신달리에서 출생, 1921년 아산군 금융조합에서 근무중 독립운동을 위해 상해 임시정부로 가서 '상해임시정부 재산서기', '한일독립청년회 대표', '조선독립운동 비밀결사대 중앙집행위원'으로 활동하였으며, 1928년 독립자금을 마련하기 위해 국내로 들어와 활동 중에 체포되어 모진 고문과 옥고로 인한 병으로 1930년 9월 9일 33세에 서거하였다."

우선 진수린 선생의 독립운동 행적이 어떤 의의를 지니는지를 깊이 새기는 의미에서 당시 언론보도를 통해 재구성해보았다.

우선 진수린 선생의 독립운동 행적과 일경에 의한 체포 과정은 엇갈려 보도된다. 동아일보 1929년 1월 28일자에서는 "조선공산당 사건의 관계자로 오륙년 전에 중국 상해에 망명하였던 충남 아산 출생 진수린은 지난 25일에 중국 상해에서 일본영사관 경찰서에 체포되었다는데 그는 조선에서 관계한 공산당 사건이 있음으로 경성으로 호송하여 취조를 하게 되리라 하더라."라 보도하고 있다.

하지만 이러한 보도는 진수린 선생에 대한 취조와 재판이 진행되는 과정에서 다음과 같이 바뀌어 보도된다. 동아일보 1929년 7월 5일자에서는 "진수린 사건은 의열단 관계로 상해가정부에서 다년간 활동"이라는 제목 아래 "1928년 연말 교묘히 국경을 넘어 본적지인 아산군 신창면 신달리에 왔다가 그곳 경찰에 체포"되었다는 1월 보도와는 다른 내용과 함께 1929년 6월 11일부로 예심이 종결되고 7월 2일 사실심리 1회 공판이 개정되었다고 보도하고 있다.

이 기사에서 진수린 선생은 "피고인은 전부터 조선은 조선인의 조선이라, 따라서 조선을 일본제국의 기반으로부터 탈(脫)하기를 위하여 독립을 시키지 않으면 안되겠다는 사상을 가지고 있다가 중국에 건너가" 상해임시정부,

즉 대한민국임시정부의 요직과 의열단 등의 활동을 한 것으로 보도되고 있다. 당시 보도에는 '상해임시정부'를 '가정부', 즉 '가(假)' 자를 써서 일제 총독부에 대비되는 가짜 정부로 몰아부치고 있고 '독립(獨立)'이라는 용어도 모두 '○○'으로 표기하여 보도하고 있다.

당시 언론보도가 일제의 삼엄한 검열과 통제 아래에 있었음을 감안하면 오늘 우리는 진수린 선생의 올바른 행적을 밝혀야 한다. 나아가 진수린 선생의 체포와 취조과정이 악랄한 고문, 또 당시 민심을 고려하여 조작과 날조로 진행되었음을 염두에 두어 일제에 의해 왜곡되었을 가능성이 다분한 행적을 바로잡는 일도 우리의 몫이다. 진수린 선생이 중국 상해에서 체포되었는지, 아니면 고향인 신창 신달리에서 체포되었는지부터 선생의 독립운동 행적과 사상, 그리고 오늘 우리가 새기며 이어가야 할 유지에 이르기까지 바로잡고 올바로 기록해야 한다.

당시 진수린 사건이 일제에게는 얼마나 삼엄하고 위중하게 다루어졌는지는 공판과정의 정황보도에서 잘 나타난다. 동아일보 1929년 7월 10일자에는 "오는 11일에 공판이 개정되기로 결정되었는데 사건이 사건인 만큼 당지(공주지법 관할, 즉 충남 일원)에서는 초유의 사건으로 일반 방청객이 많으리라고 관(觀)하여 혹은 방청권을 발행하게 될른지도 모른다더라."라는 어구로 진수린 선생을 당시 충남 일원에서는 초유의 독립운동가로 기록하고 있다.

또한 동아일보 1929년 7월 14일자에는 "지난 10일 1호법정 방청자는 피고인의 원적지인 아산 등지에서 온 친족 친우와 우중(雨中)에도 불구하고 당지 고보생도로 피고가 출정하기 전에 방청석은 만원의 혼잡을 이루었는데

돌연히 학생방청은 불허로 학생만은 흩어져 간 후 변호인 없이 개정 공판은 연기되었다"고 보도하고 있다. 당시 진수린 선생의 독립운동 행적이 청년학생들에게까지 큰 반향을 불러일으킬 정도로 컸음을 짐작할 수 있다.

일제의 통제와 검열 속에서도 진수린 선생의 죽음에 대해 비교적 상세히 보도하고 있어 선생의 죽음이 전국적으로 의미 있는 뉴스였음을 알 수 있다. 동아일보 1930년 9월 17일자에는 "공주형무소에서 병이 위독하여 지금부터 일개월 전에 가출옥하였던 ○○정부원 진수린은 온양온천 영천의원에서 치료받은 지 한 달도 안되던 중 지난 9일에 드디어 사망하였는데 시체는 그의 평생지기인 최익수 씨가 거두어 신창면에 매장하였으며 유족이라고는 십년을 수조하고 남편 돌라오기만 기다렸던 미망인 신(申) 씨가 있을 뿐이란다."

이러한 당시 언론보도만으로도 분명하고 뚜렷한 진수린 선생의 독립운동 행적에도 불구하고 선생이 독립유공자로 서훈을 받는 것은 광복 후 47년이나 지난 1992년이었다. 국가보훈처는 제73주년 대한민국임시정부 수립기념일을 맞아 92년 4월 11일자로 진수린 선생에게 건국훈장애국장을 추서하였다.

47년만에야 독립유공을 서훈 받은 뒤늦은 진수린 선생의 유지. 하늘에서 내려다보고 계실 진수린 선생의 혼백을 생각하면 오늘 우리 추모행사는 부끄럽기만 하다. 이제 더 이상 선생의 유지를 바로잡고 선양하며 기리는 일조차 미뤄져선 안된다. 아직은 구전이라도 선생의 행적과 사상, 그리고 유업을 진술해주실 어르신들이 계시고 더 늦기 전에 기록으로 보전하여야 한다. 나아가 우리 다음세대가 기리고 찾도록 스토리텔링을 비롯한 제대로 된

교육자료도 만들고 선생의 묘소를 비롯한 유적을 찾아가는 안내와 표지도 제대로 갖추어야 한다. 선생의 추모행사도 최소한 아산을 대표하는 인사들이 참석하는 아산인의 행사로 격상시켜야 함은 물론이다.

비단 진수린 선생뿐만이 아니다. 우리 아산에 면면히 맥박치고 있는 애국애족의 수많은 유업을 바로세우고 제대로 기리며 계승해야 한다. 진수린 선생을 비롯한 선열의 뜨거운 숨결과 맥박을 잇는 일, 그것은 역사를 기억하지 않는 민족에게 역사의 비극은 반복된다는 평범하면서도 중요한 교훈을 새기는 첫걸음이라는 믿음이다.

동아일보

學生에겐傍聽禁止

陳壽麟公判開廷

주소성명년령등만물은후

辯護士關係로又復延期

【공주】두보‖충남공주디방법원(公州地方法院)에서변호인의 관계로공판이 연긔중인 상해가정부원진수린(上海假政府員陳壽麟)(三五)의주국각디에서 조선○○운동을 목뎍하고 활동한사건은 지난십일일에 당법원일호법뎡에서 긔보한바와가티 개뎡케되어 방텽자는 전긔피고인의원적디인아산(牙山)등디에서오친족친우와우중(雨中)도불구하고 방텽은 당디고보생도로 피고가출뎡하기전의당법뎡방텽석은대만원의 혼잡을일우엇 는데돌연히 학생방텽은 불허로학생만은쳐려저간후 오후 두시반에재판관석의 합의부삼판사와 서긔며립회교본검사(橋本檢事)가 렬좌하며 변호인이 업시 개뎡되어주섭출부 판사부장으로 부터 피고에대하야 성명과 년령주소등을뭇고는 변호인이 참석아니

豫審遲延

不安에싸…

변호사문…

新…

【신의주】신의주고등보통학교졈거사건은저간일단락을짓고며커송국된자의민(張益敏)(二九)젼용방(金應芳)(二○)등이십구명의치안유지법위반(治安維持法違…

1929년 7월 14일자 동아일보에 보도된 진수린 독립투사의 재판 정황 보도. 비가 오는 중에도 유족과 많은 학생이 모였는데 갑자기 학생들의 방청을 금지하고 공판이 연기됐다는 내용을 담고 있다.

호국의 간성 대한청년이여, 감사합니다

날씨가 쌀쌀해지면 가장 먼저 생각나는 이들이 있습니다. 바로 조국의 부름을 좇아 호국간성에 당당히 선 우리 국군장병 후배님들입니다. 저또한 육군 장교로서 전우들과 함께 내닫던 시절을 추억하면서 오늘도 추위를 이겨내며 경계근무와 훈련에 여념이 없을 대한의 청년들을 생각합니다.

최근에는 페이스북에서 '친구' 로 만난 젊은 후배님들을 대할 기회가 많아졌습니다. 그중에는 자신의 직장에 일병이나 상병과도 같은 군계급을 명기한 후배님들을 적잖게 볼 수 있습니다. 그럴 때면 대한민국 국군 선배로서, 또 얼마 전 아들을 군에 입대시킨 아비의 마음이 되어 가슴이 뜨거워지곤 합니다.

얼마 전 제 딸이 페이스북 '친구' 를 신청해와 '담벼락' 을 돌아보다 보니 아들이 군에 입대하던 날의 모습이 올라와 있었습니다. 반가운 마음에 제 페이스북에 '공유하기' 를 했습니다. 많은 분들이 칭찬과 격려의 댓글을 올려 주셨는데 'P' 라는 분의 따끔하면서도 존경스런 말씀이 오래 가슴을 울렸습니다.

그 분은 자신 또한 큰 영식이 해병대를 전역했고 작은 영식은 사고로 병역을 면제받을 수 있음에도 현역병으로 입대해서 준사관으로 근무하고 있다 하셨습니다. 네 명의 따님을 입양하여 기르시기도 하셨다면서 진정한 노블리스 오블리주를 강조하셨습니다. 무엇보다 고생을 모르는 요즘 젊은 세대에게 군생활이 살아가면서 언제든 겪어야 할 어려움을 이겨내는 힘이 되리라는 말씀이었습니다. 저또한 전적으로 공감하면서 문득 청년 시절 읽은 '맥아더의 기도' 가 떠올랐습니다.

주여 내게 이런 아들을 주소서.

약할 때에 자기를 돌아볼 줄 아는 강인함과 두려울 때에 자신을 잃지 않는 용기를 갖고 정직한 패배에 부끄러워하지 아니하고, 승리에 겸손하고 온유한 아들을 저에게 주소서.

생각해야 할 때에 고집하지 말게 하시고 주님을 알고 자신을 아는 것이 지식의 바탕임을 아는 아들을 저에게 허락해주소서.

원컨대, 아들을 평탄하고 안이한 자로 인도하지 마시고 고난과 도전에 직면하게 하소서. 그리하여 폭풍우 속에서 용감히 싸울 줄 알고, 패자를 관용할 줄 알도록 가르쳐 주소서.

– 맥아더 장군의 '아버지의 기도' 중에서

맥아더 장군이 마흔여덟 살에 얻은 아들을 위해 썼다는 '아버지의 기도'를 제 아들, 나아가 오늘 조국의 부름에 당당하게 임한 대한의 청년들에게

호국의 간성, 대한 청년들에게 늘 감사한다. 아들 지형이도 군복무중이다. 사진은 훈련을 마친 아들 지형(가운데)과 동료 장병들의 모습. (사진은 딸 지은 제공)

드리고 싶습니다. 안이한 삶에 안주하지 않고 정의와 대의를 향해 도전하고 고난을 이겨내는 강하고 아름다운 젊음을 창조하라고 권하고 싶습니다.

그리고 숙연한 마음으로 조국과 민족을 위해 피끓는 젊음을 바친 수많은 선배님들을 생각합니다. 일제강점기에 광활한 연해주를 내달던 광복군의 혼백, 육이오 전쟁에서 오늘의 대한민국이 있게 한 참전용사 선배님들, 가까이는 연평해전과 천안함에서 순국한 젊은 호국의 혼백에 이르기까지 모두 오늘 우리 국민의 안위를 지키기 위해 장렬히 몸바친 영원한 대한의 청년들이셨습니다.

이제 제 아들을 비롯한 우리 아산의 청년 후배님들이, 나아가 대한의 청년 후배님들이 당당하고 아름답게 조국의 미래를 가꾸어 갈 든든한 간성으로 장성하여 건강한 모습으로 고향을 찾을 수 있기를 기도합니다. 아울러 우리 아비의 세대가 이들 청년들을 위해 해야 할 의무를 가슴 깊이 새깁니다. 그 중 하나가 그들이 고향으로 돌아왔을 때 마음껏 꿈과 소망을 펼칠 일터와 삶터를 만들어 주는 일이라는 다짐입니다.

호국의 간성, 대한 청년이여, 그대 아름다운 젊음에 감사합니다.

2012 대한민국, "더 감사하고 보답하자"

2011년 한 해가 저물어갑니다. 다사다난했던 한 해, 세상을 뒤흔든 뉴스도 많았지만 작지만 소중한 분들과 안타까운 사건들부터 되새겨 봅니다. 가장 먼저 지난 1년 동안 우리 곁을 지켜주신 아름답고 고귀한 헌신들을 기억합니다.

2011년 우리는 시민들의 안전을 지키다 순직하신 소방대원 여섯 분을 기억합니다. 2006년 이후 지금까지 순직한 소방관은 39분, 화재진압과 인명구조로 부상하신 소방공무원은 연평균 300분이 넘습니다. 소방공무원 여러분은 노후되고 열악한 장비, 화재진압에 필수적인 공기호흡기와 방화복조차 부족한 근무 여건에서 격무에 헌신하고 있는 현실입니다.

지난 12월에는 중국불법어로작업을 단속하던 해양경찰 두 분이 순직하셨습니다. 매년 평균 공식 순직으로 인정된 경찰공무원만 평균 15명, 20%라는 낮은 순직 인정 비율, 그리고 열악하고 살인적인 근무여건과 근무시간을 감안하면 실제 순직 경찰분들은 더 많으리라 추정됩니다. 더욱이 갈수록 흉폭

화하는 범죄 현장에서 일신을 던져 맞서야 하는 많은 경찰분들의 노고에 늘 감사하는 마음입니다.

지난 11월에는 천안 단국대 교정에 연평해전에서 전사한 고 서정우 하사의 추모비가 세워졌습니다. 그리고 지금 이 시간에도 수많은 대한의 청년장정들이 지구상에서 가장 도발가능성이 높은 전선에서 경계 근무와 훈련에 임하고 있습니다.

얼마 전 페이스북 친구분 담벼락에서 근무복을 입고 의자 기댄 채 잠든 우리 아산의 젊은 여성경찰 한 분의 모습을 보았습니다. 선배 경찰분이 찍어 올린 사진 댓글에는 비번으로 쉬는 날인데도 동료선배들의 바쁜 일손을 돕기 위해 나와 일하다가 잠시 잠든 모습이라 했습니다. 가슴이 뭉클해져 노고가 많으시다는 말씀을 댓글로 달아놓았습니다. 때론 새벽근무를 하시는 소방대원 분들이 메시지로 애로를 전해오시기도 합니다. 그러면 새벽같이 찾아가 말씀을 듣고 제가 할 수 있는 일을 찾아 노력하기도 했습니다. 우리 아산 출신의 국군장병들 또한 SNS에서 적잖게 대하곤 합니다. 저도 자식을 군에 보낸 아비로서 코끝이 찡해지고 진심어린 격려와 감사의 인사를 전하곤 합니다.

이밖에도 낮은 식급, 나튼 사람들이 꺼리는 일터에서 열악한 근무환경과 격무를 이겨내며 일하시는 환경미화원 여러분을 비롯한 기능직, 일용직 등 공공부문 비정규 근로자 여러분들께도 깊은 감사인사와 더불어 보은의 다짐을 하곤 합니다.

특히 행정안전위원회 국회위원으로서 국정감사를 비롯해 연중 이렇게 우리 국민과 시민의 안전을 위해 묵묵히 헌신하시는 공직자 분들의 열악한 근무여건과 처우 개선, 또 보다 안전한 장비 등을 개선하기 위해 노력하고는 있지만 아직 해야 할 일이 많다는 사명감에 더욱 어깨가 무거워집니다.

새 해에도 할 일이 많겠지만 그 중에서도 이렇게 우리 국민의 안전과 민생을 위해 보이지 않는 낮은 곳에서 헌신하시는 분들께 감사하고 보답드리는 일을 최우선의 임무로 계획해 봅니다.

지금 이 시간에도 추위와 격무에 맞서 열심히 직무에 충실하신 모든 공공부문 공직자 분들께 감사와 보은의 다짐으로 새해 인사 올립니다. 새 해 용의 해 임진년에는 비상하는 용의 기상을 받아 건승하시길 기원 올리며, 조금이나마 더 나은 근무여건과 처우, 그리고 안전과 예우 등을 개선할 수 있도록 더 열심히 노력하겠습니다.

통일과 남북관계,
진지하고 냉철하게!

이른 아침 기고문을 정리하려고 책상에 앉았다. 원고를 쓰기 전에 먼저 습관처럼 뉴스를 살펴본 후 페이스북을 열고 친구 신청을 한 분들, 또 밤새 전해진 메시지부터 정리해나갔다. 페이스북과 트위터는 요즘 젊은 친구 분들과 소통하면서 활기찬 모습과 함께 그들의 고민과 일상, 또 많은 이웃들과 선후배님들의 생생한 삶의 목소리와 조언을 들을 수 있는 대화의 마당이어서 무척 관심이 큰 일거리가 되어 있다.

문득 페이스북에서 스무살 후배님의 친구 신청을 받고 감사의 댓글을 달으려고 하다가 깜짝 놀랐다. 친구 목록에서 '김일싱' 이라는 이름과 담벼락 사진을 발견했다. 걱정이 앞서 꼼꼼이 담벼락 글들과 친구들 목록을 살펴보다가 다시 '김정일' 이라는 이름과 사진을 발견했다. 동명이인이 아니었다. 두 페이스북 모두 정보란에 기록된 신상정보가 실제 고 김일성 주석과 고 김정일 국방위원장과 거의 일치했다. 아마 페이스북 계정 개설은 실명으로 하도록 돼있지만 사진이나 이미지, 또 정보는 자유로이 올릴 수 있다는 점을 이용해 임의로 만든 계정으로 보였다.

문득 지난 10월 김정남의 아들 김한솔의 것으로 추정되는 페이스북 계정에 대해 일반인의 정보 접근이 차단됐다던 뉴스가 떠올랐다. 일단 현행법상 문제가 없는지부터 살펴보았다. 대부분 두 북한 지도자의 생전에 대한 풍자와 패러디의 성격을 띈 글들이었다. '김일성 주석' 계정에 등록된 친구는 190명, '김정일 국방위원장' 계정에 등록된 친구는 97명, 이들 대부분은 스물 전후의 젊은 세대인 것으로 보아 요즘 신세대들이 즐기는 세칭 '김일성 놀이', 또는 '김정일 놀이' 인 듯 보였다.

지난 게시물들을 클릭하면서 두 계정이 시작된 시점을 찾아보니 '김일성 주석' 계정 개설일은 올해 10월 20일, '김정일 국방위원장' 계정은 올해 10월 25일로 추정되었다. 김정일 국방위원장 사망 훨씬 이전에 개설되어 친구들 사이에서 소통된 것이다. 그리고 현시점에서는 이미 고인이 된 두 북한 지도자의 실명을 가장한 계정이 페이스북에서 소통되고 있는 것이다.

현행 실정법상 언론 표현의 자유를 감안하더라도 소셜네트워크서비스(SNS)의 익명성을 악용한 개인정보보호 침해의 소지가 있고, 페이스북을 비롯한 소셜네트워크서비스(SNS)가 국경을 초월한 글로벌 네트워크라는 점에서 민간외교 차원에서 문제의 소지가 있다는 판단이 들었다.

일단 이러한 선에서 생각을 정리한 후 혹시 이 두 계정이 얼마나 퍼져나갔는지 인터넷을 검색해보았다. 네이버와 다음, 네이트온 등에 이들 계정의 언급이 없는 것으로 보아 아마 아직은 몇몇 친구들 사이에서만 소통되고 있는 듯했다.

이러한 페이스북의 문제를 보면서 두 가지를 정리하게 된다. 먼저 두 북한

2011년 11월 중순경 페이스북에서 김일성 전 북한 주석과 김정일 전 북한 국방위원장 명의의 페이스북을 발견했다. 자칫 외교적인 사안으로 번질 소지가 있어 사정기관에 알려주고 신속히 조치하도록 했다. 젊은이들의 진지한 모습을 바란다. 사진은 당시 캡처한 이미지.

지도자의 초상권을 비롯한 개인정보가 우리 젊은이로 보이는 사용자에 의해 개인정보보호법상 위법 소지가 있는 계정으로 소통되고 있다는 점, 그리고 이에 대한 치안 차원의 실사가 있었는지 하는 의문이다.

둘째로는 두 북한지도자를 사칭한 계정 사용자들의 현실인식이다. 남북관계와 통일문제. 이들이 만일 우리 젊은이들이고 외교안보에 대한 사안까지 이른바 '놀이' 로 즐기고 있다면 이는 올바른 민족관과 통일관을 심어주어야 했을 우리 사회와 교육의 측면에서 문제가 있다고 생각된다.

나도 전후세대의 한 사람으로서 우리 세대가 남북관계, 또는 통일문제에 대한 인식이 부족하지 않나 되돌아 볼 때가 많다. 그리고 우리 민족과 조국 대한민국의 정통성, 나아가 평화로운 통일에 대한 소망과 진지한 고민 앞에 설 때가 적지 않다. 그럴 때마다 스스로를 되돌아보며 민족과 통일, 또 남북관계와도 같은 사안에 대해 늘 엄숙한 마음가짐으로 냉철한 시각과 입장에 서고자 노력한다.

이 기회에 우리 대한민국의 청년들에게 꼭 당부하고 싶다. 우리 민족이 외세에 의해 일제강점기의 비운을 겪고 또 국력이 부족해 분단과 전쟁의 아픔을 겪었다는 역사를 결코 잊어서는 안된다는 점을 가슴 깊이 새겨주길 소망한다. 김정일 북한 국방위원장 사망으로 남북관계와 통일에 대한 관심이 높아지고 있는 오늘 우리 대한민국 청년들에게 좀더 이성적인 통일관과 민족관을 한 번쯤 깊이 되새겨 주기를 간절히 청원하고 싶다.

발트 3국, 새로운 친구나라를 찾아서

에스토니아, 라트비아, 리투아니아 3국 국회의장 공식외교 수행 기록

국민의 권익을 대변하여 활동하는 국회의원의 직무는 입법활동이 중심이지만 그밖에도 국익이나 국민의 권익과 관련된 여러 가지 활동을 한다. 그 중 하나가 의원외교 활동이다. 국회에서 연중 정례적인 의원외교 활동 중에서 가장 큰 활동이 국회의장의 공식 해외 순방이다. 올해 박희태 국회의장의 공식 순방 외교지역은 발틱 3국. 초선의원으로서는 이례적으로 여야 의원 5명과 함께 발틱 3국 순방에 참여할 수 있는 기회를 갖게 되었다.

7월 2일 출국, 7월 13일 귀국하기까지 체코 프라하를 거쳐 에스토니아, 라트비아, 리투아니아 등 발틱 3국을 순방하고 덴마크의 세계적인 디자인재단 인덱스까지 이르는 10박 11일의 빡빡한 일정. 이번 방문의 주요 목적은 발트 3국 의회와 정부지도자들을 만나 교류협력 증진방안을 논의하는 데 있었다. 발틱 3국은 우리나라와 국교가 수립된 지 20여년이 지났지만 국가를 대표하는 3부 요인으로서는 박희태 국회의장님이 첫 방문일 정도로 의미있는 외교 일정이었다.

본래 '발트(Balt)' 는 리투아니아(Lithuania)어와 라트비아(Latvia)어로 '희다(white)' 는 의미이다. 발트 해(Baltic Sea)는 11세기 '독일 함부르크 대주교들의 해적' 이라는 역사서에 'Mare Baticum' 으로 처음 등장했다고 한다. 발트해가 허리띠(belt)처럼 긴 모양이라는 점에서 유래하여 그 단어의 음가에서 명명되었다고 한다.

발트 3국은 모두 1990~1991년 소련의 지배에서 벗어난 신흥독립국가로서, 새로운 국가 및 국민 형성(nation-building)을 거쳐 격동적인 발전과정을 밟고 있는 나라들이다. 유럽 북부의 지정학적 · 전략적 요충지라는 지리적 이유로 과거 오랫동안 소련과 독일, 프랑스 혹은 폴란드, 스웨덴 같은 주변 국가들에 의해 수차례의 침공과 억압을 받았던 역사를 간직하고 있어 끊임없이 외세에 항거하며 민족의식을 지켜온 우리나라와 유사한 민족적 정서를 가지고 있다. 20세기 들어서도 오로지 나라의 독립, 민족의 독립만을 위해 모든 희생을 바쳐 온 북유럽 소수민족 국가들의 현주소를 보여주고 있는 나라들이 바로 발트 3국이다.

이번 방문에서 느낀 점을 요약하면 첫째로는 우리 민족과의 역사적 공감대 때문인지 순방과정에서 만나는 현지인들이 북유럽인 특유의 큰 골격과 신체 조건을 갖추고 있으면서도 눈매는 한결 선하고 순박해 보인다는 것이다. 다른 한편으로, 강대국들의 야욕에 의한 이민족(異民族)지배의 시련 속에서도 끈질기게 생명력을 지켜온 저력과 끈기를 엿보게도 된다. 우리와 유사한 외유내강(外柔內剛)형의 민족적 정체성과 동질성을 쉽게 찾을 수 있다.

둘째로는 발트 3국의 정치경제적 움직임이 민주주의와 시장경제체제의 우월성에 대한 새로운 평가 모델(model)이 되고 있다는 점이다. 3국 모두 특히 소련의 지배와 사회주의 체제하에서 많은 고난을 겪었으나, 독립 이후 바로 민주주의와 시장경제체제를 채택한다. 3국 모두 체제 전환 이후 NATO와 EU에 가입하면서 정치적 시야는 물론 경제활동의 보폭을 새롭게 넓혀간다. 물론, 초기에는 여타 소련 위성국들과 마찬가지로 원자재와 에너지 공급 부족, 소련시장 상실 등으로 경제규모가 축소되고 활동이 둔화 · 위축되는 어려움을 겪는다.

대체로 90년대 중반부터 21세기 EU와 WTO가입의 장점을 살려가면서 경제회복 수준을 넘어 괄목할 만한 경제성장을 이루게 된다. 그러나 다시 21세기 중반부터 과감한 무역자유화 조치와 투자 급증 등의 긍정적 조치를 취하면서 세계경제의 큰 흐름에 참여하지만 예기치 못했던 세계경제 침체의 흐름 속에서 어려움을 겪는다. 높은 인플레와 재정적자 등으로 고통을 겪었으나, 오늘날엔 점차 이를 회복하면서 경제회복과 새로운 성장추세로 전환하고 있다.

특히, 에스토니아는 세계적으로 이미 IT인프라가 구축된 IT강국이며, IT산업이 전체 산업의 선도산업으로 자리매김하고 있다. 수도인 탈린(Tallinm)항 개발 등 물류산업과 관광산업을 전략적으로 육성시키고자 온갖 힘을 기울여가고 있다.

라트비아 또한 전통적인 목재산업에서 벗어나 외국인직접투자(FDI)와 관광산업 부흥, 교역자유화 등 다양한 경제성장 전략을 발빠르게 추진해가는 중이고, 리투아니아도 21세기 들어 민간부문 소비증가, 투자호황, 수출호조 등을 통해 괄목할 만한 고성장을 달성하여 발틱의 '경제호랑이' 로 불리며

박희태 국회의장님을 수행, 북유럽 발트 3국 공식방문 중 7월 8일 리투아니아 수도 빌뉴스에서 안드리우스 쿠빌리우스 총리와 양국 주요 외교현안과 경제협력에 대해 논의하고 있는 모습.

발트3국 중 최대의 경제 규모를 키워가고 있다.

결론적으로 발틱 3국은 러시아로부터 독립한 후 3개국 모두 서구지향적인 자유시장체제의 정책을 경쟁적으로 추진, 경제는 EU경제권 편입, 안보문제는 NATO 가입 및 미국과의 관계강화라는 실용주의 외교노선을 채택하면서 경제와 외교안보의 양대 목표를 비교적 성공리에 추진하고 있음을 확인할 수 있었다. 다만, 유로 존(Euro Zone)가입은 당초 목표대로 이뤄지지 못하고 있으나 가입시기가 문제이지 가입자체는 그다지 어렵게 보이지 않는다.

셋째로, 발트 3국 지도자들의 신념과 열정이 돋보인다. 이번 방문 기회를 통해 미래지향적인 국가지도층의 역할이 어떠해야 하는가를 새삼 절감했다. 발틱 3국 모두의 국가지도자들의 공통점은, 독립한 지 20여년이라는 짧은 역사에 불구하고 지속적인 국가발전의 흐름을 이끌고 있는 중심축에는 젊고 헌신적이며 국민을 위한 열정과 신념이 강한 국가지도자 그룹이 우뚝 서있다는 사실이다.

3개국 모두 고위층 40~50대 젊은 층이 대부분이었으며, 또한 이들은 해외 유학 등을 통해 개방적이고 개혁적인 신념과 정책을 계속 추구하고 있다는 점도 쉽게 발견되는 공통점이다. 또한 정치 체제상으로는 내각제를 기초로 하면서 대통령제 요소를 적절히 가미하여 견제와 균형이라는 국정운영 원리가 작동되도록 하고 있는 사항도 주목할 만한 점들이었다.

특히, 여성들의 주도적 역할과 참여가 두드러져 보였다. 3국 모두 국회의장은 여성이며, 리투아니아의 경우 대통령, 국회의장, 국방 · 재무장관 등의 요직을 여성들이 수행하고 있었다. 대부분 전문분야의 학위를 갖춘 테크노크랫으로 인문사회 분야보다는 의사, 이공계통 전문가라는 점도 눈에 띄었고, 무엇보다 여성이라는 한계에서 벗어나 정부 내에서 적극적이고 실질적인 역할을 하고 있다는 점이 고무적으로 돋보였다.

무엇보다, 그들 모두 검소하고 소박한 집무실과 근무 여건을 보여주고 있고 탈권위주적인 문화와 행태가 몸에 배어 있었다. 라트비아의 젊은 실세 돔브로브스키스 총리(Dombrovskis, 40세)의 경우, 총리 관저에 살지 않고 일반 국민들의 주택가에 이웃처럼 함께 살고 있다는 보좌관의 설명은 인상적이었다.

리투아니아의 그리바우스카이테 대통령(Grybauskaite, 55세)도, 취임 이후 대통령 월급의 50%를 줄곧 정부에 헌납하고 있고 국민과의 실질적인 소통을 중시하는 소신과 정치적 행보로 80%라는 놀라운 국민지지율을 기록하고 있다는 점도 감동적인 대목이었다.

넷째로, 역사, 문화, 환경을 강조하는 정책 기조를 더욱 강화하고 있다는 점도 눈에 띄는 대목이다. 특유의 유럽 도시문화가 발트 3국에서도 그대로 보존되고 있다. 에스토니아 수도 탈린(Tallinm), 라트비아의 수도 리가(Riga), 리투아니아의 수도 빌니우스(Vilnius)는 이미 유네스코 세계문화유산으로 등록될 정도로 고대와 중세, 근대에 걸친 문화유산들이 아름답게 배치되어 있었다. 고딕식, 로마네스크, 로코코, 바로코, 신고전주의 등 다양한 건축양식과 디자인이 역사의 숨결을 간직한 채 다채로운 색상과 문양으로 여기저기 수놓아져 있었다.

특히 자연환경이 부러울 정도로 잘 가꾸어져 있다. 가는 곳마다 끝없이 펼쳐진 들녘과 초원, 소나무 · 전나무 · 자작나무 숲, 이름 모를 들꽃들이 아름답게 시야를 가득 메워준다. 녹색으로 칠해진 넓은 공간 속에 빨려 들어가는 듯하다. 에스토니아의 라헤마 국립공원(Lahema national park), 북유럽

국회의장 공식 외교단의 일원으로 리투아니아 달리아 그리바우스카이테 대통령과 외교협력과 경제교류 확대를 논의하는 모습. 발틱 3국은 여성과 이공계, 젊은 층들이 정부와 국회를 이끌고 있는 모습이 인상적이었다.

최고의 여름휴양지라는 빠르누(Parnu), 라트비아의 유르말라(Jurmala) 해변과 시굴다(Sigullda) 지역, 베르사이유처럼 화려한 룬달래(Rundale) 궁전과 바우스카 성, 리투아니아의 호숫가 트라카의 성, 카우스나스의 구시가지(old town)등 그 자체가 문화유적이고 명소이며 아름다운 풍경으로서 떠난 뒤에도 자꾸만 눈앞에 아른거릴 정도로 인상적인 풍치였다.

또한, 춤과 노래, 영화 · 체육 등 문화 · 체육분야에 대한 관심과 참여도도 높다고 한다. 에스토니아에서 200년 전부터 계속해왔다는 음악축제(song and dance festival)를 참관하면서 깜짝 놀라게 되었다. 10만여 명이 한 자리에 모여 프로그램 별로 며칠 동안 노래와 춤 경연을 통해 스스로 민족의 정체성을 일깨우고 국민적 단합을 추구하는 진지한 모습들이 아주 인상적이었다. 라트비아나 리투아니아도 마찬가지로 춤과 노래가 몸에 배어있고 자연스럽게 생활화되어 있는 듯싶다.

요즘 우리나라 매스컴에서 한참 뜨고 있는 '박칼린' 의 어머니의 고향이 리투아니아인데, 그 민족의 음악 애호성이 그녀에게도 함께 전해오고 있으리라는 판단이 현지에서 더욱 실감나게 느껴진다. 리투아니아의 광적인 농구열기, 김기덕 감독의 <빈집>이란 영화가 상을 받은 적 있는 국제영화제 열기 등도 귀가 따가울 정도로 여러 번 반복해서 들을 수 있었다. 그와 같은 문화 · 체육적 향유로 인해 발트 3국 국민들이 1인당 GDP 1만 5천~9천불의 소득수준을 뛰어넘는 삶의 만족감과 행복감을 갖고 산다는 설명으로 자연스럽게 이해될 수 있었다.

다섯 번째, 한국과의 새로운 우호관계 형성이다. 올해가 발트3국과 수교한지 20주년이 되는 해이지만 아직 공관(대사관) 개설이 안 되어 있는데다, 적어도 우리 정부 고위직이 한 번도 방문한 적이 없었다. 일본의 경우 벌써 2007년 아키히코 천황이 다녀갔고, 발트 3국의 총리나 국회의장도 이미 한국을 수차례 방문한 바 있는 데도 우리 측은 지금까지 외교에 소극적이었다.

혹시 강대국에 약하고 약소국에 강한 모습을 보이거나, 당장 눈앞에 현안이 있지 않으면 찾아 나서지 않는 우리 외교의 한 단면이 여기서도 그대로 나타나지 않는가 하는 씁쓸한 잔상이 남는다.

현지에 와 보니, 그나마 늦게라도 한국정부의 3부요인 중 국회의장에서 이번에 방문한 사실이 다행으로 여겨진다. 더욱이, 에스토니아는 북한과 외

북유럽 발트 3국 순방 이후 일정으로 세계적 디자인 기관인 덴마크의 인덱스(INDEX) 재단을 찾았다. 마침 경남 양산시 나동연 시장 일행을 만나 교류협약식 체결과 함께 기념촬영을 했다. 앞줄 가운데 두 분이 박태 국회의장님과 키그 비드 인덱스 재단 대표, 왼쪽이 나동연 양산시장. 뒷줄 왼쪽에서 두 번째가 필자.

교관계를 아예 트질 않고 오로지 일편단심 한국의 입장을 지지해주고 있다. 라트비아와 리투아니아는 북한과 외교관계를 맺고 있지만 한국의 대외정책에 적극 손을 들어주고 있으니, 우리로선 그저 감사할 일이다. 체제 전환 국가이지만 오랜 우호국 관계였던 북한이 아니라 대한민국을 지지해주니 우리 외교로선 큰 관심과 발길을 자주 내밀어야하지 않나 싶다.

과거 역사의 아픔을 오래 간직하고 있어 정서적으로 통하는 면도 있고, 언어도 우랄알타이어 계통이며, 각 나라별로 200여명의 고려인이 한국인을 조상으로 생각하며 살아가고 있으니 더할 나위가 없다. 경제적인 한국의 날 행사 개최, 대학교에 한국학 강좌개설, 한국문화공연, 젊은 인재들의 상호 교환연수 프로그램 운영 등 할 일이 많아 보인다. 길가에서 만나는 삼성휴대폰, 현대자동차가 아산지역 출신으로서의 자긍심을 갖게 하지만, 민간경제 부문 이외에 정부차원의 다양한 상호 접촉 노력의 필요성이 더욱 절실히 다가온다.

돌아오는 비행기 속에서 이번 여정을 다시 되짚어 가보니, 발트 3국이 우리 외교에 어떤 의미이며 앞으로 어떤 관계를 형성해야 하는지, 발트 해변의 수평선에 떠오르던 붉은 태양처럼 생각이 꼬리를 물고 솟아오른다. 이제, 한국과 발트 3국간의 7500Km라는 공간적 거리는 크게 의식할 필요가 없다. 지구 반대 쪽에 살고 있는 얼굴과 언어도 다르지만 상호 노력 여하에 따라 얼마든지 가까운 친구와 이웃이 될 수 있다는 점을 새삼 확인해 본다.

돌아오는 마지막 여정은 덴마크의 세계적인 디자인 재단 인덱스(INDEX). 인덱스는 2002년 설립된 비영리 디자인 재단으로 '더 나은 삶을 위한 디자인' 을 목표로 활동하며 2년마다 세계 최대규모 디자인 상인 '인덱스 어워드'

를 개최, 세계 문화산업의 주목을 받고 있는 곳이다. 이곳에는 마침 경남 양산시에서 찾아와 인넥스 재단과 교류협약을 체결하는 모습을 함께 할 수 있었다.

10여일 동안 총총한 일정 속에 많은 외국인들을 만나느라 피로감이 누적되었지만, 모처럼 경험한 발트 3국 의원 외교의 보람, 특히 이제 우리 대한민국이 찾아가는 외교에서 한 걸음 나아가 주도적으로 세계의 흐름을 이끌어야 한다는 사명감으로 피로조차 잊은 채 귀국 비행기에 오를 수 있었다.

친구의 나라 캐나다에서 배운다

국회의장단 캐나다 오타와 공식 방문

지난 5월초 제18대 국회 마지막 의원외교를 떠나는 마음은 가볍지 않았다. 충청권 민심의 심판 앞에서 선택의 기로에 서있는 당내 상황과 제18대 국회 마무리 시점에서 산적한 민생현안이 짓누르는 현실. 하지만 의원외교 일정 또한 국회의원으로서 중요한 직무라는 사명감으로 캐나다 오타와행 비행기에 몸을 실었다.

캐나다는 6.25 당시 우리 대한민국을 적극 지원해주었고 지난 60여년간 변함없는 우방으로서, 또 주요 경제교역국으로 우리와 긴밀한 외교통상관계를 이어온 우방 중 하나다. 정의화 국회의장 직무대행의 의원외교단의 공식 일행으로 찾은 캐나다 오타와 국회의사당. 우리는 5월 7일(현지시간) 오후, 노엘 킨셀라(The Honourable Noel A. Kinsella) 상원의장과 앤드루 쉬어(The Honourable Andrew Scheer) 하원의장 등 캐나다 의회 지도자들과 연쇄 회담을 가졌다.

우리 대한민국과 캐나다는 63년 정식으로 수교를 맺은 이래 '특별 동반자

관계(Special Partnership)'를 유지해왔고, 특히 2013년은 한국과 캐나다가 수교한지 50주년이 되는 해이기도 하다. 캐나다 킨셀라 상원의장은 양국 간 협력격상 차원에서 캐나다 동부의 항만 이용 및 인프라 확장을 위한 양국 간 협력을 제안했으며, 우리측 정의화 국회의장 대행은 대한민국의 우수한 기술력과 캐나다의 풍부한 자원을 합쳐 상생할 수 있는 방향을 모색하자는데 합의했다.

또한 한국-캐나다 FTA와 관련해 킨셀라 의장은 양국 간 노동의 이동성을 확보한다는 차원의 필요성을 제기했고 우리측은 현재 중단상태인 한국-캐나다 FTA 협상을 가능한 빠른 시일내에 재개하기를 바란다는 희망을 전달하기도 했다. 뒤이은 쉬어 하원의장과의 회담에서는 최근 장거리 미사일 발사를 포함한 북한의 도발행위 및 열악한 인권상황에 대해, 캐나다 정부 및 의회가 많은 관심을 갖고 우리 정부를 지지해준데 대해 감사의 뜻을 전달했고, 오는 2013년 한국과 수교 50주년을 맞아 한 단계 발전적인 외교관계를 이루어나가자는 상호협력 증진 노력에 합의하기도 했다.

공식 행사 외에 감명 깊었던 일정은 국회의사당 바로 옆에 위치한 한국전 참전기념비 참배였다. 비가 내리는 가운데 우리나라로 말하자면 보훈처장관이 배석한 가운데 정의화 의장대행과 함께한 참배 행사는 가슴을 숙연하게 했다. 공식 기록으로 한국전에 참전한 캐나다 군장병은 모두 2만 6,791명이었고 이중 516명이 전사했다. 놀라운 것은 이곳뿐만 아니라 캐나다 전역에 모두 16곳의 한국전 참전 추모시설이 건립되어 캐나다 국민들이 지금도 잊지 않고 세계평화 수호의 역사를 기리고 있다는 사실이었다.

또 한 가지 부러운 것은 캐나다에서는 보훈업무가 장관급 직제와 직무를

앤드루 쉬어(The Honourable Andrew Scheer) 하원의장단과 회담하고 있는 정의화 의장단 일행. 맞은 편 줄 왼쪽 맨 끝이 필자인 이명수 의원.

수행하고 있다는 점이었다. 우리는 아직 부처보다 한 단계 아래인 청으로 업무를 수행하고 있고 보훈청장도 한 때 장관급이었다가 현재에는 차관급 직제로 직무를 수행하고 있다. 조국과 국민을 위해 몸바친 호국선열을 제대로 대우하고 기리기 위해서는 우리 보훈현실을 되돌아보고 직제와 직무부터 격상시켜야 한다는 평소의 소신을 다시 한 번 되새겼다.

무엇보다 캐나다 의원외교 과정에서 뜻깊었던 감회는 정치를 상징하는 캐나다 국회의사당이 국민들의 따뜻한 사랑을 받고 있고 캐나다 수도 오타와를 찾는 세계의 관광객들의 필수 방문 코스일 정도로 정치가 국민 속에 살아있다는 사실이었다.

캐나다의 수도인 오타와 시가지는 국회의사당의 고딕 양식 건물을 중심으로 공원으로 조성되어 있고 각국 대사관, 박물관, 오타와대학교, 천문대 등 인접해 있다. 영국 빅토리아 왕조 시절 캐나다 수도로 정해진 오타와시는 오타와 강변과 리도(Rideau) 운하를 중심으로 도시가 형성되어 아름다운 경관을 자랑한다. 국회의사당은 전통적인 고딕양식의 건물로 1919부터 1927년 사이에 지어졌으며, 건물의 중앙 시계탑은 제1차 세계대전에서 전사한 캐나다 병사 6만여명의 명복을 비는 '평화의 탑' 으로 명명되었으며 탑 내부 전망대에서는 오타와 시내의 수려한 경관을 한 눈에 볼 수 있다.

하절기인 6월말부터 8월말까지는 매일 오전 10시 전통적인 왕실 근위병 교대식이 열린다고 한다. 매년 5월초부터 9월까지는 이곳에서 오타와의 빛과 소리의 쇼를 관람할 수 있고, 12월초부터 1월초 크리스마스 시즌에는 의사당 주변에 오색 등이 장시되어 아름다운 야간경관을 연출한다고 한다.

우리 국회의사당도 이렇듯 국민은 물론 관광객들에게 사랑받는 명소가 되기 위해서는 우리 국회의원들부터 새로운 몸과 마음으로 국민 속으로 나아가야겠다는 다짐을 새로이 했다. 캐나다 공식방문 일정을 마치고 미국 일정을 향해 떠나는 길에 한국전쟁참전비에 새겨진 문구를 다시 한 번 가슴 깊이 새긴다.

"We will never forget you, brave sons of Canada."

우리 대한민국에도 영원히 잊지 말아야 할 영원한 젊음을 바친 순국선열이 있다. 우리 대한민국이 이 분들을 제대로 기리고 있는가? 또 우리는 그 숭고한 유업을 올바로 이어가고 있는가? 앞으로 제19대 국회에 임하는 나 스스로의 몸과 마음을 숙연히 다져본다.

인류의 비극을 기억하는 나라 미국

의원외교 보고, 미국 뉴욕 종군위안부 기념비 수호 방문

캐나다 의원외교 일정을 마친 국회의장단 일행과 함께 미국행 비행기에 몸을 실었다. 5월 8일부터 10일까지 미국 뉴욕을 방문하는 정의화 국회의장 직무대행을 비롯한 우리 의원외교단 일행은 뉴욕에서 코리아소사이어티 연설을 비롯, 교민 재외동포들과의 간담회, 언론 인터뷰 등의 일정이 예정되어 있었다.

무엇보다 주요관심사는 미국 뉴저지주에 있는 팰리세이즈 파크(Palisades Park, NJ) 일본군 강제위안부 기림비(추모비)를 찾는 일정이었다. 이 기념비는 2009년 4월부터 20여만 명이 넘는 서명운동과 함께 건립이 추진되었고, 2010년 4월 팰리세이즈 파크(Palisades Park) 시의회에서 도서관 앞 부지를 제공하는 결의안이 통과되면서 건립이 본격화되어 그해 10월23일 한인유권자센터 주도로 건립되었다.

하지만 우리가 방문하기 직전인 5월 1일(현지시간) 히로키 시게유키 주미 뉴욕총영사와 나가세 켄수케 정무담당 부총영사가 시청을 방문, 도서관 앞에 건립된 위안부 기림비가 미일 양국 관계증진 프로그램에 중대한 걸림돌이 된다며 철거를 요구했고, 뒤이은 6일에는 일본 자민당 다에모도 나오카츠 중의원 일행이 이곳을 다시 방문, 종군위안부 기림비 철거를 요청하며 그 대가로 벚꽃길 조성을 위한 지원과 도서관 장서 기증, 미일 청소년 교환 프로그램 신설, 시가 추진하는 사업에 대한 거액 투자 등의 제안을 했다.

하지만 제임스 로툰도 팰리세이즈 파크 시장은 기자회견을 통해 위안부 기림비는 전쟁과 인권침해가 반복되지 않도록 하는 교육에 꼭 필요하며 앞으로도 반복될 철거 압력에 굴하지 않을 것, 또 나아가 역사의 진실은 반드시 밝혀져야 하며 전쟁범죄와 같은 잘못된 과거는 재발하지 않도록 기록하고 교육해야 한다는 정치철학을 분명히 했다. 제임스 로툰도 시장은 무엇보다 추모비는 여성과 인권에 관한 문제는 정치나 외교에 우선돼야 한다면서 우리 지역에 추모비가 있는 것을 자랑스럽게 생각한다고까지 밝히기도 했다.

이러한 민간외교의 이면에는 한국계 이종철 팰리세이즈 파크 시의원을 비롯, 한인유권자센터 김동찬 소장님과도 같은 우리 재외동포분들의 뒷받침이 있었기에 가능한 일이었다. 이종철 시의원은 한 걸음 나아가 일본 정부는 이 문제에 대해 우리 시와 협의하기 전에 한국 정부 및 피해자 할머니들에게 먼저 사과해야 한다고까지 주장하여 일본측의 회유를 무색케 했다.

우리 의원외교단 일행은 팰리세이즈 파크(Palisades Park, NJ) 일본군 강제위안부 기림비(추모비)를 찾아 헌화와 묵념을 올렸고 제임스 로툰도 시장에게도 공식 감사의 뜻을 전했다. 이번 기림비 방문은 의원외교단에 내가 제안해 이루어진 방문이어서 더욱 감회가 새로웠다.

"Let us never forget the horros of crimes against humanity."로 시작되는

기립비 비문에는 "1930년대부터 1945년까지 일본 제국주의 정부 군대에 유린된 20여만명의 여성과 소녀들을 기린다. '위안부' 로 알려진 이들은 상상할 수 없는 끔찍한 인권 침해를 당했으며, 우리는 인류에 대한 이 잔혹한 범죄를 결코 잊어서는 안된다" 라고 기록되어 있다.

나는 일본군 강제위안부 기림비에 새겨진 비문의 의미를 되새겼다. 나아가 역사는 반드시 기억되어야 하고, 이는 좀더 나은 우리 다음세대의 미래를 위해서라는 명제를 가슴 깊이 새겼다.

정의화 국회의장 직무대행은 의원외교단을 대표하여 '한반도 평화를 위하여' 라는 주제의 코리아소사이어티 연설을 비롯, 재외동포 교민들과의 간담회, 언론 인터뷰 등의 일정을 통해 북미 의원외교 일정을 마무리했다.

이번 북미 의원외교 일정에서 가장 뚜렷하게 가슴에 새긴 것은 우리 재외동포의 저력과 성장이었다. 머나먼 이국땅에서 온갖 역경을 이겨내고 정치적 역량을 발휘하고 있는 세계 곳곳의 한인사회의 저력은 세계 속의 대한민국으로 나아가는 큰 원동력이 되고 있다는 사실을 새삼 깨닫는 동시에 우리 대한민국이 이들 재외동포들께 조금이나마 권리와 이익을 드릴 수 있도록 노력해야겠다는 다짐을 새로이 했다.

팰리세이즈 파크(Palisades Park, NJ)
일본 종군위안부 기림비에
헌화하고 있는 의원외교단 일행.
왼쪽부터 장병완 의원, 김충환 외교통상통일위원장,
그리고 필자 이명수 의원.
(사진, 뉴욕총영사관 제공)

독일 통일의 교훈과 시사점

오늘 우리 대한민국은 분단된 한반도 통일을 어떻게 준비하고 어떻게 이루어내야 하는가? 지난 7월 31일부터 8월 5일까지 평화문제연구소에서 주관한 독일 한스자이델 재단(Hanns Seidel Foundation)초청 독일 통일 견학 프로그램에 참여하면서 끊임없이 던진 질문이다.

갈등과 처벌에 우선해야 할 협력과 화해의 프로그램

독일 도착 후 첫 일정은 구동독 독재청산재단(Bundesstiftung zur Aufarbeitungder SED-Diktatur)에서 시작되었다. 현재 구 동독 국방장관 출신인 라이너 에펠만(Rainer Eppelmann) 이사장과 안나 카민스키(Anna Kaminsky) 사무총장 중심으로 직무를 수행하고 있었다.

과거사 청산은 통일 독일의 몰수재산 처리, 통일 독일의 반법치 국가적 가해자 처벌, 통일 독일의 구동독 독재정권 피해자 명예회복 및 보상 조치, 통일 독일의 과거사 재조명 및 구동독 재건 등의 임무를 수행하고 있었다. 주목할 점은 초기 활동이 구 동독 반통일세력과 범법자의 강경한 처벌 위주로 진행되었으나 시간이 흐를수록 화해와 화합을 모토로 활동을 전환하고 있다는 점이다. 이는 우리가 어떠한 방식으로든 통일에 직면했을 경우 과거사 청산으로 분열과 갈등을 일으키기보다는 화합과 화해를 대전제로 해야 한다는 교훈을 시사한다.

구동독 독재청산재단(Bundesstiftung zur Aufarbeitungder SED-Diktatur) 안나 카민스키(Anna Kaminsky) 사무총장. 사진은 지난 2009년 4월 국회를 찾아 '독일통일과 독재청산' 이란 주제 간담회 모습이다. 사진은 권영세 의원실 제공.

과거 청산의 가장 상징적인 곳이 슈타지(Stasi ; Staatssicherheit), 즉 국가안전부, 또는 국가보위부에 해당하는 곳으로 구 동독 시민들을 억압하고 고문했던 기관이었다.

베를린 장벽이 무너지던 1989년 11월 9일 이후 1990년 1월 11일 슈타지의 해체가 공식 선언되기까지 2개월여 동안 슈타지는 구 동독의 몰락을 상징적으로 보여주었고 1월 15일 동베를린에 있던 슈타지 본부가 시민들에게 점령당하면서 슈타지의 역사는 막을 내리게 된다. 역설적이게도 슈타지가 급격히 시민들에게 장악되면서 대부분의 기록과 문서는 소각되거나 소실되지 않고 보존되어 현재 BStU(연방국가 안전부 기록물보존소)에서 관리되고 있으면서 과거청산의 중요한 자료로 활용되고 있다.

역사적인 기록의 보존과 활용은 새로운 역사를 향하는데 중요한 단서라는 교훈을 얻을 수 있는 대목이었다. 우리가 과거 친일잔재 청산에 실패하면서 오늘날까지 반목과 갈등의 요인으로 작용하고 있다는 점을 감안할 때, 앞으로 통일 과정에서도 분단의 역사를 정리하고 청산하는 데는 기록의 보존과 올바른 활용이 중요함을 시사하고 있다.

천문학적인 독일 통일 비용, 우리는 준비하고 있는가?

다음은 독일연방의회와 독일연방정부 재무부 방문으로 이어졌다. 그곳에서 주로 얻을 수 있었던 것은 독일 연방 정부 차원에서 독일 통일 과정에서 소요된 이른바 '통일비용' 이었다. 기채, 세금인상, 보험요율 인상, 재정조정 등의 몇 가지 방법이 있으나, 주로 통일세, 일명 '연대특별세(solidarity surcharge, 5.5%)' 를 통해 지금까지 통일비용을 충당해왔고 앞으로 2019년까지(한시법) 이 세원으로 통일비용을 충당할 계획이다.

독일 연방정부에서 소위 통일비용으로 2005년까지 약 1조 5000억 유로 규모의 재원을 지출한 것으로 추정되고 있으며, 이후에도 통일연대협약(Solidarpakt Ⅱ)에 의거, 2005년부터 2019년까지 총 1565억 유로를 구 동독 재건을 위해 집행중이었다. 한화로 환산하면 2300조원에 이르는 비용이고 우리 정부 예산이 연 300조 정도라는 점을 감안하면 2019년까지 우리 정부 예산의 약 10여년 치에 해당하는 막대한 비용이 통일비용으로 들어가는 셈이다. 여기에 재정조정제도를 통한 지방자치단체 차원의 바이에른 주의 동독지역 지원 등 간접비용까지 환산하면 천문학적인 예산을 통일비용으로 지불하고 있는 실정이었다.

재정 투입의 주된 목적은 동서독 간 경제발전의 격차를 균등화하는 것이었으며 이를 통해 동 · 서독 지역 간 경제격차가 완화되는 등 긍정적인 성과를 거두었다는 평가도 있으나 양 지역 간 동등화를 이루기 위해서는 아직도 상당한 시일이 소요될 것이라는 것이 중론인 실정이다. 구 동독지역 경제 불균형의 주된 이유는 젊은 층들이 구 동독 지역을 떠나고 지역의 인구가 고령화되면서 상대적으로 구 동독 지역의 산업과 경제가 낙후되고 있다는 점에서 찾을 수 있다.

특히, IFO경제연구소(드레스덴)의 라그니스 박사(Dr. Joachin Ragnitz)는 동서독의 경제적 통합과 관련하여 동 · 서독 화폐의 1:1 통합, 동독 국영기업의 민영화과정을 상세히 설명하면서 한국에서도 이 부분에 대한 충분한 준비가 필요함을 강조하였다. 우리 대한민국이 통일에 대비할 경우 낙후된 북한지역의 산업과 경제를 활성화할 수 있는 구체적인 개발방안과 남북 균형발전의 문제를 심도있게 계획하고 준비해야 한다는 교훈을 얻을 수 있었다.

한 가지 분명한 것은 그렇다고 해서 분단이 통일보다 현명한 선택은 아니라는 점이다. 이러한 엄청난 재정부담에도 불구하고 한스자이델재단 관계자나 독일정부의 공식적인 입장은 "통일 비용 부담보단 분단 비용이 더 비싸다"라는 것이다. 독일의 통일이 예상보다 급작스러운 사태의 진전으로 다가왔다는 점을 고려한다면 우리나라의 경우에는 지금부터라도 더욱 치밀하고도 단계적으로 통일비용을 준비할 필요성을 절감하게 된다.

우리나라에서도 지난 2010년 현 정부가 통일세를 제안한 적이 있지만 정확한 계획과 프로세스를 전제로 하지 못했다는 점에서 감상적인 제안이라는 평가를 받았다.

구동독의 낙후 딛고 일어선 지역균형발전 사례, 드레스덴

다음으로 찾은 곳은 독일의 실리콘밸리로 일컬어지며 통일 후 가장 성공적인 발전을 이룬 구 동독 도시 드레스덴이다. 드레스덴은 약 1시간 30분 거리의 라이프찌히와 함께 독일 통일의 성지로 기록되고 있는 곳이기도 하다. 라이프찌히는 세계적 문호 괴테, 철학자 니체를 배출한 곳으로도 유명한데 이곳의 성 니콜라스교회(Nikolaikirche)는 독일통일의 불씨가 된 평화적 촛불시위가 시작된 곳이며, 이 불길이 1989년 12월 19일 드레스덴의 동서독 총리 회담으로 이어져 라이프찌히와 드레스덴은 독일 통일의 상징적인 도

東獨 개혁운동 거점은 聖堂

反體制 옥내집회뒤 거리로

言論서도 黨비판보도 시작

在野단체 「新광장」 리더 얼굴 드러내

東獨 라이프찌히 시민들이 聖니콜라스 성당 밖에서 개혁을 요구하며 야간 시위를 벌이고 있다.

1989년 10월 독일통일의 시발점으로 기록되고 있는 라이프찌히 성 니콜라스교회(Nikolaikirche)의 시위를 소개하고 있는 당시 동아일보 보도기사. 당시만 해도 우리는 정말 독일이 통일될 수 있을까 하는 의문을 가졌었다.

시로 기억되고 있다.

독일 동부 체코와 폴란드 접경지역 작센 주의 주도 드레스덴은 첨단과학 기술 산업을 유치해 유럽의 대표적 과학비즈니스 도시로 떠오르며 '실리콘 색스니' (실리콘 밸리와 작센 주의 영어명 색스니의 합성어)라는 신조어를 만들어내고 있다.

드레스덴은 '엘베강의 베네치아' 라 불릴 정도로 문화와 유적이 아름다운 고도로 근대 이후 문화와 상공업의 중심지로 번창했던 곳이다. 하지만 제2차 세계대전 말인 1945년 연합군의 융단폭격을 받으며 시가지 대부분이 초토화되고 수만 명이 목숨을 잃는 아픔을 겪었다. 이어 들어선 구 동독 정권하에서 산업 중심지로 자리 잡았으나 전쟁의 상흔을 복구하지는 못했다.

통일 직후에도 드레스덴의 상황은 다른 구동독 도시와 크게 다르지 않았다. 동서독 화폐의 일대일 교환으로 물가가 치솟았고, 실업률은 20%에 육박했다고 한다. 하지만 오늘날 드레스덴은 연방정부와 주정부, 시의 적극적인 기업 유치 전략으로 지멘스, 폴크스바겐, AMD, 인피니온 등 쟁쟁한 업체와 대학, 연구소가 들어섰다. 우리나라로 말하면 산학연 클러스터의 모범적인 시스템을 성공적으로 구축했고 정보기술(IT) 부문 유럽 1위, 기계부품과 나노소재 부문 독일 1위의 첨단과학기술도시로의 변신에 성공했다. 나아가 생명공학과 그린에너지 분야에서도 연구개발 역량을 키우며 세계에서 손꼽히는 동유럽 첨단산업기지로 거듭나고 있다는 평가를 받고 있다.

드레스덴 인구는 통일 이후 1999년 47만7000명까지 줄어들었다가 다시 50만명을 넘어섰고 2020년에는 53만여 명에 이를 것으로 전망되고 있다. 수많은 구 동독의 다른 도시들이 도시 정비를 통해 통일 전에 비해서 삶의 수준이 높아졌음에도 일자리 때문에 주민이 감소하는 것과는 대조적이다.

드레스덴은 우리 통일전략에 있어서도 북한의 지역적인 특성을 감안, 산업적인 측면에서 적절한 광역경제권 구상을 준비하여 균형적인 개발과 발전을 도모해야 함을 시사하고 있었다. 특히 남북한 접경지역의 특성화된 개발, 중국과 러시아 접경지역의 국제산업권역 개발과도 같은 중 · 장기적인 구상을 준비해야 구 동독 지역이 겪었던 침체와 낙후를 빠른 시간 내에 회복할 수 있는 통일프로그램이 가능함을 시사한다고 하겠다.

통일시대 비무장지대 개발 시사하는 뫼들라로이트

다음으로 찾은 곳은 뫼들라로이트(Moedlareuth)라는 작은 소도시로 튀링겐 주와 바이에른 주 사이에 동서독으로 나뉘어졌던 작은 마을이다. 우리나라 휴전선 비무장지대(DMZ)의 대성리와 기정동 마을과도 비교할 수 있는 곳으로 지금도 지뢰매설 흔적과 장벽, 철책이 보존되어 있고 분단의 현장에는 '경계선박물관(Grenz museum)이 역사를 증거하고 있었다. 현재 이곳은 다양한 생물을 보존, 관리하는 녹색 띠 지역인 그뤼네스 반트(Grunes Band)로 보존, 관광자원으로 활용하면서 세계인의 발길을 모으고 있었다.

이에 비해 우리 비무장지대(DMZ)는 통일이 될 경우 더욱 잠재력이 풍부한 평화와 생태의 보고로 개발할 수 있음을 시사한다. 155마일의 군사분계선을 중심으로 형성된 비무장지대는 60여년이 넘도록 희귀 동식물이 서식하는 생물다양성의 보고이자 통일한국의 화해와 평화를 상징하는 공간으로 디자인이 가능하다. 또한 비무장지대는 역사적으로 고구려, 신라, 백제의 영토분쟁의 유적들이 임진강 중심으로 밀집되어 있고, 철원 중심으로 태봉국 도

성 유적이 있으며 곳곳에 역사적 사건과 신화, 또 전설이 전하는 사적의 보고라는 점에서 독일 통일의 유서를 간직한 뫼들라로이트(Moedlareuth) 못지않은 생태와 평화의 메카로 가꿀 수 있다는 생각이다.

나아가 통일한국의 미래에 비무장지대(DMZ)에는 세계평화기구, 자연생태보호기구, 세계문화유산보존기구 등을 유치하여 세계적인 평화생태공원이 되도록 가꾸어 나가는 한편, 평화와 자연을 사랑하는 세계인과 세계의 젊은 예술가들이 함께 어울릴 수 있는 청정 생태문화공간으로 만들어야 한다는 생각을 하게 된다.

독일 통일의 숨은 노력, 주도면밀한 외교적 협상력

제2차 세계대전 직후 나찌 전범재판의 유서를 간직한 뉘른베르크에서 하룻밤을 보낸 후 마지막 일정으로 찾은 곳은 뮌헨대학이었다. 뮌헨대학의 굼펠 교수와 킨더만 교수를 만나 독일통일에 대한 종합적인 교훈을 정리할 수 있었다. 특히 정치학을 전공한 고트프리트 카를 킨더만 교수는 한국에도 여러 번 찾아 독일 통일을 모델로 한국의 통일정책에도 영향력을 가진 전문가로도 유명하다.

뮌헨대학에서 얻은 첫째 교훈은 정보력의 중요성이었다. 독일은 급삭스런 통일과정에서 과거 동독에 대한 서독의 정보가 여러 측면에서 정확하지 않았다는 점을 강조했다. 서독 정보기관에서 파악하고 있던 것보다 동독 국민들의 경제는 심각할 정도로 어려웠고, 통일진행과정과 통일 이후에도 이러한 부정확한 정보에 바탕해 통일프로그램을 추진하는데 상당한 어려움과 소모적인 비용을 낭비할 수밖에 없었다는 점은 통일과정에서 정보의 정확성이 얼마나 중요한지를 깊이 새길 수 있었다.

두 번째 교훈은 통일을 위한 주변 국가들에 대한 외교적 노력이었다. 킨더만 교수는 독일 통일의 주요 동인을 동독에서의 무혈시위와 미하일 고르바초프(Mikhail Gorbachev) 전 소련 대통령의 개혁 개방 정책을 꼽았다. 그는 한 나라의 운명은 인접 국가와 얼마나 국제관계가 좋은가에 따라 정해진다는 점을 강조하면서 당시 소련에 대한 서독 헬무트 콜(Helmut Kohl) 수상의 주도면밀한 외교적 노력을 높이 평가했다.

당시 소련은 장벽이 무너졌을 때 무력진압을 명령할 수도 있었는데 콜 총리는 구 소련에 차관 제공, 동독 주둔군 철수 비용 부담 등을 협상함으로써 독일의 평화적 통일에 결정적인 외교력을 발휘했다는 평가를 했다. 또한 콜 총리를 중심으로 겐셔 장관을 비롯한 서독 정부는 동서독 사이의 외교적 협상뿐만 아니라 미국, 소련, 영국, 프랑스 등 2차대전 당시 승전 4개국이 참가한 2 +4 협정에서도 독일 통일을 위한 재정적 외교적 협상력을 발휘했고 마침내 독일 통일의 긴박한 과정을 화해와 협상으로 성취했다고 평가했다.

공식적인 외교 기록에 의하면 1990년 7월 콜 총리와 고르바초프 대통령은 러시아 카우카수스에서 만났고 콜 총리는 소련으로부터 통일된 독일이 완전한 주권을 보장받는다는 약속과 NATO 소속 여부에 대해서도 주권을 인정받은 것으로 기록되고 있다. 이후 1990년 11월 고르바초프 대통령은 독일의 본을 방문, 소련과 통일 독일은 선린관계를 유지하며 상호원조와 협력관계에 대한 조약과 더불어 경제, 산업, 학문, 기술 등 전반적인 상호협력과 발전에 대한 조약에 서명함으로써 외교적으로도 완벽한 통일을 단기간 내에 이루어내는 성과를 이루었다.

오늘 우리의 남북 통일을 위해서도 6자 회담을 비롯한 주변 이해당사국과의 외교적 노력은 아무리 강조해도 지나치지 않다. 특히 아직까지 경제적으로나 외교적으로 북한에 막대한 영향력을 갖고 있는 중국과의 통일외교는 당사국인 북한 못지 않게 중요하다는 점을 시사한다고 할 수 있다.

남북통일, 동북아와 환태평양 평화와 협력의 열쇠

이번 동독 통일 연수프로그램에서 얻은 교훈은 단지 독일 통일에 관한 점만이 아니었다. 한스자이델 재단의 활동에서 볼 수 있듯이 22년이 경과한

한스자이델재단 초청 독일통일 과정 연수과정에서 얻은 가장 큰 교훈은 철저한 대비를 해야 한다는 점이었다. 독일의 통일은 갑작스레 왔으며 아직 진행형이다. 사진은 1990년 헬무트 콜 총리의 조기 통일방안을 지지하는 동독 주민들의 모습. 사진은 평화문제연구소 제공.

독일 통일을 현재진행형으로 국제사회의 협력과 민간 홍보에 나서고 있다는 점에서 통일 이후의 미래에 대해서 더욱 지속적이면서도 긴밀한 노력이 필요함을 실감할 수 있었다.

나아가 한스자이델 재단이 분단국가인 우리 남북관계에 있어서도 깊은 관심과 영향을 미칠 정도로 긴밀한 노력을 하고 있다는 사실을 확인하는 계기가 되었다. 구체적으로 통일관련 독일 연수 지원, 경기도와 강원도 등 지방자치단체 차원의 협력을 통한 남북 접경지역 사업 지원, 북한인권 관련 사업 지원과 남북 관련 단체와의 협력사업, EU-북한 간 무역 역량강화 사업 등 남북을 막론하고 한반도 평화유지와 상호협력에 적극적으로 나서고 있다는 점은 당사자인 우리가 얼마나 통일에 대한 노력을 하고 있는지 반성하게 해주는 계기가 되기에 충분했다.

되짚어보면 남북통일과 한반도 평화의 미래는 결코 순탄치만은 않을 것으로 예측된다. 막대한 비용과 문화적 충돌과 갈등도 넘어서야 한다. 나아가 남북통일과 한반도 평화가 동북아와 태평양의 상생과 협력의 미래에 중요한 전기라는 인식 아래 더욱 역동적인 노력이 요구되는 역사적이면서도 인류사적인 과제라는 점을 되새기게 된다.

5부 경쟁이 아름다운 세상

새 학기 '작심삼일 칠전팔기' 성공법

수능, 그리고 '경쟁이 아름다운 교육'

우리 수험생들의 노력과 열정에 힘찬 박수를!

우리 어린이 청소년의 창의적인 겨울방학을 소망하며

그리운 헌 책방 순례

'365일 어린이위원회'를 제안한다

제5부

경쟁이 아름다운 세상

우리 어린이와 청소년들의 눈빛을 마주할 때마다 다짐합니다. 승자와 패자가 손잡고 격려하며 협력하는 아름다운 경쟁. 시험과 성적의 굴레에서 벗어나 저마다 타고난 창의력과 잠재력을 마음껏 키우고 발휘할 수 있는 세상. 그리하여 오늘 갈등과 반목의 대한민국을 상생과 협력으로 바꾸며 대한민국이라는 이름 아래 하나되는 내일. 우리 어린이와 청소년들이 살아갈 아름다운 미래 대한민국을 꿈꾸어 봅니다.

새 학기 '작심삼일 칠전팔기' 성공법

새해 우리 가정에서 가장 큰 소망은 무엇일까요. 아마 어느 부모든지 자녀분들이 잘되기를 바라는 소망이리라 생각됩니다. 우리 학부모님들과 어린이 청소년들에게 한 학년을 마무리하고 새 학년을 준비하는, 어쩌면 일생을 결정할지도 모를 가장 중요한 시기입니다. 졸업을 하고 상급학교 진학을 준비하는 때도 지금이고, 초조하게 입시 결과를 기다리며 새로운 출발을 준비하는 때도 바로 요즘입니다.

오늘 우리 아산에 가장 부족한 것이 교육과 문화 인프라라는 학부모님들의 지적에 전적으로 동감하면서 소신을 다해 보다 선진적인 교육환경 조성을 위해 노력하고 있습니다. 하지만 한편으로 이러한 외적인 여건을 만드는 일과 더불어 우리 부모님들이 가정에서 함께 할 수 있는 성공 학습법을 토론도 하고 고민도 해왔습니다.

지난 봄 온양과 배방, 탕정 등에서 창의적인 학습법, 또 진로지도 세미나를 수차례 참여하면서 교육전문가 분들과 공감한 성공 학습법이 있었습니다. 바로 '21일 법칙' 이라는 학습습관 성공방법입니다. 교육학습법 전문가인 미래지식연구소 정철희 교수가 예일대를 비롯한 선진사례를 모델로 보급하면서 큰 호응을 얻고 있는 이론이기도 합니다.

'21일 법칙' 은 사람의 생체시계가 교정되는 데는 최소한 21일이 소요된다는 과학적 연구결과에 바탕하고 있습니다. 현대 뇌과학에서는 생각이 대뇌피질에서 뇌간까지 내려가는데 걸리는 최소한의 시간이 바로 21일이며 그 기간 동안 습관을 반복해서 사고가 뇌간까지 내려가면 그때부터는 심장이 시키지 않아도 뛰는 것처럼, 의식하지 않아도 습관적으로 행하게 된다는 것입니다.

세미나에 참여해주신 교육전문가 분들과 우리 어린이와 청소년들의 올바른 자기주도 학습법을 토론하고 정리하면서 이러한 '21일 법칙' 에 '작심삼일(作心三日) 칠전팔기(七顚八起)' 라는 이름을 붙였습니다. 한 번 마음 먹으면 사흘은 가니 이를 7번 실패하면서 반복한다면 22일째에는 새로운 습관, 새로운 학습법을 만들 수 있다는 요지였습니다.

저또한 개인적인 경험을 되돌아보았습니다. 전기 대학입시에서 좌절하고 후기입시에 성균관대에 진학하면서 제 공부방법을 되돌아보았고, 아침 5분 메모 습관을 새로 시작했습니다. 아무리 바빠도 아침에 5분은 시간을 내서 하루 수강과목, 또 스스로 해야 할 일들은 반드시 메모하고 하루를 보낸 후 잠들기 전에 이를 점검하고 반성하는 방법이었습니다. 이러한 습관은 제가 행정고시를 공부할 때에도 공직 틈틈이 석박사 과정을 공부할 때에도 효과적인 성공학습법이었다는 생각입니다.

저 자신을 돌아보면서 우리 아이들과 함께 보낸 성장과정도 되돌아봅니다. 공직에 있을 때나 정치인으로 살아가는 지금이나 늘 아이들과 함께 보낼 시간이 없어 미안하기만 한 아비였지만 초중등 시절만큼은 어떡해서든 우리 아이들과 함께 하는 시간을 가져야겠다고 결심했습니다. 그래서 궁여지책으로 생각해낸 것이 아침시간에 함께 책을 읽거나 공부를 돕는 방법이었습니다. 처음 아침에 아이들을 깨울 땐 미안하기도 하고 또 저부터 귀찮기도 했습니다. 하지만 습관이 되자 아이들과 함께 즐거운 아침을 시작할 수 있었고 지금도 조금이나마 아이들과의 소중한 추억으로 남아 있습니다.

또 한 가지 주일 함께 보내기였습니다. 아무리 공무로 바빠도 일요일만큼은 아이들과 복지시설을 찾아 봉사도 하고 공감의 시간을 가지려 노력했습니다. 공부도 중요하지만 누군가를 배려하고 헌신하는 삶보다 더 중요한 교육은 없다는 생각에서였습니다. 그래서 저희 연배에서는 드물게 골프를 못 배웠지만 오히려 작은 보람으로 남아있습니다.

끝으로 그러면 무엇을 목표로 아이들과 함께 할 것인가 하는 것입니다. 저는 개인적으로 살아가는데 있어 무엇보다 중요한 것은 타인, 또는 사회적인 시선보다 자신의 신념과 기준으로 스스로 좋아하는 일을 찾고 선택하도록 도와야 한다는 생각입니다.

예일대 소속 한 연구소는 예일과 하버드 졸업생 1,500명의 졸업 후 직업과 사회생활을 통한 성공여부, 그리고 재산 성취에 대해 20년간 추적 조사했습니다. 그 결과 1500명의 졸업생 중 83%가 좋아하는 일보다 연봉이 높은 직업을 선택했고, 17%만이 연봉보다는 스스로 좋아하는 일을 선택한 것으로 나타났습니다. 하지만 20년 뒤 백만장자 반열에 오를 정도로 성공한 101명 중 100명은 연봉보다 자신이 좋아하는 일을 선택한 사람이었고, 자신이 좋아하는 일보다 연봉을 택한 사람은 단 한 명뿐이었습니다.

이러한 연구결과를 돌아보면서 지난 봄 교육세미나에서 우리나라 최고의 명문대를 거쳐 인문학 분야의 권위자로 활동하시는 교수님의 특강 내용이 생각납니다.

"지지자(知之者) 불여호지자(不如好之者), 호지자(好之者) 불여낙지자(不如樂之者)." - 논어(論語) 옹야편(雍也篇). 즉 알기만 하는 사람은 좋아하는 사람만 못하고, 좋아하는 사람은 즐기는 사람만 못하다는 공자의 말씀입니다. 우리 아이들이 정말 잘돼서 행복한 미래를 열어가는 길, 그것은 바로 스스로 좋아하는 일을 찾아 행복하면서도 풍요롭게 사는 모습이 아닐까 생각합니다.

이러한 소망과 더불어 오늘 사교육과 입시에 찌든 교육현실 속에서 고통받고 있는 우리 젊은 삼십대와 사십대 학부모님들과 머리를 맞대고 부조리한 우리 교육현실을 바로잡고 우리 아산지역에 부족한 교육 인프라 확충을 위해 더 열심히 노력해야겠다는 다짐을 신년 각오로 굳게 세워봅니다.

수능, 그리고
'경쟁이 아름다운 교육'

이제 곧 수학능력시험과 대학입시의 계절입니다. 우리 아산의 후배들이 평소 공부한 실력을 십분 발휘해서 노력하고 소망해온 만큼 값진 성과를 거두기를 바라는 마음입니다. 아울러 우리 어린이와 청소년들이 좀더 자유롭고 창의적으로 공부하며 꿈을 펼칠 수 있는 우리 교육의 나아지는 모습을 그려봅니다.

"진실을 추구하는 것이 공정할 수 있는가? 미래를 설정하기 위해 과거를 잊어야 하는가? 과학적 진실은 위험한가? 역사가의 역할은 심판을 내리는 것인가? 예술은 규칙을 필요로 하지 않는가? 행복의 여부는 우리에게 달려 있는가?"

마치 대학 졸업논문의 논제를 연상하게 하는 이 문항들은 올해 6월로 시행 202년을 맞았던 프랑스의 대학입학자격시험 바칼로레아(Baccalaureate)의 인문계열과 상경계열, 그리고 이공계열 수험생들이 치렀던 철학논제들이었습니다. 프랑스 국민들은 바칼로레아 시험이 치러지는 날이면 이러한 철학문제를 놓고 진지하게 프랑스가 나아가야 할 길을 함께 생각해보면서, 시험이 끝나고 거리로 쏟아져 나온 수험생들을 격려하며 어느 정도의 일탈 행위도 너그럽게 보듬어 준다고 합니다.

바칼로레아는 전 세계적으로 공인받고 있는 대학입학 자격시험인 'IBDP(International Baccalaureate Diploma Program)', 즉 '세계 표준 고교 교육과정'의 모델이기도 합니다. 예를 들어 우리 수능이나 미국의 대학입학 자격시험인 SAT(Scholastic Aptitude Test)는 유럽을 비롯한 다른 나라에서 공인해주질 않지만 IBDP 만큼은 세계 대부분의 대학에서 공인해주는 대입 자격 인증제도입니다. 우리나라에서도 십여 개 이상의 국제학교와 일부 외고에서도 이 교과과정과 평가방식을 도입하고 있습니다.

바칼로레아나 IBDP의 요체는 읽고 쓰고 말하고 토론하는 교과 과정과 평가방식입니다. 정답은 정해져있지 않고 핵심은 논리적 사고입니다. 저는 오랜 공직생활을 해오는 과정에서 논리적 사고와 토론, 또 논리적 대화와 글쓰기의 중요성을 누구보다 잘 알고 있습니다. 그래서 우리 공직 선발제도에도 2004년부터 PSAT(Public Service Aptitude Test)라는 논리적이고 창의력을 평가하는 제도를 행정고시에서부터 도입했고 외무고시, 나아가 공직시험 전반에 확대해가고 있습니다. 역시 핵심은 언어논리를 비롯한 창의적인 독해능력과 자료분석 능력에 대한 평가입니다.

세계는 논리적 사고에 바탕한 창의력을 키우는 교육을 지향하고 있는데 우리 초중고 교육은 아직 오지선다형으로 상징되는 주입식 교육에 머물러 있습니다. 이러한 문제점을 교육과학기술부에서도 잘 알고 있고, 그래서 수많은 반발을 무릅쓰며 지난 해부터 전격적으로 시행하고 있는 교육과정이 창의적 체험활동과 이에 바탕한 자기주도학습전형, 또는 입학사정관전형 등과 같은 새로운 입시제도입니다. 아마 급작스럽게 시행되는 바람에 우리 일선 교육현장의 선생님들이나 학생, 또 학부모 여러분의 우려도 크고 부담과 부작용도 적지 않은 것으로 알고 있습니다.

이러한 혼란에 조금이나마 도움을 드릴까 하여 지난 봄, 교육전문가 분들에게 도움을 텅해 온양과 배방, 탕정 등 세 차례에 걸쳐 우리 아산의 학생과 학부모님들을 대상으로 교육세미나를 개최하기도 했습니다. 홍보나 인식이 부족한 때문이었는지 참석하신 분들은 예상에 못미쳤지만 막상 세미나에 참여하신 학생들과 학부모님들의 관심과 질문은 뜨거웠고 보람을 찾을 수 있었습니다.

이제 우리 교육 현장도 변화할 때가 되었고 변화해야 합니다. 그리고 그 중심에는 우리 학생과 학부모님의 소망과 꿈이 확고히 자리잡아가야 한다는 신념입니다. 최근 우리 아산시민 여러분의 단합된 힘으로 이뤄낸 배방고등학교나 장재초등학교 신설과 같이 눈에 보이는 교육환경을 확충하는 일도 중요합니다. 하지만 더욱 중요한 것은 우리 아산의 어린이와 청소년들이 서울을 비롯한 대도시 못지 않은 수준 높은 교육의 질을 누려야 한다는 점입니다. 나아가 장기적인 안목으로 프랑스 바칼로레아와도 같은 교육풍토와 인프라를 조성해야 합니다.

수능이 가까워지면 수험생뿐만 아니라 우리 어린이와 청소년들을 자녀로 둔 모든 학부모님들의 걱정도 커지곤 합니다. 우리 수험생 뿐만 아니라 모든 학부모님들께 우리 어린이와 청소년들이 즐겁게 공부하고 아름다운 경쟁을 통해 진정 자신만의 창의적인 미래를 가꾸어나아갈 수 있는 소망으로 우리 학부모님들의 걱정스런 마음을 조금이나마 함께 나누고 싶습니다.

지난 봄 창의교육을 주제로 특강을 해주셨던 교수님 한 분의 강의 한 대목이 생각납니다.

예부터 변함없는 진리 중 하나가 '즐거운 공부' 라는 생각입니다. 우리 청소년과 어린이들이 즐겁게 공부하고 자유롭게 미래의 꿈을 펼쳐갈 수 있는 내일을 모든 아산인들과 함께 소망해봅니다.

우리 고향 어린 후배님들이 국회를 견학할 때마다 반가운 마음과 함께 우리의 교육이 체험 중심의 창의적인 방향으로 나아가기를 염원하며 내가 할 수 있는 일을 찾아 노력한다. 사진은 우리 아산 북수초등학교 어린이들이 국회 견학 모습.

우리 수험생들의 노력과 열정에 힘찬 박수를!

지난 주말 아산 곳곳의 여러분들을 찾아뵈면서 적잖은 화제가 대학입시와 수학능력시험이었습니다. 교회에서도, 또 법당이나 성당에서도 어둠을 밝힌 촛불 아래 수험생을 자녀로 둔 학부모님들의 간절한 염원과 소망을 만나뵐 수 있었었습니다. 종교는 달라도 오직 한 가지 소망, 바로 우리 수험생들의 합격과 잘되기를 바라는 부모님들의 기도였습니다.

저또한 우리 학부모님들과 한 마음으로 우리 아산의 후배님들이 평소 밤을 잊고 공부한 실력을 십분 발휘하여 소망하는 대학에 합격해서 꿈꾸어온 미래를 열어갈 수 있기를 간절히 기원합니다.

저는 무엇보다 우리 후배 수험생 여러분들께 '실패를 두려워 하지 말고 최선을 다하라' 는 격려를 해주고 싶습니다. 최선을 다하고도 실패를 한다면 멀지 않아 실패를 거울삼아 성공할 수 있는 값진 보람을 찾을 수 있을 것입니다. 저또한 전기 대학입시에서 실패하고 후기 대입전형에서 합격한 후 실패를 거울삼아 대학 시절 행정고시에 합격하는 결실을 거둘 수 있었습니다.

저는 또 우리 학부모님들께도 우리 수험생 여러분들에게 칭찬과 격려로 소망하는 성과를 거둘 수 있도록 배려해달라는 말씀을 드리고 싶습니다. 저희도 청소년 시절 경험했지만 자신을 믿어주고 격려해주시는 어르신들께 보답드리고자 하는 마음이 보다 값진 성과를 거둘 수 있었던 추억을 간직하고 있습니다. 제겐 제 뒷바라지를 해주신 할머님의 주름진 손과 얼굴이 저를 더 열심히 공부하게 해주었던 기억이 있습니다.

이제 며칠 후면 우리 수험생들의 대학 선택과 합격 여부를 결정할 수학능력시험이 치러집니다. 저는 이때만 되면 15년 전쯤 보았던 신문기사 하나가 떠오르곤 합니다. 지방의 한 아파트 공사 현장의 막노동판에서 작업복을 입고 다른 근로자들의 축하를 받던 한 청년의 모습입니다. 스물다섯 살의 그 청년은 가난과 싸우며 막노동을 하면서 고등학교를 졸업한 후 5년여 동안 도전한 끝에 서울대 법대에 수석으로 합격했다는 기사입니다. 아마 지금 마흔의 나이가 되었을 그 분은 우리 사회를 이끄는 위치에서 변함없이 새로운 목표에 도전하고 있을 것으로 믿습니다. 저는 우리 수험생 여러분들이 그때 그 분을 본받아 단기간의 성과에 눈멀지 않고 인내와 노력으로 반드시 자신이 목표한 바 꿈을 이루어 가기를 간구하는 마음입니다.

지난 주 한 모임에서 의료계에 세신 분들과 우연찮게 수험생들의 몸가짐과 마음가짐에 대해 깊이 얘기한 적이 있었습니다. 우리 수험생들에게 가장 중요한 것은 평상시와 같은 건강상태와 성취하고 도전하고자 하는 마음가짐이라 했습니다.

따라서 시험 당일의 시간대에 맞추어 최소한 12시 이전에는 잠들고 아침 여섯 시 정도에는 일어나 시험이 시작되는 8시 경에는 뇌의 활동이 활발할 수 있도록 라이프스타일을 유지하는 것이 중요하다는 얘기였습니다. 또한 두뇌의 활동이 최적화될 수 있도록 당분을 충분히 섭취하고 인스턴트 식품보다는 채소를 비롯, 비타민이 풍부한 자연식단을 유지하는 것도 권했습니다. 아울러 정신적으로도 긴장을 유지하면서도 지나친 스트레스를 받지 않도록 주변의 배려가 필요하다는 의견이었습니다.

이제 저또한 우리 수험생들의 선배의 한 사람으로서 부모님들과 하나된 마음으로 여러분의 성공과 합격을 간절히 기원하고자 합니다. 수험생 여러분, 간절히 소망하는 꿈은 반드시 이룰 수 있습니다. 그리고 학부모 여러분, 우리 수험생들은 믿고 사랑하는 만큼 우리 부모님들의 여망에 반드시 부응할 것입니다.

저는 지난 봄 우리 수험생들과 학부모님들과 함께 대학입시에 대한 고민을 조금이나마 함께 나누고자 하는 마음으로 준비한 교육세미나에서 아산시청 강당을 가득 메웠던, 그리고 자신의 미래를 향한 열정으로 빛나던 우리 후배님들의 눈빛과 열정을 기억합니다. 또한 그동안 열심히 노력하신 여러분의 땀과 노력에 뜨거운 성원을 보냅니다.

여러분 그동안 정말 수고 많으셨습니다. 이제 다가오는 수능 날 여러분의 땀과 열정이 값진 결실로 돌아올 것을 굳게 믿고 또 여러분 부모님과 함께 기도하겠습니다.

아산의 후배님들이여, 최선을 다하는 당신의 노력과 열정에 힘찬 박수를 보냅니다.

우리 어린이와 청소년들의 창의적인 겨울방학을 소망하며

첫 눈이 반갑습니다. 눈과 함께 겨울방학을 기다리던 어린 시절의 추억이 생각납니다. 마냥 뛰어놀 꿈에 부풀었던 추억이 눈앞을 스쳐갑니다. 그리고 학성산을 내달으며 토끼몰이를 하고 들판을 뛰어다니며 눈싸움과 얼음 지치느라 온종일 즐거웠던 추억들이 주마등처럼 떠오릅니다.

요즘 아산시내에는 활기찬 우리 어린이와 학생들의 모습이 부쩍 많아 보입니다. 수능을 끝마친 수험생들, 그리고 기말고사를 마친 학생들이 겨울방학을 기다리는 시간인 듯합니다. 학부모님들에겐 우리 어린이와 청소년들이 어떻게 겨울방학을 보내노록 해야 할 지 고민되는 시긴이기도 합니다. 대부분 학원이나 과외 때문에 고민이 더 깊어지리라 생각됩니다.

우리 아산의 부모님들, 그리고 우리 다음세대에게 알찬 겨울방학을 보내며 보다 창의적인 공부와 여가를 맞을 수 있도록 좀더 좋은 교육여건과 문화적 인프라를 만들어드려야겠다는 고민과 함께 어떻게 하면 우리 어린이와 청소년들의 보람찬 겨울방학을 보낼 수 있을지 상념에 잠깁니다.

얼마 전 '경쟁의 딜레마' 라는 제목 아래 한 공영방송에서 주최한 국가경쟁력 세미나를 보면서 우리 다음세대에게는 정말 공정하면서도 경쟁이 아름다운 미래를 물려주어야겠다는 생각을 해봅니다. 또한 우리 아산의 어린 후배님들이 어떻게 해야 눈앞의 겨울방학부터 보람차게 보낼 수 있을까요. 세미나에서는 상생과 공존의 아름다운 경쟁을 얘기하고 있습니다. 한국개발연구원과 서울대 사회발전연구소에서는 의미 있는 실험을 합니다.

학생을 두 그룹으로 나누어 실행한 창의력에 대한 실험입니다. 일곱 개의 퍼즐을 이용해 여러 모양을 만드는 난이도가 높은 문제를 주고 두 그룹에게 각기 다른 조건을 주었습니다. A그룹은 30분 안에 무조건 문제를 풀기만 하면 소정의 상금을 주기로 했고, B그룹은 일단 소정의 상금을 주고 문제를 풀게 한 후 상위권 학생에게 상금을 거둬주기로 했습니다.

다른 학생과 상관 없이 스스로와의 경쟁인 A그룹, 그리고 다른 학생과의 경쟁인 B그룹, 결과는 다른 학생과의 경쟁과는 상관 없이 스스로와 경쟁한 A그룹의 성취도와 창의력이 훨씬 높다는 결과가 나왔습니다.

저는 우리 어린이와 청소년들이 다른 학생들과 경쟁하는 우리 교육의 경쟁틀에서 벗어나 스스로 목표를 정하고 스스로의 미래상을 향해 경쟁하는 창의적인 겨울방학을 시작했으면 하는 바램입니다. 나아가 서로의 목표와 미래상을 학우들과 주고 받으며 상생하고 공존하는 아름다운 경쟁의 새로운 모델을 만들어 갈 수 있기를 소망합니다.

요즘 부각되는 자기주도학습이 바로 그 첫걸음이라는 생각입니다. 한국개발연구원은 지속적인 추적조사와 연구 결과 자기주도학습을 한 학생의 경우가 대학진학 후 학점에서 백분위 점수 3.5점, 취업시 시간당 임금 7.8%

더 높은 성과를 거두며 미래를 열어나가는 것으로 보고하고 있습니다.

"스스로를 이기는 사람이 가장 강한 사람"이라 했던 플라톤, 그리고 '극기복례(克己復禮)'를 강조했던 우리 선인들의 지혜가 바로 스스로와 경쟁하며 상생공존하는 아름다운 경쟁에 대한 교훈이라는 동서고금의 진리가 아닌가 생각됩니다.

이제 곧 겨울방학입니다. 우리 어린이와 청소년들에게 신나면서도 스스로를 창조해나가는 겨울방학, 그리고 우리 학부모님들도 우리 자녀들의 성적과 순위에서 벗어나 우리 아이들에게 정말 창의적인 미래를 열어가도록

우리 아산의 후배들에게 진정 창의와 인성 중심의 교육여건이 주어지기를 소망하는 마음으로 노력해왔다. 사진은 지난 2010년 3월 20일 주최한 아산지역 인재발굴을 위한 교육강연회에서 우리 아산 신창 출신으로 서울대 대학원장을 지내셨고 지금은 사재를 털어 예산 대술에서 창의과학 캠프를 운영하시고 있는 우종천 박사님의 특강 모습.

이끌어 주는 겨울방학이 되기를 간절히 소망합니다.

저도 우리 아산의 다음세대들에게 좀더 창의적이면서도 경쟁이 아름다운 미래를 열어가는데 힘이 되도록 교육과 문화 인프라를 확충하는데 최선을 다하겠습니다.

그리운 헌 책방 순례

벌써 봄날이 가고 있다. 봄날이면 젊은 날이 그리운 것은 우리 세대 모두의 공통된 마음이리라. 봄날의 추억을 따라가다가 문득 '책방' 이란 말이 떠오른다. 말뜻이야 '서점(書店)' 과 같은 의미이지만 책방이란 말이 왠지 더 소중하고 정겹다.

도서관이 많지 않던 시절 우리가 책을 만나는 곳은 책방이었다. 신창초등학교를 졸업하고 온양중학교에 다니면서 단골 책방은 온양온천역 앞 복성서점이었다. 온양관광호텔 사거리 근처의 형제서점도 떠오른다. 그 시절 많이 읽은 책들은 이순신 장군을 비롯한 위인선이었다. 플루다크 영웅진과 나폴레옹을 비롯한 영웅들의 이야기가 대하 장강처럼 펼쳐지던 상상의 세계에서 나는 한가롭기만 하던 온양 읍내를 벗어나 넓은 미지의 세계로 여행을 떠나곤 했다. 영웅들은 늘 고난과 역경에 맞서 백성과 나라를 구했다. 나또한 누군가를 위해 어떤 어려움도 이겨내리라는 다짐을 일기에, 또 독후감에 써내려가기도 했다.

고향 온양을 떠나 대전으로 고등학교에 진학하면서 할머님과 함께 처음 살았던 곳은 선화초등학교 앞 골목이었다. 동쪽으로는 대전천이 흐르고 서편으로는 목척시장이 있었으며, 지금의 으능정이, 즉 은행동 쪽으로 나가려면 사춘기 소년의 낯을 붉히게 하는 이른바 방석집 골목과 텍사스촌 골목도 있었다.

하지만 무엇보다 내 발길을 이끌었던 곳은 선화초등학교 앞과 원동초등학교 뒷골목 헌 책방들이었다. 당시 헌 책방은 그곳 이외에도 대전역 주변, 또는 동네 학교 근처엔 한두 곳씩 찾아볼 수 있는 흔한 풍경이었다. 대전고등학교에 도서관이 있기는 했지만 쉽게 개방하지도 않았고 읽고 싶은 책을 찾기도 쉽지 않았다.

그래서 학기 초가 되면 자습서, 참고서, 또 사전과 옥편을 찾아 선화동 헌 책방 골목과 원동 헌 책방 골목을 찾아나서곤 했다. 용돈이 궁하던 그 시절에는 책값을 아끼려는 친구들도, 또 부모님께는 새 책값을 받아내고는 싼 헌 책을 사서 나머지는 용돈으로 변통하려는 친구들도 함께 헌 책방 골목을 찾아 원하는 책들을 찾아 누비곤 했다. 선생님들이 지정해준 참고서나 문제집들은 일찍 품절이 되었기 때문에 학기 초면 우루루 헌 책방으로 득달같이 달려가곤 했다.

그러한 이유로 학기 초에는 붐비다가 그때가 지나면 한산해지곤 하던 헌 책방들. 그곳에서 헤르만헤세의 〈데미안〉을 만났고 톨스토이의 〈전쟁과 평화〉를 만났으며 도스토에프스키의 〈죄와 벌〉, 또 펄벅의 〈대지〉도 만났다. 아득한 〈그리스로마 신화〉도 만났고 〈삼국지〉도, 〈삼국유사〉와〈삼국사기〉도 만났고 꼭 교회에 다니지 않더라도 〈성경〉의 신약과 구약도 읽었다.

삼중당 문고로 기억되는 김소월, 김춘수, 라이너마리아릴케, 푸쉬킨과도 같은 작은 문고판 시집들을 만났으며, 또 윤동주의 <하늘과 바람과 별과 시>도 만날 수 있었다. 이효석의 '메밀꽃 필 무렵', 현진건의 '빈처', 김유정의 '동백꽃' 을 만난 곳도 그곳 선화동과 원동 헌책방 골목이었다.

지금의 가로쓰기 편집과는 달리 세로 편집이었고 책장도 오른쪽에서 시작되었으며 한자가 많았던 책들. 책을 고른다는 핑계로 책을 거지반 읽고 서있어도 나무라는 책방 주인은 아무도 없었다. 대전고 오거리에는 국제서림이 있었고 시내로 나가면 동국서림과 같은 신간 서점들이 있었지만 헌 책방들이 친근했던 것은 가벼운 주머니 사정 때문이기도 했으리라. 어떤 주인분은 책방에서 책 다 읽고 가려느냐며 집에 가서 읽고 오라고 빌려주시는 분도 있었다. 지금 생각하면 원조 책대여점이었던 셈이다.

상급생이 되면서 지금은 벚꽃으로 아름다운 테미 정수장 아래 골목으로 이사해 학교에 다녔지만 헌책방 순례는 계속되었다. 원동 헌책방 골목으로 가는 길은 홍명상가와도 같은 상가와도 연결되어 있었고 요즘으로 말하면 좀 논다는 시내 학생들이 진을 치고 있는 곳이기도 해서 조심하기도 했고 길에서 만나는 하얀 카라에 단발머리를 한 여학생들과 스쳐 지나가며 잠시 마주친 눈실에 가슴 설레기도 했다.

얼마 전 모임자리에서 대전에 사는 후배로부터 헌 책방 소식을 들었다. 선화동 헌 책방은 모두 사라졌고 원동 헌 책방들만 명맥을 잇고 있다는 전언이었다. 그 후배는 토요일이면 어린 아이들을 데리고 헌책방 순례를 떠난다 했다. 빈 가방을 하나씩 메고 가서 한 가방 가득 각자 좋아하는 책을 사가지고 돌아오면서 아이들과 자신의 학창시절 이야기도 나누고 달고나 같은 불량식품도 사먹으면서 즐거운 시간을 보낸다는 후배의 이야기. 부럽고 또 내 학창시절 헌 책방 순례가 새록새록 그리워진다.

지금은 책 한 권에 천원 정도 한다하니 새 책값의 10분의 1수준인 셈이다. 책의 가치를 꼭 값으로 따질 수는 없지만 새 책 한 권 값으로 십여 권의 책을 사서 즐길 수 있다니 여전히 헌 책방은 알뜰하게 마음의 양식을 사서 누릴 수 있는 보고인 셈이다.

헌 책방 순례와 함께 떠오르는 구절이 있다. 도서관에 현액으로 걸려 있던 '다독(多讀), 다작(多作), 다상량(多商量)' 이다. 다시 문헌을 찾아보니 중국의 명문장가 구양수가 글을 잘 짓는 비결(秘訣)로서 이른 말이라 전한다. "많이 읽고 많이 쓰고 많이 생각하라" 어디 글을 잘 쓰는 비결일 뿐이겠는가. 풍요로운 정신의 양식을 가꾸며 아름다운 삶을 살아가는 지혜이기도 하다는 생각이다.

대형 서점이 호화롭고 편리한 시대에 옹색하고 궁벽진 헌 책방 순례가 그립다. 누군가 읽어내려가며 그은 밑줄을 만나며 때론 메모도, 간지에 '누구누구 님께' 라는 사연이 함께 담긴, 때론 책갈피에서 누군가를 연모하여 쓴 빛바랜 연서나 마른 꽃잎이 깃든 헌 책을 펼쳐들면 훅 풍겨오는 오래된 종이 내음, 그 갈피마다 순례자의 마음으로 떠나던 그 시절이 그립다. 그러한 저녁 무렵 몇 권의 책은 가슴 속에 또 몇 권의 책은 옆구리에 끼고 온 세상을 얻은 듯이 가슴 뿌듯하게 돌아오곤 하던 저무는 대흥동 로타리 길 그 봄날의 아름답기만 하던 노을이 그립다.

사십여 년 가까운 세월 속에 그날 그 젊은 꿈길을 나는 지금 어느 만큼 와 있는가? 헌 책방 순례라는 이름으로 그립고도 다시 가슴 설레게 하는 봄이다.

'365일 어린이위원회'를 제안한다

어린이날을 맞을 때마다 늘 다짐하곤 한다. 단지 어린이날뿐 아니라 1년 365일 하루같이 어린이날과 같은 마음으로 우리 어린이들에게 관심을 가져야 한다는 다짐이다.

우리 어버이 세대께서 가난과 어려움을 이겨내며 우리 세대가 살아갈 세상을 향한 소망과 헌신으로 오늘을 이루어내셨듯이 우리 세대 또한 우리 다음세대가 살아갈 세상을 향한 꿈과 염원이 간절해진다.

어린이날, 가장 중요한 것은 우리 어린이 눈높이에서, 우리 어린이 입장에서 생각하고 보살펴야 한다는 것이다. 우리는 과연 얼마나 어린이 입장에서 어린이들을 위하고 사랑하는가? 꼼꼼이 주변을 돌아보면 반성이 앞선다.

가까운 주변부터 살펴 본다. 흔히 보는 외식 자리, 음식점에는 어른들 수저만 있다. 우리 영유아의 작은 입에는 큰 어른 수저로 음식을 떠먹여주는 정경을 보는 마음은 그리 편치 않다.

이디 이뿐인가? 거리에 나서면 우리 어린이들의 눈높이에는 회색 풍경뿐이다. 안전이 최우선이어야 할 어린이들의 보행이나 교통환경도 어린이들의 눈높이는 배려하고 있지 않다. 네덜란드와 영국 같은 선진 국가들은 교통신호나 도로표지만 시스템이 철저히 어린이 눈높이에 설치되어 있다는 사실은 우리가 본받아야 할 점이다.

어린이들을 폭력으로부터의 보호해야 할 가로 환경도 반성할 점이 많다. 일례로 오늘 우리 정책은 아이들의 안전에 포커스가 맞춰져 있는 게 아니라 범인 검거에 포커스가 맞춰져 있지 않나 싶다. CCTV 위주의 어린이 방범 환경보다는 보안등을 많이 설치해 밝은 도시를 만드는 것이 예방 위주의 어린이 안전에 더욱 효과적이라는 전문가들의 지적이다.

어린이 복지, 특히 보건의료 여건도 좀더 어린이를 배려해야 한다. 독일의 질병예방사업의 사례를 보자. 독일의 질병보험금고는 6세 미만의 아동에 대한 정기검진에 소요되는 비용을 우선적으로 부담하는데 이는 아동의 정신적, 신체적 발육에 중대한 위험이 되는 질환의 조기발견에 그 목적이 있다. 독일은 이러한 복지제도를 통해 아동의 비정상적인 발육의 조기발견과 대처수단을 신속히 강구하도록 배려하고 있다.

치아질환 예방사업은 더욱 세심한 배려를 하고 있다. 독일의 질병보험금고는 치과의사 및 주 당국과 협력 아래 소속 피보험자 중 12세까지의 어린이를 대상으로 치아질환의 예방을 위해 공동으로 참여하고 노력할 것과 비용부담을 명문화하고 있다. 이들 12세미만의 피보험자들에게는 주로 유치원이나 초등학교생들에게 집단 질병예방진료(prophylaxe)를 실시하며 이들 예방진료에는 충치예방, 식이요법 상담, 치아강화 등과 같은 구강위생 전반 분야가 포함되어 있다.

교육열이 높기로 유명한 우리 한국의 교육현실은 더 큰 반성이 필요하다는 소신이다. 대부분의 유럽 국가들은 취학전 어린이들에게 문자 교육과 수학교육을 금지하고 있다. 좋은교사운동본부에 의하면 경제협력개발기구(OECD) 국가 중 읽기, 수학, 과학 등 모든 영역에서 1, 2위를 하는 핀란드의 경우 초등학교 입학 전 유치원 단계에서는 문자 교육조차 철저히 금지돼 있다고 밝히고 있다. 이는 만 6세까지의 시기는 집중력을 기르는 것이 무엇보다 중요한데 문자 교육이 오히려 집중력을 해치기 때문이다.

독일을 비롯한 대부분의 유럽 국가에서 초등학교 취학 전, 즉 만 6세 이전에는 문자 및 수리 연산 교육이 금지돼 있고 일부 국가는 위반시 형사 처벌까지 명문화되어 있다. 영재교육으로 널리 알려진 이스라엘에서조차 만 6세 이전의 유치원 과정까지는 문자나 수를 결코 가르치지 않고 있다.

이러한 선진 사회에 비추어 보면 우리 어린이들의 교육, 복지, 환경 등 제반적인 차원에서 아직 우리 현실은 어른 위주의 정책에 머물러 있다는 반성이 앞선다. 이제 우리도 1년 365일 어린이의 눈높이와 가슴 높이에서 진정 어린이들을 배려하고 건강한 성장을 북돋아주는 어린이 정책아 필요하다.

이러한 차원에서 어린이 정책에 대한 상시적이고 전문적인 연구와 참여가 이루어질 수 있는 '365어린이위원회' 와 같은 통합적 기구의 설립과 운영을 제안해본다. 어린이날을 맞아 우리 어린이는 바로 우리 대한민국의 미래라는 명제를 깊이 되새긴다.

6부 상생과 해원의 대동 대한민국을 향하여

'우리들의 신부님'의 감동과 우리가 꿈꾸는 대통령

21세기 대한민국을 향한 신지조론(新志操論)

대한민국 대통합, 해원과 상생의 여성리더십으로 열자

'일자리 창출', 범국가적 · 초당적으로 최우선해야

2011국정감사에 임하는 각오 "민생, 안전, 공정 우선의 소신으로"

스마트 환경, 서민경제 활성화의 장으로 삼자

충남의 메가트렌드를 생각한다

인삼관련법, 농민과 소비자 우선의 정책 필요

제6부

상생과 해원의 대동 대한민국을 향하여

우리 정치가 국가경쟁력의 걸림돌인 현실을 바꿔야겠습니다. 정치부터 쇄신하고 거듭나야겠습니다. 그리하여 민생을 우선하고 국민의 안전을 먼저 생각하며 부지런히 일하는 서민들이 대접받고 사는 대한민국을 만들어야겠습니다. 서울로만 몰려가던 중앙집중과 권력집중의 폐해와 난맥을 해소하고 지역이 고루 발전하는 균형발전과 분권의 새로운 패러다임을 건설해야겠습니다.

‘우리들의 신부님’의 감동과 우리가 꿈꾸는 대통령

우리에게 대통령은 누구인가? 정치인의 한 사람으로서 자문할 때가 많다. 특히 정책의 시행착오나 우려스러운 사건들로 인해 국민이 뽑은 대통령이 오히려 국민들의 비판대상이 되어 부메랑을 맞을 때마다 나는 스스로에게 되묻곤 한다. 정말 국민들에게 사랑받고 나라와 국민의 자부와 긍지이 표상인 지도자는 과연 어떤 모습인가?

내가 대통령을 처음 본 것은 초등학교 3학년 때였다. 초등학교 3학년 때 나는 전국 예선에서 선발되어 이충무공 탄신 기념백일장에 나갔다. 그때 담임선생님은 윤황한 선생님이셨는데 지금도 동시 작가로 활동하시며 제자를 비롯한 지인의 대소사에는 늘 축시를 낭독하셔서 우리 가슴을 따뜻하게 해주시는 분이시다. 어쩌면 열 살 때 윤황한 선생님과의 만남이 나를 학창시절 동안 글짓기 대회나 백일장에 나가게 했고 공직생활을 하면서도 늘 필봉을 놓지 않아 오늘 늦깎이 수필가로 문학 활동을 하는 인연을 만들어 주었는지 모른다.

박정희 대통령은 이충무공 탄신일인 4월 28일이면 어김없이 현충사와 기념식 행사장을 찾았던 것으로 기억된다. 길 가에 나가 태극기를 흔들며 대통령을 환영하던 어릴 적 모습이 떠오른다. 이충무공 탄신기념 백일장은 곡교천 둔치에서 열렸다. 행사장 단상 한 가운데 앉아있던 자그마한 구릿빛 얼굴의 신사 분이 바로 박정희 대통령이었다.

1966년 4월 28일 현충사에서 열린 이충무공 탄신 421회 기념식에 참석하여 목련을 기념식수하는 박정희 대통령의 모습. 뒤에는 이효상 국회의장과 권오병 문교부 장관이 배석했다. 박정희 대통령은 이충무공 탄신일이면 꼭 참석하였던 것으로 기억된다. 박정희 대통령이 심은 목련나무는 육영수 여사가 가장 좋아했던 꽃이자 나무였던 것으로 알려져 있는데 후에 사라져 논란이 일기도 했다.

박정희 대통령은 큰 족자를 펼쳐 백일장 주제를 알렸다. 위로부터 두루마리가 펼쳐지면서 나타난 주제는 '나라를 사랑하는 마음' 이었다. 북과 징이 울리고 백일장이 시작되었다. 나는 당황했다. 교과서나 위인전을 통해 읽은 이순신 장군의 모습만 생각하고 나갔는데 열 살 소년에게는 너무나 낯설고 큰 주제였던 것 같다. 아마 내가 백일장에서 아무런 상도 받지 못했던 것은 이 날 백일장이 처음이자 마지막이었던 것으로 기억된다.

하지만 처음 본 박정희 대통령의 모습과 '나라를 사랑하는 마음'이란 구절은 내가 살아오면서 한시도 뇌리를 떠나지 않고 기억 속에 자리잡게 되었다. 그리고 79년 수습사무관으로 처음 공직에 입문했을 때 대통령은 박정희 대통령이었다. 우연찮게 박정희 대통령은 이충무공 탄신일마다 찾곤 하던 고향 아산 삽교방조제 기공식 참석을 마지막 공식 일정으로 그날 저녁 흉탄에 세상을 떠나셨다. 당시 아산 군수는 충남도지사와 민선 1, 2기 대전광역시장을 지낸 홍선기 선배님이었다.

그 후로 나는 김영삼 대통령은 청와대에서 직접 보좌하기도 했고, 김대중 대통령 재임시에는 충남도와 총리실에서, 또 노무현 대통령은 충남도 부지사와 2004년 이후에는 정치인으로 지켜보았다. 내가 모셨거나 지켜보았던 대통령들은 아직까지 명예로운 퇴임을 하지 못했다.

이제 우리 대한민국은 헌정 65년을 맞는다. 그간 우리에게는 모두 열 분의 대통령이 있었지만 아름다운 퇴임, 또 국민에게 사랑받는 모습으로 남지 못했다. 이제 이러한 악순환의 고리를 끊고 진정 국민에게 사랑받으며 대한민국의 자부와 긍지로 기억될 수 있는 대통령이 나와야 한다는 소망이다.

문득 학창시절 읽은 〈신부님 우리들의 신부님〉이란 책이 떠오른다. 아마 비슷한 제목의 시리즈로 읽었던 것 같다. 다시 인터넷을 검색해보니 10여권의 시리즈까지 나왔던 책이었다. 우연찮게도 이 책을 읽은 십수년 후 천주교에 입문할 때에도 우리에게 친근하게 웃음을 주던 신부님의 이미지를 떠올린 기억이 있다.

돈까밀로 신부와 뻬뽀네 읍장의 동화같은 설정으로 시작되는 이 이야기의 배경은 착한 시민들이 사는 이탈리아 바싸라는 마을이다. 근엄하기보다는 온몸으로 하나님 말씀을 실천하러 좌충우돌하는 돈까밀로 신부와 우직한 공산주의자 읍장 뻬뽀네, 그리고 예수님, 이렇게 세 사람이 순수하기만 한 마을 사람들과 엮어내는 웃음과 풍자, 그리고 감동의 이야기이다.

돈까밀로는 신앙심이 깊고 자기 주장이 명확하며 따뜻한 마음을 가진 신부이다. 하지만 성당 안에서 점잖게 강론이나 하고 성무만 집행하는 신부는 아니다. 하느님의 뜻을 실천하기 위해 직접 몸으로 뛰고, 신자들의 고민을 해결하기 위해 때로는 주먹질까지 마다하지 않는다.

공산주의자인 읍장 뻬뽀네는 자동차 수리공 출신으로 정치적 열정이 넘쳐 노동자 해방의 그날까지 민중을 위해 싸우며 늘 불도저처럼 돌진하는 정치가의 모습으로 나온다. 맞춤법조차 제대로 모를 정도로 무식하고 막무가내이지만 공산주의자이면서도 신앙심이 깊고 정직한 인물이다.

지금도 어렴풋이 기억나는 부분은 돈까밀로 신부와 예수님의 대화 장면이다. 돈까밀로 신부는 중요한 일을 앞두고 늘 예수님에게 협조와 지혜를 구한다. 반면 예수님은 돈까밀로 신부의 마음을 항상 꿰뚫어 보고 매번 양심에 따라 행동하도록 일깨워 줌으로써 뻬뽀네 읍장과의 충돌을 조정하곤 한다. 돈까밀로 신부는 예수님에게 뻔한 거짓말을 하기도 하는데 예수님은 모르는 척 속아주거나 가끔 꾸짖기도 하면서 인간 돈까밀로에게 대한 깊은 애정과 신뢰를 보내주곤 한다.

나는 이 책을 다시 훑어보면서 돈까밀로 신부와 뻬뽀네 읍장, 또 예수님의 이야기를 통해 용서와 양보, 대화와 타협, 또 상생(相生)의 지혜를 되새겼다. 특히 가톨릭 신부와 공산주의자 읍장이라는 결코 양립할 수 없는 입장의 두 주인공이 마을 사람들 사이에서 갈등하고 타협하며 공존을 모색하는 모습은 오늘 우리 대한민국에도 시사하는 바가 적지 않다는 생각이다.

마을 사람들은 대부분 세례를 받은 가톨릭 신자들이지만 새로 들어온 공산주의 사상에 사로잡혀 전통 신앙과 교회의 가르침을 잘 따르지 않는 계층도 있고, 정치적 입장에 따라 극좌, 극우, 중도 등으로 갈라져 갈등하기도 한다. 여기서 뻬뽀네 읍장은 극좌 노선을, 기업주나 대지주들은 극우 노선을 강경하게 고집한다. 돈까밀로 신부는 이들 사이에서 중재와 완충, 화해의 역할을 하면서도 때때로 자신이 가진 신앙의 근본적인 원칙과 부딪치는 공산주의자들과 주먹싸움도 마다하지 않는다.

그럼에도 이들 두 집단의 갈등은 극단으로 내닫거나 폭력으로 치닫지 않는다. 어떤 상황에서도 용서와 양보, 대화와 타협을 시도하며 결국 극적인 화해를 이루어낸다. 뻬뽀네 읍장은 돈까밀로 신부와 만나기만 하면 서로 으르렁거리는 앙숙이면서도 주교의 명령으로 산골 오지로 쫓겨난 돈까밀로 신부를 다시 마을로 돌아오게 하기 위해 구명 운동을 벌이기도 하는 동반자이기도 하다. 이러한 공감과 화해의 밑바탕에 깔려 있는 것이 바로 인간 본연의 양심, 그리고 상생(相生)의 원리라는 깨달음을 준다.

오늘 민주세력과 성장세력의 갈등, 더 크게는 민주주의 대한민국과 공산주의 북한의 대립, 이러한 대립과 갈등의 현실을 극복해야 하는 우리 대한민국에는 〈신부님 우리들의 신부님〉에서 우리에게 던져주는 타협과 상생의 지혜가 필요하다.

우리에게도 진정한 사랑과 관용을 가르침으로 남겨주신 바보 신부님 고

김수환 추기경이 있었다. 스스로를 던져 세계인에게 감동을 준 고 이태섭 신부도 있었다. 이러한 분들의 따뜻한 헌신을 잇고 보듬으면서 나라를 사랑하고 국민을 사랑하는 대통령의 모습을 그려본다.

최근 〈신부님 우리들의 신부님〉 시리즈가 10권의 전집으로 나왔다 한다. 내가 학창 시절 읽은 책은 이 중 한 권이었을 것으로 생각된다. 정말 우리 곁에 따뜻한 정치, 국민에게 웃음과 감동을 주는 정치를 생각하면서 일독을 권하고 싶다.,

자, 이제 12월이면 새로운 대통령을 뽑는다. 나라를 사랑하는 국민들이 나라를 사랑하는 대통령을 뽑아서 진정 아름다운 상생과 통합의 대한민국을 열어가야 한다. 우리 국민 곁에서 따듯한 마음을 나누며 기쁨도 슬픔도 함께 하는 대통령, 국민들의 눈물을 닦아주고 웃음으로 이끄는 대통령을 만나야 한다. 이제 그 선택이 우리 국민들의 손에 달려 있다.

21세기 대한민국을 향한 신지조론(新志操論)

살다보면 선택의 갈림길에서 고민해야 할 순간이 있다. 나는 그 때마다 조지훈 선생의 '지조론(志操論)' 을 떠올리곤 한다. 그 순절하고 결연한 의기(義氣)의 목소리는 우리가 창조적으로 계승하여 본받고 이어가야 할 21세기의 신(新)지조론을 생각하게 한다.

돌아보면 조지훈 선생을 생전에 뵌 기억이 있다. 평생 언론인이자 전통공예에 대한 탐구로 업적을 남기신 이종석 숙부의 결혼식에서였다. 그 때 내 나이 아홉 살이었다. 머리가 길었고 두꺼운 안경을 쓰신 주례 선생님이 바로 조지훈 선생이셨다.

학창 시절에 '승무(僧舞)' 를 배우면서 "아 그 때 그 분이셨구나" 새삼 깨달았고, 또 '지조론(志操論)' 을 배우면서 그 고절하고 강직한 삶의 자취를 우러를 수 있었다. 조지훈 선생의 족적을 좇다 보면 시인보다 지사(志士)로서의 풍모로 가슴에 다가온다. 조지훈 선생은 태생부터가 남달라 한일합병 후 곡기를 끊고 죽음을 선택한 한말 의병장 조승기 선생의 직계 후손이자, 6.25

전쟁 때 인민군에 항거하다 자결한 조인석 선생의 손자이기도 하다.

60년 3월 자유당 정권의 부패와 독재가 만연하던 때에 분연히 발표한 '지조론' 은 선비의 기개를 잇는 절절한 목소리였다. 이러한 선생의 의연한 절기(節氣)는 일제 강점기의 청년시절부터 비롯된다. 선생이 스물 셋이던 1942년 봄부터 조선어학회의 <조선말 큰사전> 편찬을 돕다가 일경에 잡혀 들어가 경찰의 신문을 받고 풀려난 후 오대산 월정사로 떠나 은거했다. 이 시기 대부분의 문인들은 '조선문인보국회' 라는 친일문학단체에서 활동했지만, 선생은 시 몇 편 발표한 것이 대단한 시인이냐며 절필했던 것이다.

70년대에서야 우리 문학인들의 친일행각을 처음 밝혀 펴낸 '친일문학론' 의 저자 임종국 선생도 일제에 협력하지 않은 지조 있는 문인의 한 사람으로 조지훈 선생을 꼽았다. 윤동주나 이육사 선생 같은 분들이 있었지만 그 분들의 의기로운 행적과 작품이 세상에 알려진 것은 일제에 의해 죽음을 당한 이후였고 조지훈 선생처럼 지조를 지킨 문인들은 심훈 선생, 한용운 선생을 비롯, 극소수에 불과했다.

선생은 자유당 정권 말기에도 독재에 항거하는 민간단체에서 활동하면서 시대의 명논설 '지조론(志操論)' 을 발표해 세상을 일깨웠다. 나는 후일 공직에 있으면서 어린 시절과 학창시절 조지훈 선생과의 인연과 남기신 뜻을 기리며 경북 영양의 생가를 찾기도 했었다.

그러면 다양화 다원화를 특징으로 하는 21세기의 신지조론은 무엇인가? 나는 아홉 살 때 처음 조지훈 선생을 뵙게 해주었던 이종석 숙부와 조지훈 선생 두 분의 인연에서 그 실마리를 찾고 싶다. 이종석 숙부는 평생 언론인으로 전통문화, 특히 전통미술과 전통공예에 천착하여 일가를 이루었고 우리 공예의 맥락을 집대성하여 후세에 남기는 업적을 이루셨다.

조지훈 선생 또한 청년시절 시업(詩業)으로 시작한 우리 문화에 대한 관심을 강건한 선비정신으로 이어가면서 마흔아홉 짧은 생을 마감할 때까지 주로 고려대 민족문화연구소장으로 우리 전통정신과 문화를 집대성한 <한국문화사대계>라는 큰 성업(成業)을 남기셨다. 내가 학창시절 삼중당 문고로 조지훈 선생을 다시 만나고 이종석 숙부의 평생 걸어가신 길을 바라보면서 깨닫는 것은 우리 시대가 요구하는 진정 지조있는 엘리트의 길이다.

나는 지금 국민의 비판과 질책의 대상인 정치의 중심에 서있다. 그리고 앞으로 대한민국의 미래를 결정할 대통령을 뽑는 중대한 기로에 서있기도 하다. 진정 국민에게 지조를 지키는 21세기 엘리트의 모습은 무엇인가? 그리고 우리 정치가 진정 국민으로부터 사랑받는 길은 무엇인가?

내게 참된 지조와 엘리트의 길을 일깨워준 이종석 숙부(왼쪽)와 은사이자 숙부님 주례를 서주셨던 조지훈 선생(오른 쪽).

바로 조지훈 선생이나 이종석 숙부께서 스스로의 맡은 바 영역에 전념하여 일가를 이루었고 그 위업을 통해 우리 문화사에 큰 족적을 남기셨듯이 우리 정치 또한 국민의 민의를 올바로 실천하는 전문가로서의 열정과 사명감으로 국민 앞에 새로운 변화와 혁신을 보여주어야 한다는 소신이다.

대통령 선거가 3주 앞으로 다가왔다. 기존 정치에 실망한 국민들이 안철수 현상과도 같은 신드롬을 가져온 이유를 간과해서는 안된다. 하지만 정치 경험이 없는 새로운 인물이 하루아침에 정치를 쇄신한다는 것은 사상누각의 꿈에 불과하다. 우리 국민들도 이미 알고 있으리라 믿는다.

위기의 정치, 위기의 대한민국 국정을 되살릴 힘은 우리 정치인 자신의 자성, 그리고 우리 정치와 국정의 오늘을 꿰뚫어 진정 국민이 원하는 방향을 잘 알고 있고 실천할 수 있는 전문적인 리더십으로만 가능하다. 그러한 위기 극복과 진정한 정치혁신을 이룰 경륜과 능력을 가진 후보가 과연 어떤 후보인지 국민 여러분의 냉철하고도 지혜로운 선택이 그 어느 때보다도 절실하고 소중한 2012년 대통령 선거다.

대한민국 대통합,
해원과 상생의 여성리더십으로 열자

지난 해 7월 국회의장단의 공식외교 사절의 일원으로 발틱 3국을 찾았을 때였다. 대부분 국가 수반과 국회의장, 장관급 인사들과의 회담이 이루어졌는데 많은 여성 지도자들의 모습이 인상적이었다. 리투아니아, 라트비아, 에스토니아 3국 모두 총리는 여성이었으며 리투아니아의 경우 대통령, 국회의장, 심지어 국방장관까지도 여성이었다.

독일은 물리학 박사인 이공계 출신 앙겔라 메르켈(Angela Merkel) 총리가 유럽발 금융위기 속에서도 독일만큼은 안정된 성장과 일자리 창출로 국민의 높은 지지를 받으면서 독일을 유럽 경제위기를 극복할 핵심국가로 부상시키고 있다.

바야흐로 21세기 세계는 여성 지도자의 시대이다. 특히 발틱 3국은 러시아로부터 독립한 신생국가들이라는 점에서, 또 독일은 통일을 경제성장과 안정으로 성공시키고 있는 분단국가였다는 점에서 일제강점기에서 광복을 되찾았고 아직 분단국가로 통일을 이루어야 하는 우리 대한민국에 시사하는 바가 더욱 크다는 생각이다.

이제 우리 대한민국도 여성 리더십의 시대를 열어야 한다. 우리는 어린 시절 홍길동, 일지매와 함께 박씨부인 이야기에 흠뻑 빠진 추억이 있다. 신통한 도술로 남편 이시백의 입신양명을 돕고 오랑캐의 침략으로부터 백성과 나라를 구하는 박씨부인. 박씨부인전은 병자호란으로 국치를 겪은 우리 민중의 여망을 담은 고대소설이었다.

설화와 서사무가(敍事巫歌)로 구전되어 내려오는 바리데기 이야기도 있다. 옛적 바리데기는 나라를 다스리는 아들을 원하던 오구대왕의 일곱 번째 딸로 태어나지만 낳자마자 버림을 받는다. 그러나 왕이 병을 얻자 제사장은 바리데기 공주만이 아버지를 구할 수 있다고 예언하고, 바리데기 공주는 곧 불사약을 구하러 먼 길을 떠난다. 온갖 고초 끝에 바리데기 공주는 약을 구해 죽은 아버지를 살려내고, 그 공덕으로 죽은 영혼을 안내하는 신이 된다는 이야기이다.

'바리데기'는 오늘 창작 판소리극, 소설 등으로 재창작되거나 작품의 소재로 널리 활용되고 있다. 사진의 왼쪽은 바리데기 설화를 소재로 한 판타지 발레 '바리'(1998)의 한 장면이고, 오른쪽은 연극 '바리데기' 포스터이다.(사진 네이버 지식백과)

무속에서는 바리데기를 무리 전통신앙의 조상신이자 시원으로 모시면서 전국 각지에서 무가(巫歌)와 설화로 구비전승되어 왔다. 또한 최근에는 어린이 동화로 각색되어 널리 읽히기도 하고 작가 황석영은 탈북소녀의 고난과 모험을 담은 소설 '바리데기'로 독자들을 사로잡기도 했다. '바리-길 위에서'라는 단편을 발표했던 송경아 작가는 전통 서사무가인 '바리데기 설화'를 SF판타지로 재구성하여 우리 전통을 21세기 문화컨텐츠로 재창조한 성공적인 사례로 꼽히기도 한다.

최근 인문학 열풍과 함께 주목받는 '삼국유사 전문가' 고운기 교수는 자신의 강의와 저서 〈신화 리더십을 말하다〉에서 새누리당 박근혜 후보가 고난과 시련을 이기면서 죽은 아버지까지 살려내고 백성과 나라를 구한다는 점에서 바리데기 공주를 닮았다고 밝히고 있기도 하다.

이제 우리 대한민국도 여성리더십 시대의 서막을 열어야 한다. 왜인가? 여성리더십은 해원(解冤)과 상생(相生)의 상징이기 때문이다. 오늘 우리는 민주세력과 성장세력의 대립을 해소하고 국민대통합의 새로운 희망의 미래를 열어야 하는 과제에 직면하고 있다. 나아가 남북대결 구도를 평화와 공존으로 승화시키면서 통일의 숙원을 이뤄내야 하기 때문이기도 하다.

나는 기억한다. 고(故) 김 전대통령은 자신의 자서전에서 2004년 8월 12일 박근혜 당시 한나라당 전대표가 찾아와 아버지 박정희 전대통령에 대해 사과한 장면을 소개하면서 "박 전대표가 아버지 시절에 여러 가지로 피해를 입고 고생하신 데 대해 딸로서 사과한다고 했다. 그 말이 참으로 고마웠다. '세상에 이런 일도 있구나' (중략) 박정희가 환생해 내게 화해의 악수를 청하는 것 같아 기뻤다"라는 화해와 해원의 소회를 남겼다.

우리 대한민국이 언제까지 과거에 발목 잡혀 국민을 갈등과 대립으로 몰아넣을 것인가? 이제는 넘어서야 한다. 서로 끌어안고 국민대통합을 이뤄내고 오천만이 하나되고 칠천만의 통일시대를 여는 해원과 상생의 대한민국, 대동(大同) 대한민국의 새 장을 열어야 한다.

'일자리 창출',
범국가적 · 초당적으로 최우선해야

지난 11월 15일 중앙선거방송토론위원회에서 주관한 KBS, MBC, SBS 생방송 정당정책토론회에 출연했다. 우리 정치권 8개 정당의 정책담당자가 참여한 토론회 주제는 범국민적으로 가장 시급한 '일자리 창출 어떻게 할 것인가' 라는 주제였고, 핵심 쟁점은 청년실업 해소 방안과 비정규직 대책에 관한 정책이었다.

8개 정당을 대표해 참석한 모든 분들은 우리 국민의 일자리 창출 정책이 초당적이면서도 범정부 차원의 시급하고도 중요한 사안임을 공감하면서 진지하고도 활발한 정책대안을 제시하고, 또 열띤 토론을 벌였다.

가장 심각한 문제는 일자리 문제에 대한 현정부의 몰지각한 인식과 태도다. 통계의 정확성은 차치하고라도 청년실업은 상반기 11%, 최근에는 6.7%를 기록할 정도로 심각하고, 비정규직 근로자는 600만을 넘어서 전체 임금근로자의 34.2%를 차지하는 상황임에도 전체 실업률 2.9%를 내세워 '고용대박' 운운하는 안이하고도 현실을 외면한 인식과 태도를 보여 국민적 공분을 사고 있다.

이래서는 안된다. 극악한 일제치하에서 '청년이 살아야 조국이 산다' 며 온몸을 던져 청년의 중요성을 일깨웠던 도산 안창호 선생의 말씀을 되새기며 우리 대한민국 청년이 안정된 일터에서 미래의 삶과 꿈을 가꿀 수 있는 대한민국, 나아가 땀흘려 일하는 근로자 모두가 고용불안 없이 일한 만큼 공평하고도 정당한 대가와 보장을 누릴 수 있는 대한민국을 만들어야 한다. 스티브 잡스도 '사람이 최고의 자원' 이라 하지 않았던가.

우선 종합적이고도 체계적인 정책대안이 시급하다. 장기적으로는 교육에서부터 노동시장과 기업이 미래지향적인 비전 아래 상호 협력하고 연대하면서 청년 일자리 창출에 나설 수 있도록 해야 한다. 중단기적으로는 인턴과 같은 한시적 고용을 정규직화하고 4대 보험료를 비롯한 사회안전망에 대한 정부차원의 지원, 중소기업을 활성화와 창업지원 등의 일자리 창출과 고용안정 대책이 필요하다.

예를 들어 대기업이 일자리 창출은 외면한 채 현금유동자산 확충에만 혈안이 되게 하는 투자세액 공제와 같은 정책보다는 고용을 창출할 때에 세액을 공제하고 지원하는 고용창출 투자세액공제 등의 방향으로 정책을 전환해야 한다.

비정규직 해소 대책에 있어서는 공공부문부터 정규직 전환 선도, 불법파견과 차별근로 철폐, 비정규직 임금과 처우의 차별과 불평등을 해소할 수 있는 동일노동에 동일임금과 복지 제공, 인간다운 생활을 할 수 있는 최저생활 보장과 사회안전망 확보, 그리고 탁상행정에서 벗어나 현장에서 체감할 수 있는 현장정책 등 5대 핵심에 주목하여 정책 전반의 전환과 혁신이 필요하다.

무엇보다도 정부부처별로 흩어져 있는 일자리 정책을 통합적이고 강력하게 추진할 수 있는 통합추진기구를 만들어 범정부 차원에서 최우선해야 한다. 더 이상 미뤄서는 안된다. 당장 2012년 예산과 정책부터 국민의 피부에 와닿고 실감할 수 있는 일자리 정책시스템으로 전환해야 한다.

지난 11월 초 빌클린턴 전 미국대통령은 퇴임 후 활발한 강연과 정책연구 성과를 모은 <일자리를 다시 찾아서(Back to Work)>라는 제목의 책을 펴냈다. 핵심은 "강한 경제를 위하여서는 똑똑한 정부가 필요하다(Why We Need Smart Government for a Strong Economy)"이다. 최근 미국 일간지 USA Today와 갤럽 조사에서 빌클린턴 전 대통령이 오바마 현 대통령을 제치고 다섯배 가까이 인기가 높은 이유가 바로 일자리 창출에 있다는 점을 우리 정부와 정치권은 깊이 새겨야 한다.

오늘 우리 대한민국의 정책의 최우선 과제는 청년 일자리 창출과 고용안정이다.

총선을 앞두고 중앙선거방송토론위원회에서 주관한 '일자리 창출 어떻게 할 것인가'라는 주제의 정당 정책토론회에서 청년실업 해소 방안과 비정규직 대책이 집중적으로 논의되었다. '일자리 창출'과도 같은 정책 현안은 선거 때뿐 아니라 논의구조를 상설화하고 초당적으로 정책을 마련해 나아가야 한다.

"민생, 안전, 공정 우선의 소신으로"

제18대 국회 마지막이자 이명박 정부 4년을 평가하는 국정감사가 오는 19일부터 시작됩니다. 국정감사에 임하면서 우리 국정감사가 지향해야 할 본연의 원칙을 가슴에 새깁니다. 국정감사는 국민의 세금으로 운영되는 정부의 정책과정이 공정했는지, 또 국민에게 위임받은 권리를 제대로 국민을 위해 행사했는지를 국민의 시각, 국민의 입장에서 냉철하게 임해야 한다는 소신입니다. 나아가 미래를 준비하는 각오로 지킬 것은 지키고 고칠 것은 개선하는 개혁과 대안제시의 장이어야 한다는 신념입니다.

저는 우선 올 국정감사의 임하면서 세 가지 각오를 새깁니다.

첫째 민생 우선입니다. 치솟는 물가, 실업과 고용 불안정, FTA의 그늘에 가려진 농촌과 중소기업, 그리고 서민과 근로자의 어려움을 해소하는데 최우선해야 합니다.

둘째는 안전입니다. 기후변화와 이상기후로 높아지는 재난에 대한 대비, 가속화되는 정보화 시대에 대비한 개인정보보호와 사이버 안전, 구제역을 비롯한 새로운 위험환경에 대한 대비, 또 날로 복잡화되고 다원화되는 위험사회 속에서 위협받는 생명과 인권을 비롯한 국민의 안전을 점검하고 개선하는데 최우선해야 합니다.

셋째는 공정입니다. 국정감사는 국민의 시각과 잣대로 공정하게 이루어져야 합니다. 따라서 그 어떠한 정쟁이나 당리당략에 휩쓸려서는 안됩니다. 저부터, 우리 당부터 다가오는 10월 보선이나 내년 총선, 대선을 앞둔 정쟁에 흔들림 없이 공정하고 합리적인 정책 우선의 공정한 국정감사가 이루어지도록 최선을 다하겠습니다.

이 세 가지 각오 아래 제가 속한 행정안전위원회의 국정감사 현안들을 점검해보았습니다. 먼저 행정안전부가 추진해온 주요정책에 대한 엄중한 점검입니다. 최대 화두는 지방분권의 큰 흐름입니다. 지방분권과 지방자치의 최대 관건인 지방세 실태와 확충, 그리고 이러한 지방재정 확충의 현안인 지방소득세 독립세 전환, 지방소비세 비율 확대 등은 정책적으로 점검해야 합니다.

용두사미가 우려되는 지방행정체제 개편 또한 효율과 분권의 원칙 아래 재검토해야 할 사안입니다. 지방공기업 운영의 건전성도 국민조세 감시 차원의 현안입니다. 특히 지난 2010년 2월 1년 유예 이후 내년 2월 시행되는 해양폐기물 투기 금지에 대비한 각 지자체의 유기성 폐기물(음식물쓰레기 등), 하수슬러지, 축산폐기물 등의 처리 대비실태는 엄청난 국고지원와 지방예산이 소요되는 분야이므로 투자의 효율성에 대한 집중적인 감사가 필요하며, 소각이나 탄화처리시설의 경우 2014년 경부터 시행이 예상되는 탄소세 도입과도 관련하여 엄밀히 검토해야 할 현안이라는 생각입니다.

국정감사에 임할 때마다 국민의 시각과 눈높이에서 냉철하게 임하자고 다짐하곤 한다. 나아가 연중 며칠간의 한시적인 국정감사제도를 개선해 청문회 형식으로 상설화해야 한다는 개선방안도 생각하게 된다.

행정안전부에서 의욕적으로 추진해온 도로명 중심의 새주소 사업의 효율성과 올바른 추진, 위치찾기 고도화 사업의 실효성, 개인정보보호 등의 현안도 주민권익과 행정효율의 측면에서 엄밀히 검토해야 할 사안입니다.

특히 개인정보보호에 관해서는 사이버 안전 차원의 공익과도 직결되는 현안이면서도 미아나 실종자에 대한 신속한 배려 차원의 예외사안에 대해서도 정책과 법률 차원의 검토가 필요한 사안이라 생각됩니다. 특히 정보통신 분야와 통합조정의 과제도 점검사안입니다. 경찰청 업무와 관련해서는 공권력 오남용 실태, 전의경의 근무여건과 권익, 정당한 공권력의 위상 정립 등이 민생치안의 원칙 아래 검토되어야 합니다.

무엇보다 행정안전부의 최대 현안은 국민의 안전과 직결된 사안들입니다. 특히 국가적인 재난관리의 중요성은 기후변화로 인한 풍수해, 지진과 해일, 우면산 사태에서 보듯 지질과 환경, 그리고 개발 등과 더불어 종합적이면서도 과학적인 대비와 예방시스템에 대한 검토가 이뤄져야 합니다. 또한 환경문제와 직결된 구제역을 비롯한 새로운 질병에 대한 사안도 예방에서부터 사후관리까지 보건복지, 식품의약품 안전 등의 분야와 종합적인 검토가 필요한 현안입니다. 사이버 안전도 북한을 비롯한 적대적인 반국가적 세력의 테러에서부터 각종 범죄에 이르기까지 국민의 안전을 위협하는 중대 사안으로 인식하여 적절한 대비실태에 대한 종합적인 점검이 필요합니다.

끝으로 선거관리 업무의 경우, 이번 서울시장 급식 주민투표에서 보듯 엄청난 재정 낭비와 정치적 혼란까지 부르는 사안에 대한 검토, 또 내년 총선부터 시행되는 재외국민 투표 참여의 공정한 관리와 참여를 높일 수 있는 방안 등도 올 국정감사의 주요현안이라 생각합니다.

이제 10월초까지 20여일 간 국정감사가 시작됩니다. 국정감사에 임하면서 헌법학계에서나 행정학계에서 지적하고 있는 일시적인 국정감사의 비효율성에 대한 성찰도 함께 하면서 이러한 국회 본연의 국정감시활동이 상임위나 국정조사를 통해 일상화될 수 있기를 바라는 마음으로 임하고자 합니다.

아울러 지난 8월부터 국정감사 자료요구에 추석명절도 반납하고 힘써주신 공직자분들에 대한 감사의 마음, 그리고 이러한 땀이 헛되지 않도록 국민의 혈세를 절감하고 알권리와 권익을 충족시키는 민생과 안전, 공정에 충실한 국정감사가 되도록 최선의 노력으로 임하겠다는 각오입니다.

무엇보다 정쟁과 당리당략을 경계하고 나 스스로를 감사한다는 각오로 임하겠습니다. 이번 18대 국회 마지막 국정감사가 10월보선, 또 내년 총선과 대선을 위한 정략의 장이 되어서는 안된다는 국민 여러분의 준엄한 목소리를 가슴 깊이 새기면서 20일간의 국정감사에 임하고자 합니다.

스마트 환경,
서민경제 활성화의 장으로 삼자

최근 국정감사 현장에서 우리 현실에 스마트로 통칭되는 SNS(소셜네트워크서비스 ; Social Network Service) 환경이 놀랍게 변화하고 있음에도 불구하고 정부의 대국민 서비스는 아직 행정편의주의에 머물고 있다는 점에서 아쉬운 점이 많았다.

SNS를 비롯한 스마트 환경은 다채널의 수평적인 네트워크와 언제 어디서든 쌍방향으로 소통할 수 있다는 점을 특징과 장점으로 한다. 따라서 실시간으로 국민과의 의사소통을 통해 예산 수립 과정에서부터 집행, 감사에 이르기까지 국민의 참여 속에서 정책을 시행하는 적시정책(Just in time policy) 시대가 열리고 있다. 또 하나의 강점은 과거 매스미디어에 의존하던 정책홍보와 여론수렴 과정이 정책목표에 따라 적절한 다채널 미디어를 선택적으로 운영하면서 효과는 높일 수 있는 저비용 고효율 시대가 열리고 있다는 점이다.

하지만 현재 우리 정부의 정책과정에서 활용되는 스마트 환경은 민원 서비스나 재난안전과 관련한 사안, 또는 홍보 현안들을 공지하는 일방적인 활용에 그치고 있다는 아쉬움이 든다. 정부가 시행하는 스마트 워크도 단순히 공간을 마련하는 수준에 그치고 있어 전시행정에 그치지 않나 하는 우려도 든다. 나아가 쌍방향과 다채널 스마트 환경을 앞다투어 도입하고도 이를 단체장이나 기관장의 일정을 홍보하는 식의 구시대 전시행정으로 회귀하고 있는 사례도 적지 않게 볼 수 있다.

선진 각국은 이미 정책과 예산수립 과정에서부터 이를 공지하고 스마트 환경을 활용한 여론수렴을 거쳐 시행하고 정책과 예산집행과정에서도 수시로 SNS를 비롯한 다채널 여론수렴을 통해 정책을 가변적으로 운영하는 스마트 환경시대의 적시정책을 시행하고 있다.

우리 정부와 기관의 정책시행도 이제 스마트 환경의 본모습인 쌍방향의 수평적인 다채널 네트워크의 장점을 십분 활용하여 국민의 권익을 높이는 시대로 업그레이드시켜야 한다. 이번 국정감사에서 느낀 몇 가지 사례를 예로 들어본다.

첫째 민생과 안전에 스마트 환경과 SNS를 적극 활용하고 확대하는 방안이다. 먼저 각종 재난 안전과 관련해서 일방적 공지 차원에서 한 걸음 나아가 언제 어디서든지 시민의 제보와 신고 등과 소통하면서 각종 사고를 예방하고 피해를 줄이는 네트워크를 활성화해야 한다.

둘째 정책 홍보의 저비용 고효율 집행이다. 지난 행정안전부 국정감사에서 정부에서 역점추진하는 한 사업에 관한 정책인지 여론조사를 실시한 결과 도농복합지역, 즉 농촌지역의 정책인지도가 29.5%로 가장 높았고 대도시권 22.5%, 서울을 비롯한 수도권 19.8% 순으로 나타났다. 만일 행정안전부가 SNS나 스마트 환경을 저극 활용한 홍보를 했더라면 정보화와 스마트 환경이 잘 갖추어진 도시지역 시민들의 정책 인지도가 당연히 높았어야 했다. 특히 SNS를 비롯한 미디어 홍보는 매스컴을 통한 홍보보다 비용을 크게 절감할 수 있다는 점도 함께 돌아보게 된다.

다채널 미디어의 선택적 홍보가 엄청난 홍보 성과를 높인 사례도 있다. 이미 주지하다시피 매스컴에 의존하던 홍보여건보다 다채널 쌍방향 미디어 환경은 특성에 따라 다양한 특장점을 갖고 있다. 예를 들어 인터넷 미디어만 해도 검색, 메일링 등 점유율이 큰 차이를 보이는가 하면 세대나 계층, 또 지역별로 홍보효과가 현격하게 차이가 나기도 한다. 특산물과 재래시장 홍보의 한 사례를 보면 어느 매채를 선택해서 홍보하느냐, 즉 매체에 따른 타겟 계층과 그룹 선정에 따라 매출액이 수십배 가까이 차이가 난 사례도 있었다.

이러한 점을 고려할 때 SNS를 비롯한 스마트 환경을 현재 가장 중요한 민생분야인 서민경제 분야에 활용하는 방안을 제안하고 싶다. 현재 우리 서민경제의 가장 큰 문제는 양극화이다. 대표적인 사례로 이명박 정부 들어 재래시장 활성화 정책을 역점적으로 시행하고 있으면서도 대기업 중심의 대형마트와의 양극화는 더욱 심각해지는 것으로 나타나고 있다.

2010년말을 기준으로 최근 4년 간 전통시장 매출액은 20% 가까이 감소한 반면 대형마트 매출은 30% 이상 증가하고 있다. 2010년만 보더라도 전국 1517개 전통시장의 매출액은 24조원으로 전년 대비 2.8% 줄었고, 29조8000억원의 매출액을 기록한 2006년에 비해서는 19.5%나 감소했다. 이에 반해 이마트와 롯데마트, 홈플러스 등 전국 425개 대형마트의 지난해 매출액은

33조7000억원으로 전통시장에 비해 같은 기간 10조원 가까이 늘었으며 전년 대비 8.0% 늘었다. 2006년 매출액이 25조7000억원이었던 것과 비교하면 무려 31.1%나 증가한 수치다.

반면 동일한 품목 대비 가격은 전통시장이 훨씬 저렴한 것으로 나타나 전통시장이나 특산물의 홍보와 마케팅 지원이 절실함을 절감하게 된다. 지난 추석물가만 하더라도 동일한 품질의 제수용품과 차례상 물가가 대형마트보다 전통시장이 20.6% 저렴한 것으로 조사된 바 있다.

SNS를 비롯한 스마트 환경을 전통시장과 자영업자들에게 적극 보급하고 활성화한다면 서민경제의 상징인 재래시장과 중소 자영업자, 나아가 농민들이 생산한 지역 특산물 등의 홍보와 마케팅에 획기적인 전기를 마련할 수 있다는 생각이다.

현재 서민경제의 최대과제는 대기업과 전통시장을 비롯한 재래시장 사이의 양극화, 또 수도권이나 대도시권과 도농복합지역과의 양극화 등이 심각하게 벌어지고 있다는 것이다. 이러한 두 가지 양극화를 해소할 수 있는 첫걸음을 SNS를 비롯한 스마트 환경에서 시작하자는 제안이다.

예를 들어 전통시장의 활성화를 통한 서민경제 진흥을 맡고 있는 중소기업청이 중심이 되고 행정안전부 산하에 지역 축제와 지역특산물 등을 홍보하는 지역진흥재단, 그리고 각 지자체의 경제관련 부서가 상호 협력하여 SNS를 비롯한 스마트 환경을 통합하고 수평적인 네트워크를 경성해서 홍보와 마케팅을 지원하는 방안을 모색할 수 있다는 생각이다.

우리 고장 아산을 예로 든다면 오늘 아침 재래시장에 가을 특산물인 능이버섯이 출하되었다는 실시간 정보와 이미지를 SNS를 통해 전파한다면 홍보비용과 유통비용, 나아가 시간의 소모 없이 소비자에게 즉시 팔려나갈 수 있고, 특산물은 제 값을 받고 소비자는 저렴하게 구입하는 수평적이면서도 저비용 고효율의 전통시장 상품과 특산물 판매 활성화가 가능하다는 생각이다.

SNS를 비롯한 스마트 환경, 이제 대기업이나 대형마트와 전통 재래시장의 양극화, 나아가 수도권과 중소지역 도농복합지역 사이의 양극화를 넘어서 서민경제를 활성화시킬 수 있는 민생정책으로 활용해야 한다.

충남의 메가트랜드를 생각한다

지난 주말 대구세계육상선수권대회를 찾았다. 예선전에 출전한 우사인볼트의 달리는 모습도 보았고 남자 높이뛰기, 투해머 등도 관람했다. 아직 우리 육상의 수준이 세계수준에는 못미치는 모습이었지만 우리나라 제3의 도시 대구에서 세계적인 스포츠 대회를 통해 세계인이 찾고 세계를 향해 나아가는 모습은 인상적이었다. 특히 대구세계육상선수권대회를 준비하며 자원봉사를 비롯, 묵묵히 참여하며 땀흘리는 대구시민들의 모습에는 자부심과 희망으로 가득했다.

외국에 나가보면 우리나라는 대한민국이나 코리아라는 이름보다 서울이 더 잘 알려져 있음을 느낄 수 있다. 이는 이미 86아시안게임과 88서울올림픽을 통해 잘 알려진 브랜드 효과 때문이다. 부산은 2002아시안게임을 통해, 대전은 93대전엑스포를 통해 국제도시로서의 전기를 마련했다, 최근 인천은 2014아시안게임을 통해 동북아 국제도시로서의 꿈을 추진하고 있고, 여수는 2012여수세계엑스포를 통해, 또 평창은 2018동계올림픽을 유치하면서 세계를 향해 도약하고 있다.

21세기 미래학자들의 예견대로 세계는 지방화를 중심으로 메가트랜드를 통해 세계를 향해 나아가고 있다. '메가트랜드(Megatrends)' 는 당초 존 나이스비트(Jhon Naisbitt)가 제기한 탈공업화 사회, 글로벌 경제, 분권화, 네트워크형 조직을 특징으로 하는 현대사회의 거대한 조류를 의미했지만 최근에는 급격한 사회변화의 구심적인 계기나 경향을 의미하는 개념으로 쓰이고 있다.

우리나라를 비롯한 세계 각국의 지역들이 세계화 시대에 발맞춘 메가트랜드를 계기로 속속 세계로 나아가는 모습을 보면서 우리 충남의 세계화를 상징할 메가트랜드를 고민해 본다. 충남은 2002안면도국제꽃박람회를 계기로 2009년 꽃박람회 재개최, 2010세계대백제전, 금산인삼엑스포, 계룡세계군문화축제 등의 지역행사가 이어지고는 있지만 충남을 상징할 만한 세계적인 메가트랜드는 아직 만들지 못하고 있다는 안타까움이 든다.

필자는 충남도에 근무하면서 2002안면도국제꽃박람회를 기획했고, '하트 오브 코리아(Heart of Korea)' 라는 충남의 글로벌 브랜드를 만들었다. 그리고 십여 년이 지난 오늘 안면도국제꽃박람회를 뛰어넘고 대한민국을 상징할 수 있는 메가트랜드를 우리 충남이 창조해 나아가길 소망한다.

아산을 중심으로 최근 관심이 높아지는 의료관광과 연계한 세계온천박람회와 같은 웰빙이벤트도 추진해 볼 만하다. 또 스포츠 인프라가 잘 갖추어져 있는 천안에 세계적인 스포츠 행사도 유치할 수도 있다. 기존의 꽃박람회, 백제문화제, 군문화축제 등을 발전시켜 새로운 글로벌 이벤트를 기획하는 방안도 생각해야 한다.

발상을 전환해서 단일 시군의 이벤트를 넘어서 시군과 시도가 함께 기획하고 추진하는 상생과 협력의 이벤트도 필요하다. 충남, 대전, 충북이 협력해서 충청권 과학비지니스벨트에 걸맞는 메가트랜드를 창출하는 방안도 생각할 수 있다. 아산과 평택, 당진 등 아산만권의 시군이 힘을 모아 황해경제자유구역을 활성화하고 동북아 교역을 상징할 수 있는 이벤트를 구상해봄직하다.

또한 내포신도시 이전을 기념하고 그동안 소외되어온 내포문화권 개발을 촉진할 수 있는 내포문화 이벤트도 기획할 시점이다. 내포문화 이벤트에는 지구지정 면적의 한계로 제외된 아산 서남부권에서부터 당진, 홍성, 예산, 서산, 태안, 서천에 이르는 시군이 힘을 모아 동북아 한류문화의 새로운 메카를 지향하는 방향을 제안하고 싶다.

태안 기름유출사고로 세계 환경계의 이목을 집중시키면서 온 국민이 참여했던 태안지역을 중심으로 한 국립공원지역에도 환경과 해양생태의 소중함을 기리고 세계인과 함께 할 수 있는 이벤트를 기획해봄직하다.

이제 세계는 메가트랜드를 통해 더욱 가까워지고 있다. 또한 기존의 전통적인 산업을 뛰어넘어 관광과 문화 등이 어우러진 새로운 융복합 산업이 새로운 트렌드로 부상하고 있다. 이제 우리 충남도 '한국의 마음', 즉 '하트 오브 코리아(Heart of Korea)' 에 걸맞는 메가트랜드를 창출하고 유치해야 할 때가 되었다는 생각이다.

인삼관련법,
농민과 소비자 우선의 정책 필요

지난 26일 인삼 경작과 유통 관련 종사자 300여명이 국회 보건복지위회 국정감사가 열린 보건복지부 청사 앞에서 항의집회를 열었다. 문제된 사안은 오는 10월 1일부터 시행 예정인 '한약재 수급 및 유통관리 규정 개정' 이었다. 보건복지부의 한약재 수급 및 유통관리 규정 개정의 골자는 한약재의 안전성 강화를 위해 그동안 한약도매상에 허용해 온 자가규격화제를 폐지하는 대신 인삼 등 모든 한약재를 제조업소 규격품목으로 전환하도록 하는 것이다. 또한 한약 규격품의 체계를 제조는 한약제조업소, 유통은 한약도매상, 소매는 한방의료기관으로 각각 구분하고 자가규격품의 제조와 판매, 포장, 저장, 진열을 한 곳에서 하지 못하도록 규제하고 있다.

우선 가장 큰 문제는 이중검사다. 인삼은 그 동안 인삼산업법에 의거하여 제조, 검사, 판매를 해 왔는데 앞으로는 똑같은 인삼을 한의원 등에 판매할 경우 약사법에 의해 검사를 다시 받게 되고 유통과정에서 한약제조업소, 한약도매상, 의약품검사기관을 더 거쳐야 한다. 이럴 경우 유통비 증가와 일부 한약제조업체에 의한 유통망 독점으로 인삼이 소비자에게 약재로 공급되는 최종 소비처인 한의원을 비롯, 최종소비자에 이르기까지 부담이 가중될 수밖에 없다.

특히 인삼산업법과 약사법에 의한 인삼 검사항목과 방법이 서로 대동소이하고 일부 항목은 인삼산업법이 더 엄격한데도 불구하고 보건복지부가 여타 한약제와 같이 일률적인 잣대를 적용하는 것은 인삼경작 농민과 중소자영업 중심의 유통업자, 또 소비자에게 이중 규제와 부담을 가중시킬 수밖에 없다.

이러한 법이 시행되기까지의 졸속 절차는 더욱 문제다. 보건복지부는 관련 규정을 개정하면서 해당부처인 농림수산식품부와 실무자급 협의만 거친 것으로 나타났다. 법개정 여파가 전체 인삼재배농가나 유통업체, 또 소비자에게까지 파급되는 문제인 만큼 최소한 농림수산식품부와도 국장이나 차관급 협의를 거쳤어야 했다. 아니 그 이전에 법개정 검토 과정에서 인삼재배농가와 인삼제조 유통업체, 관련단체와의 협의와 의견수렴과정도 거쳤어야 마땅하다.

법개정의 척도는 법이 적용되는 대상 국민의 입장이어야 한다는 점을 잊어선 안된다. 더욱이 지금 모든 법제도의 개선 방향이 규제완화와 제반 산업 활성화에 있다는 점 또한 간과해서는 안된다. 다행히 보건복지부에서는 법시행을 내년 3월까지로 유예했다.

지금이라도 늦지 않았다. 보건복지부가 인삼 유통과정의 안전성을 문제삼았다면 이중검사나 농민과 소비자의 부담과 피해가 가지 않도록 면밀한 검토와 의견수렴, 그리고 협의를 거쳐야 한다. 진정한 인삼의 안전성을 위해서라면 인삼산업법을 관장하는 농림수산식품부와 보건복지부의 공조 아래 산하 단속기관인 농산물품질관리원과 식품의약품안전청의 참여와 의견수렴을 거쳐 법시행을 신중히 재검토해야 한다. 아울러 인삼유통의 80%를 차지하는 금산의 지역경제에 미칠 파급효과 또한 배려해야 한다.

대한민국의 모든 법의 주체는 국민으로 통칭되는 농민과 유통업체, 그리고 소비자라는 점을 분명히 인식하고 인삼산업 활성화라는 전제 아래 규제를 완화하고 진흥하는 차원에서 재검토되어야 한다.

부록 코리아 하모니를 향한 최근 SNS 기록과 다짐

국민대통합, 그 상생과 화합의 미래를 향하여

총선 이후 코리아 하모니를 향한 기록들

코리아 하모니, 그 날을 향한 다짐

부록

코리아 하모니를 향한 최근 SNS 기록과 다짐

페이스북을 시작한 지 20여 개월. 총선이 끝나고 페이스북을 비롯한 SNS에서 무언가 더 가치있는 소통에 나서보자고 마음 먹었습니다. 오늘 우리를 있게 한 역사를 되돌아 보고 그 의미를 되새기자 하였습니다. 특히 우리 세대에게 가까운 현대사, 그 중에서도 오늘 우리가 극복해야 할 갈등과 반목의 역사에 주목했습니다. '코리아 하모니'로 테마를 정하고 생각나는 대로 역사가 오늘 우리에게 주는 의미를 찾아 국민대통합을 향한 상생과 화합의 미래를 가슴에 새기며 나아가고자 했고, 앞으로 더 열심히 하나된 대한민국을 위해 노력할 것을 다짐합니다.

국민대통합, 그 상생과 화합의 미래를 향하여

내가 페이스북을 시작한 것은 2011년 1월 25일경으로 기억한다. 처음엔 낯설고 어렵기만 했다. 지금도 제대로 활용하지는 못하고 있다. 하지만 페이스북은 내게 새로운 소통의 세계를 열어줬다.

젊은 분들과의 일상적인 대화, 특히 멀리 떨어져 군생활을 하는 고향 후배님들, 주야 근로시간 때문에 만나뵙기 어려운 근로자 분들, 가정에 계시는 주부님들과 정말 많은 대화와 공감을 가질 수 있었다.

또한 새벽에 페이스북을 열면 평소 만나기 어려운 소방이나 경찰, 또 지방자치단체에서 땀흘리시는 공직자 분들의 목소리와 안타까운 민원도 직접 만날 수 있었다. 이러한 소통의 기록을 모아 지난 2011년 6월 세 번째 에세이집 제1부에 상재하기도 했다.

총선이 끝나고 페이스북과 트위터 등과 같은 SNS에서 무언가 더 가치있는 소통을 해보자고 마음 먹게 되었다. 그래서 오늘 우리를 있게 한 역사를 되돌아 보고 그 의미를 되새기자는데 생각이 미쳤다. 매일은 어렵더라도 1주일에 1번 정도는 실천하려고 노력했다.

특히 우리 세대에게 가까운 현대사, 그 중에서도 오늘 우리가 극복해야 할 갈등과 반목의 역사에 주목하기로 했다. 지난 4월 총선 이후 나름대로 '코리아 하모니'라 테마를 정하고 생각나는 대로 역사가 오늘 우리에게 주는 의미를 찾아 국민대통합을 향한 상생과 화합의 미래를 가슴에 새기며 나아가고자 했던 짧은 기록과 다짐이다.

다시 한 번 SNS에서 내 다짐과 각오를 새로이 해 본다. 내 이야기를 일방적으로 전하기보다는 친구들과 이웃들의 입장에서 이해하며 대화해야 하리라. 그리고 가능한 한 나 개인의 이야기가 아니라 우리 모두의 이야기를 나누며 우리 함께 펼쳐갈 매일을 향하자는 다짐이다.

실제 페이스북에는 많은 댓글과 대화가 이루어졌지만 그 분들의 나름대로의 생각과 초상권을 존중하는 의미에서 제외하고 정리했음을 밝힌다. 또한 매년 올리고 거울 삼는 글과 지난 <붉은 마음 푸른 대한>에 인용했던 글들도 있지만 맥락을 살리기 위해 그대로 정리하였다.

총선 이후 코리아 하모니를 향한 기록들

2012년 4월 12일 아침

지난 4년 제 의정활동에 주신 아산시민 여러분의 평가와 선택에 감사하며 인사길 나섭니다. 온양온천역에서 시민 여러분을 뵙고, 현충사와 맹사성 선생의 유허를 찾아 19대국회를 향한 다짐과 각오를 새로이 하고자 합니다. 이 충무공의 '상무(尙武) 정신', 맹사성 선생의 '청렴(淸廉) 정신' 을 새삼 새깁니다.

문득 우리 아산의 정신문화의 한 맥을 내려주신 외암 이간 선생의 관선재(觀善齋)에 어린 가르침을 떠올립니다. 관선(觀善)이란 〈예기(禮記)〉의 '사상관이선(士相觀而善)' 즉, "선비는 서로가 본받아서 선해지라"는 가르

아산 외암마을 윗편으로 올라 강당골에 후학들을 기르는 강학소로 쓰였다는 〈관선재(觀善齋)〉 현판. 추사 김정희 선생의 필적이라 전하기도 한다.

침입니다. 조선 영조 때의 학자 외암 이간 선생과 윤혼 선생이 후진들을 가르쳤던 아산시 송악면 강당리 강당사에 현액이 남아 전합니다.

유난히 비방과 헐뜯기가 난무했던 이번 선거를 돌아보며 아산시민 여러분께 송구스러운 마음입니다. 이제 외암 선생님의 '관선(觀善)' 의 가르침을 되새기며 상생과 화합의 새 날을 열어가야겠습니다.

김선화 후보님, 이건영 후보님, 권현종 후보님, 그리고 중반까지 함께 하셨던 이동근 후보님과 강훈식, 김길년 후보님, 이제 모두 '관선(觀善)'의 정신으로 아산 발전의 큰 길에 함께 해주시리라 믿습니다.

아산시민 여러분 정말 감사합니다.

4월 23일 오늘은 책의 날입니다

총선이 끝난 지 벌써 12일이 지났습니다. 아산 곳곳 유권자 분들을 만나 감사 인사도 올리고 또 부족했던 정책, 민원도 듣고 비판과 조언도 더 가슴 깊이 새깁니다. 남은 18대 국회 산적한 법안과 민생 현안도 소홀함 없이 처리할 수 있도록 노력해야겠습니다. 지역 언론사를 찾아 인사도 드리고 앞으로 제가 가야 할 길을 향한 제언도 듣고 제 소신도 나누었습니다. 더 무거운 책임과 사명감으로 다시 새벽을 맞습니다.

오늘은 '세계 책의 날' 이자 '세계 책과 저작권의 날(World Book and Copyright Day)' 이기도 합니다. 스페인에서 시작됐다는 책의 날에는 책과 장미의 축제가 동시에 펼쳐지고, 영국에서는 이 날을 전후해 한 달간 부모들이 취침 전 자녀들에게 20분씩 책을 읽어 주는 '잠자리 독서 캠페인' 을 벌이기도 한답니다.

저희 학창시절부터 찾던 온양의 작은 서점들, 또 고교시절 책값을 아끼며 찾던 선화동과 원동의 헌 책방들의 추억이 생각납니다. 공직 생활 때엔 어린 두 아이에게 늘 늦게 들어오는 것이 미안해 아침 일찍 아이들을 깨워서 책도 같이 읽고 산책도 하던 추억도 그립습니다. 이젠 훌쩍 자라 버린 두 아이. 아비로서 그때 그때 꼭 해줘야 할 것이 있는데 못해준 것이 너무 많아 늘 미안한 마음입니다.

오늘은 사랑하는 분들에게 책 한 권, 장미 한 송이 함께 나누시는 것이 어떨까 추천합니다. 저도 그리운 책방 한 번 찾아봐야겠습니다. 책, 또 마음을 담은 꽃 한 송이로 한 주를 시작하시는 것은 어떨지…. 저부터 실천해야겠습니다.

신록이 푸르러 오는 한 주 페이스북 친구 여러분 모두 건강하고 행복하세요.

4월 25일 오늘은 법의 날입니다

1963년에 그리스 아테네에서 개최된 '법의 지배를 통한 세계평화대회' 에서 모든 국가에 '법의 날' 제정을 권고하기로 결의함에 따라 우리 나라도 이를 받아들여 1964년부터 시행하고 있습니다.

법의 날에는 고등학교 선배님이시자 숨은 사랑을 법으로 실천하셨던 아

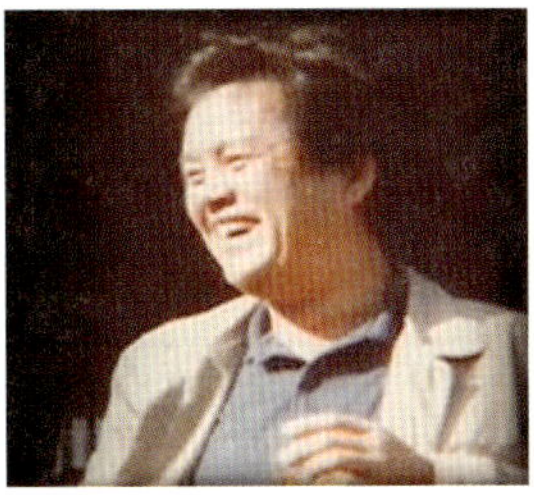

고 황인철 변호사님의 생전 모습.
입법활동을 할 때마다 선배님의 추모문집
〈무죄다라는 말 한마디〉에 전하신
높은 뜻을 되새기곤 합니다.

름다운 변호사 선배님 한 분을 생각합니다. 황인철 변호사이십니다. 살아서 민권과 인권을 위해 헌신하셨고 돌아가시면서 가진 것 모두를 사회에 돌려주신 황인철 변호사님. 네이버에 그 분 이름을 검색해보니 추모글과 사진 한 장 남아 있네요. 법의 날, 정말 우리 힘없는 국민의 편이셨던 황인철 변호사님을 기리며 추억합니다.

아울러 오늘 우리 입법기관인 국회의 모습에 반성과 안타까움이 앞섭니다. 18대 국회를 마무리하자는 소신으로 의정에 임하고 있습니다. 하지만 거대 야당인 두 정당의 당략에 의해 눈앞의 산적한 민생현안을 두고도 공전하는 국회의 모습, 국회의원의 한 사람으로서 이대로는 안되겠다고 다짐합니다. 국회법을 개정해서라도 민생과 국정 현안이 당리당략에 휘둘리지 않도록 해야겠다는 각오를 해봅니다.

황인철 변호사님, 감사합니다. 그리고 늘 그립습니다. 당신께서 실천하신 따듯한 법의 정신 늘 기억하고 실천하겠습니다.

4월 27일
아산 성웅이순신축제에 초대합니다

4월 27일부터는 충무공 이순신의 탄신일을 맞아 아산에서 성웅이순신축제가 열립니다.

이충무공이 태어난 날은 1545년 4월 28일. 충무공의 충의를 기리는 행사는 조선 정조(正祖) 때부터 시작되어 일제강점기와 8·15광복 후에도 간간이 이루어졌다고 기록되고 있습니다. 본격적인 기념일로 행사를 치르기 시작한 것은 1960년대 초 박정희(朴正熙) 대통령때부터입니다. 1968년 서울 광화문에 충무공 동상을 세우고, 현충사(顯忠祠) 성역화 사업을 비롯, 충무공

현양 및 추모사업이 본격적으로 시작되었습니다. 사계 일각에서는 박정희 대통령이 자신의 정치적 정당성을 확보하기 위한 차원에서 충무공을 구국의 영웅이자 군인정신의 표상으로 삼으려 했다는 비판적인 시각도 있지만 오늘 우리가 이충무공을 더 가까이 알고 숭모하게 된 전기가 된 것은 분명합니다.

아산인 모두에게, 또 대한민국의 많은 청소년들과 어린이들에게 이충무공은 '큰 바위 얼굴' 과도 같은 분입니다. 저또한 탄신일이 되면 신작로를 따라 연초록 은행나무 잎이 푸르러오는 현충사 길을 따라 태극기를 흔들던 기억, 그리고 자라면서도 어려운 일이 있을 때마다 이충무공을 생각하며 이를 악물고 이겨내던 시절이 있었습니다.

오는 27일 성웅이충무공축제가 아산에서 시작됩니다.

아산인이 하나되고 대한민국이 나라사랑으로 하나되는 축제로 사랑받았으면 하는 소망입니다. 이번 주말은 우리 아산을 찾아오셔서 가족과 함께 이충무공축제에 함께 하시는 것은 어떠신지요.

4월 28일 '성웅 이순신' 과 '구리 이순신', 그리고 오늘 우리 가슴 속의 이순신 장군

1968년 충무공탄신 4백23주년을 하루 앞둔 4월 27일 서울 세종로 광화문 네거리에 충무공 이순신 장군 동상이 제막됐습니다. '애국선열 조상(彫像) 건립위원회' 주관으로 열린 이날 행사에 박정희 대통령 내외와 각계인사가 참석, 선열의 얼을 되새겼습니다.

구리로 만든 충무공 동상은 서울대 미대 학장을 지낸 고(故) 김세중씨가 13개월에 걸쳐 만든 작품으로 좌대 뒷면에는 이은상 씨의 명문이 새겨졌습니다. 당초 세종로에 세워지는 동상이니 만큼 세종대왕을 세우자는 의견도 있었지만 일제가 훼손한 조선왕조의 정기를 되살리는 데는 이순신 장군이 더 맞다는 의견이 최종적으로 받아들여져 충무공 동상을 세우게 됐다고 합니다.

그로부터 36년간 우리들은 각 시대마다 다른 표현과 방법으로 광화문 네거리 이순신 동상 주변에 모여 이 나라가 잘되기를 바라며 입을 모아 민주주의를 비롯, 우리 국민의 염원이 모이는 장소로 이어져왔습니다.

1970년 발표된 김지하 시인의 <구리 이순신>이란 희곡 생각이 납니다. 제목 정도는 대학 시절 들었지만 당시엔 출판금지된 불온서적이었고 나중에 문학을 전공한 후배를 통해 구해 읽은 기억이 납니다.

고된 노동과 삶에 지친 엿장수가 주인공입니다. 엿장수는 술에 취해 독재자의 비호 아래 부자가 된 큰 도둑들을 질타하고, 경제 발전의 미명 아래 착취당하고 억압당하는 민중의 한을 노래하며 광화문에 나타납니다. 그러다가 이순신 장군 동상을 보고 청와대를 지키는 수문장처럼 뒤로 청와대를 등지고 인자한 모습이 아니라 무서운 모습으로 민중들을 내려다보고 있는 이순신 장군을 원망합니다.

그러자 "아 답답하다, 누구 나 좀 꺼내주시오."하는 소리가 들립니다. 엿장수는 놀라서 사방을 둘러보는데 아무도 없고, 그 소리는 엿 장수의 푸념소리에 잠이 깬 이순신 장군의 신음소리였습니다. 구리 이순신은 그렇게 시작된 둘 간의 대화로 이어집니다.

놀란 엿장수에게 이순신 장군은 자신이 권력자를 지키며 민중들을 내려다보는 권력의 수문장이 아니라 민중과 함께 한 '민중의 장수'인데 권력자들이 자신을 구리 속에 가두어 권력의 수문장으로 광화문에 세워 놓았다며 자신을 구리 감옥에게 구해달라고 부탁합니다. 이순신 장군의 간절한 부탁에 엿장수는 이순신의 투구와 갑옷, 그리고 칼을 벗겨주려고 합니다. 그러나 이 때 경찰이 나타나고 그는 엿장수가 구리를 훔치는 것으로 생각, 수갑을 채워 끌고 갑니다.

광화문 세종로에 위치한 이충무공 동상. 1970년대 김지하 시인의 '구리 이순신'은 이 동상을 소재로 이 충무공을 '민중의 이순신 장군'으로 새롭게 해석했다.

결국 구리 이순신은 단순히 일본의 침략으로부터 선조와 조선왕조를 지키기 위한 '왕의 장수', '권력의 시녀' 가 아니라 민중을 지키려 했던 '민중의 장수' 로 선조로부터 각종 핍박을 받아야 했던 이순신 장군의 정신은 없애버리고 이순신을 화석화시켜 동상으로 만들어 버린 박정희 정권을 풍자했던 작품이 바로 <구리 이순신>입니다.

2004년 2월, 서울시의 광화문에서 세종로 네거리에 이르는 광장 조성 계획이 발표되면서 한 때 이순신 장군 동상이 시청 앞 광장으로 옮겨질 뻔 했으나 시민과 전문가의 반대 여론과 서울의 대표적인 기념물이라는 점 등이 고려돼 당초 시의 계획이 사실상 백지화됐습니다.

오늘도 충무공 이순신은 우리를 내려다보고 있습니다. 시대에 따라 이순신 장군에 대한 시각은 변했지만 우리에게 남긴 이충무공의 정신과 얼은 변함이 없습니다.

이제 오늘 우리 아산에서는 성웅이순신축제가 시작되고 내일은 이충무공 탄신일입니다. 영웅화된 이순신 장군, 또 구리 이순신으로 상징되는 권력화된 이순신 장군, 하지만 오늘 우리 가슴 속의 이순신 장군은 백성을 자신보다 더 사랑하고 나라를 위해 목숨을 바친 영원한 겨레의 지도자입니다.

우리 아산의 성웅이순신축제에 많이 찾아주시길 바랍니다.

4월의 마지막 날이자 5월이 시작되는 월요일입니다

근로자의 날로 시작하는 5월은 어린이날, 어버이날, 스승의 날이 있는 가정의 달입니다. 5월, 단 하루만이 아니라 1년 365일 우리 어린이들과 어버이, 또 스승님들의 은혜에 감사할 수 있었으면 좋겠습니다.

늘 5월이면 되새겨지는 피천득 선생님의 수필 한 편 함께 나누고 싶습니다. 나이가 들어 인생을 되돌아 볼수록 감회가 더 깊어지는 글입니다. 아마 지난 5월에도 페이스북에 이 글을 올려 함께 나눴던 듯 싶습니다. 마침 유튜브에 찾아보니 오월 아침의 이미지로 떠오르는 그리그의 페르귄트 조곡 중 '아침의 기분' 이 있어 함께 합니다.

페이스북 친구 모두 신록처럼 살아있는 즐거움을 가족, 또 이웃과 나누며 사랑 가득한 5월되세요. 그리그의 페르귄트 조곡(朝曲) 중에서 '아침의 기분' 과 함께 합니다.

> 오월은 금방 찬물로 세수를 한 스물 한 살 청신한 얼굴이다.
> 하얀 손가락에 끼어 있는 비취 가락지다.
>
> 오월은 앵두와 딸기의 달이요,
> 오월은 모란의 달이다.
> 그러나 오월은 무엇보다도 신록의 달이다.
> 전나무의 비늘잎도 연한 살결같이 보드랍다.
>
> 스물 한 살의 나이였던 오월.
> 불현듯 밤차를 타고 피서지에 간 일이 있다.
> 해변가에 엎어져 있는 보트, 덧문이 닫혀 있는 별장들.

그러나 시월같이 쓸쓸하지는 않았다.

가까이 보이는 섬들이 생생한 색이었다 .

득료애정통고 得了愛情痛苦 (얻었도다 애정의 고통을)

실료애정통고 失了愛情痛苦 (잃었도다 애정의 고통을)

젊어서 죽은 중국 시인의 이 글귀를 모래 위에 써 놓고,

나는 죽지 않고 돌아왔다.

신록을 바라다 보면 내가 살아 있다는 사실이 참으로 즐겁다.

내 나이를 세어 무엇하리. 나는 지금 오월 속에 있다.

연한 녹색이 나날이 번져가고 있다.

어느덧 짙어지고 말 것이다.

머문 듯 가는 것이 세월인 것을.

유월이 되면 "원숙한 여인"같이 녹음이 우거지리라.

그리고 태양은 정열을 퍼붓기 시작할 것이다.

밝고 맑고 순결한 오월은 지금 가고 있다.

– 피천득 선생 '오월' 전문

5월 1일 근로자의 날(노동절)

길이 끝나면 거기
새로운 길이 열린다

한쪽 문이 닫히면 거기
다른 쪽 문이 열린다

겨울이 깊으면 거기
새 봄이 걸어나온다

내가 무너지면 거기
더 큰 내가 일어선다

최선의 끝이 참된 시작이다
정직한 절망이 희망의 시작이다

– 박노해 노동자 시인의 '길이 끝나면' 전문

오늘은 근로자의 날입니다. 세계적으로는 '노동절', '메이 데이(May day)'라는 명칭으로 노동자의 권익을 기리는 날입니다. 우리 아산에는 산업체, 그리고 여기에서 땀흘리시는 노동자분들이 많습니다. 일하신 만큼 보답 받고 그래서 노동이 즐겁고 보람찬 내일을 함께 그려 봅니다. 우리 박노해 시인의 노래처럼 정직한 절망이 희망의 시작인 그날이 하루 하루 가까워지길 소망하며 작은 힘이나마 함께 하고 싶습니다. 우리 노동자 여러분의 땀과 노고에 늘 감사합니다.

80년대 초반인가요. 당시에는 금지되었던 김민기 씨의 노래극 '공장의 불빛'이 생각납니다. 그중에 '이세상 어딘가에' 라는 첫 가사로 기억나는 곡을 찾아 함께 합니다. 오늘 우리가 이만큼 살 수 있었던 힘, 그중엔 공부도 제대로 못하고 공장으로 상경했던 우리 누님과 형님들의 피땀이 있었다는 사실, 오늘 노동절에 다시 소중히 되새깁니다.

세월은 또 가고 오는 것
다시 오월의 신록이 푸르러 옵니다

지난 해 이맘 때쯤 이 시를 올려 페이스북 친구분들과 함께 했던 기억이 납니다. 읽고 또 읽어도 새로운 노래랍니다.

18대 국회를 마무리하면서 이 시 한 편이 내내 가슴을 울렸습니다. 선배 의원님, 국회 직원분들, 그 누구보다 국민 여러분께 감사합니다. 부족한 점 깊이 반성합니다. 죄송한 점 깊이 사죄합니다. 더 열심히 일하겠습니다.

떠나고 싶은 자

떠나게 하고

잠들고 싶은 자
잠들게 하고
그리고도 남은 시간은
침묵할 것

또는 꽃에 대하여
또는 하늘에 대하여
또는 무덤에 대하여

서둘지 말 것
침묵할 것

그대 살 속의
오래전에 굳은 날개와
흐르지 않는 강물과
누워 있는 누워 있는 구름,
결코 잠 깨지 않는 별을
쉽게 꿈꾸지 말고
쉽게 흐르지 말고
쉽게 꽃피지 말고
그러므로

실눈으로 볼 것
떠나고 싶은 자
홀로 떠나는 모습을
잠들고 싶은 자
홀로 잠드는 모습을

가장 큰 하늘은 언제나
그대 등뒤에 있다.

– 강은교 시인님의 '사랑法' 전문

5월 30일 오늘은 국회 개원일입니다

오늘은 제19대 국회가 개원하는 날입니다. 개원일에 여야 국회의원이 참여하는 가운데 전경련을 비롯한 경제5단체 개원축하연회가 열린다고 합니다. 우리 사회와 경제계의 핵심 현안인 중소기업 동반성장과 재벌 개혁, 일자리 창출 등이 문제되고 있는 상황에서 국회 개원 첫날 행사로는 가슴 한 구석이 허전해옵니다.

대한민국 헌법에는 상해임시정부의 법통을 계승한다고 명시되어 있습니다. 그러면 당연히 우리 국회 개원일은 1919년 4월 10일 개원한 상해임시의정원의 정신과 의의를 기리는 행사로 시작해야 하는 것이 아닌가 생각합니다.

상해임시의정원은 오늘날 국회의 역할을 했던 곳으로 의원수는 인구 30만 명에 의원 1명을 선정하되 경기도 6명, 충청도 6명, 경상도 6명, 전라도 6명, 강원도 3명, 함경도 6명, 황해도 3명, 평안도 6명, 중국령 교민 6명, 러시아령 교민 6명, 미국령 교민 3명 등 총 57명으로 정하였습니다. 초대 의장은 우리 고장 천안 목천 출신의 이동녕(李東寧) 선생이 선출되셨습니다.

제19대 국회 개원일, 저는 충남 목천에 있는 이동령 선생 생가터, 또 효창공원에 모셔진 이동령 선생의 묘소를 참배하는 일로 시작해야 하는 것이 아닌가 생각해봅니다.

제19대 국회는 우리 대한민국의 정통성부터 생각하는 국회여야겠습니다. 가진 자의 편보다는 힘없는 분들의 편에서, 또 사회적 약자의 편에서 일해야겠습니다. 나라와 국민을 위해 일하신 분들께 보답하는 국회여야겠습니다.

1919년 4월 11일 상해임시의정원 개원식 사진. 독립기념관 소장.

일자리로 고통받는 청년과 서민, FTA로 위기에 빠진 농민부터 생각하는 국회여야겠습니다. 비정규직으로 소외당하는 분들, 학교폭력에 시달리는 우리 어린이, 청소년들을 생각하는 국회여야겠습니다.

진정 아름다운 대한민국을 향한 제19대 국회 첫날, 머나먼 이국 땅에서 자주와 민주의 희망과 꿈으로 시작했던 대한민국 임시의정원의 모습을 가슴에 새기며 첫걸음을 내딛고 싶습니다.

2002년 5월 31일은 한일월드컵을 개막한 날입니다

만 10년 전 오늘부터 시작되었던 환희와 감동의 순간들을 기억합니다.

개인적으로는 충남부지사로서 4월 26일부터 5월 19일까지 24일 동안 안면도국제꽃박람회를 성공적으로 마무리한 직후였습니다. 비록 충남에선 월드컵이 열리진 않았지만 대전에서 열린 이탈리아와의 16강전 승리는 충청에서 울린 월드컵 4강신화의 전주곡이었습니다.

당시 충남도청 앞에서는 거리응원이 펼쳐졌고 도청 선후배 공직자분들과 손에 손잡고 목청껏 대한민국을 외치며 응원했습니다. 그때 중학생이던 지은이, 초등학생이던 지형이와 붉은 티셔츠를 입고 함께 했던 감격의 순간들이 아직도 가슴에 생생합니다.

4천만이 하나되어 이룩한 월드컵 4강신화의 10년 전 5월. 우리는 기억합니다. 지역갈등도 빈부차이도 세대단절도 없이 온 대한민국이 하나되었던 2002년 5월.

이제 2002월드컵 10주년을 맞으면서 그 소중한 국민통합과 대동의 순간을 오늘에 이어가야겠습니다. 세계를 향해 대한민국이 하나되어 외쳤던 '오 필승 코리아'의 함성, 이제 새롭게 이어가야겠습니다.

마침 오늘 월드컵 10주년을 맞아 거스 히딩크 감독이 대전을 찾는다고 합니다. 그날의 함성, 그날의 감동을 되새기며 오늘 우리가 해야 할 소중한 국민통합의 사명을 생각합니다.

이번 주는 6.25전쟁 62주년 기념일로 시작됩니다

오늘 우리가 누리는 자유와 민주의 가치를 새삼 소중히 되새기게 됩니다. 우리 아산에도 방축동 남산 중턱에 안보공원이 있습니다. 아산 안보공원

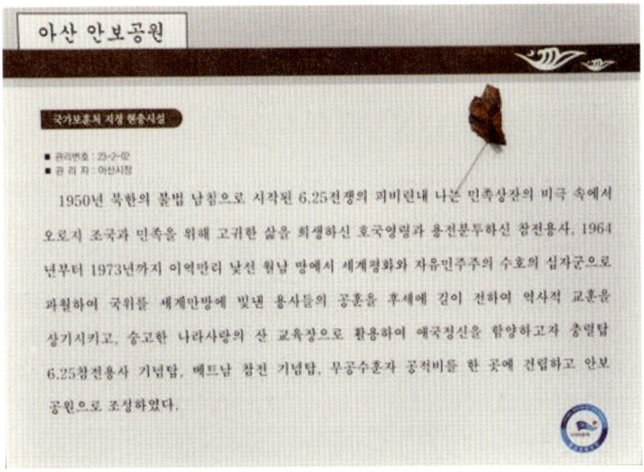

국가보훈처에서 게시한 아산시 방축동 안보공원 소개 안내판.

에 서있는 충렬탑에는 "여기 못 잊을 6·25전쟁 이후 우리 강토와 베트남에서 피끓는 젊음을 비치고 가신 이 고장 출신 군경 용사의 충렬의 넋이 고이 잠든 곳"이라는 비문이 새겨져 자유와 민주를 위해 몸바친 호국 용사분들의 영령을 추모하고 있습니다.

충렬탑 좌우로 6.25참전용사 기념탑, 베트남 참전 기념탑, 무공수훈자회 공적비 등이 함께 자유수호에 몸바친 우리 아산의 호국혼을 기리고 있습니다. 호국보훈의 달 6월 아산시민 여러분께 한 번쯤 찾아 보시면 어떨까 권해 봅니다.

이 분들이 있었기에 오늘 우리가 자유와 민주의 숨결을 누리며 살아갈 수 있음을 깊이 고개 숙여 감사합니다.

6월 30일 호국보훈의 달이 다 가고 있습니다

해마다 이맘 때면 꼭 함께 참여하고 싶은 대장정이 있습니다. 백야 김좌진 장군 기념사업회가 주관하는 청소년 나라사랑 체험프로그램입니다.

대련, 단동, 백두산, 청산리전적비, 윤동주 생가, 발해 유적지, 하얼빈 등으로 이어지는 대장정. 김좌진 장군의 손녀인 김을동 의원님과 함께 며칠이라도 함께 참여하곤 했습니다. 김좌진 장군 외증손이자 연기인인 송일국 씨가 앞장서는 만주벌 독립운동 유적지 대장정.

올해에도 꼭 참여하고 싶었지만 국회 개원이 늦어져 참여하기 어려울 것 같습니다. 올해에는 지난 6월 14일 1진이 출발했고 앞으로 총 11차례에 걸쳐 432명의 청소년들이 대장정에 참여한다 합니다. 마음만이라도 이들과 함께 대장정 여정을 함께 하고 싶습니다.

김좌진 장군, 홍범도 장군, 그리고 이름 석자 남김 없이 광복 대한민국을 위해 몸바쳤던 호국 선열들의 기개와 유업을 가슴 깊이 새기는 아침입니다. 페이스북 친구 여러분, 잠시만 시간을 내셔서 이 분들의 유업을 되새겨 봅시다. 행복하고 보람찬 하루 되세요.

지식채널e 잊혀진 대한민국 Ⅳ 친일잔재 청산

그는 일제강점기의 조선 청년이었다

그는 독립운동을 위해 가족과 고향을 떠났다

그는 직접 총을 들고 항일 무장투쟁을 벌였다

그는 청산리 전투를 승리로 이끌었다

이후 사진 한 장을 남겼다

1920년 10월 21일 아침 8시 백운평 전투를 시작으로 26일 봉오동 고동하 전투까지 백두산 자락에서 벌어진 6일간의 전쟁 청산리 전투

참전한 독립군은 비전투원 포함 약 2,800여 명

그리고 이들이 맞서 승리한 일본의 병력은 약 5만여명

일본군 3,300명이 사망하고 나머지는 도주

한일무장독립운동 사상 가장 빛나는 전과를 올린 대첩(大捷)

김좌진, 홍범도 장군을 비롯한 이름이 확인된 100여 명의 독립투사

그리고 확인되지 않은 나미지 평범한 독립투사들

1945년 8월 15일 광복

그로부터 60년 후 2005년 8월 29일 친일인명사전 발표

그러나

'언론인 장지연도 포함' 논란 - 조선일보

'진실복원만이 역사의 불행을 극복한다' - 한겨레

'편협한 사관으로 유권해석… 여론몰이 우려' - 동아일보

'친일인명사전과 친일규명의 당위성' - 경향신문

'친일명단 앞에서 겸허해야' - 한국일보

'친일명단 발표 문제 있다' - 중앙일보

문제의 이유

물론 일본 작위를 받았거나 나라를 팔아 넘겼거나 하는

명백한 친일이 있을 것이고,

혹은 그것이 현실인 줄 알고 처신한 경우도 있을 것이다.

전자의 경우에 대해서는 두 말할 여지가 없다.

그러나 후자의 경우는 '역사의 이해' 라는

관점에서 보아주는 것이 온당하다.

한 때 독립투사가, 항일의 날카로운 필봉을 세웠던 지식인이 부일 협력자로 돌아선 까닭을 그 시절을 살지 않고는 이해하기 힘들 것이다. - 중앙일보 사설 中

그 시절을 살았던 그는 일제강점기의 조선 청년이었다.

그는 독립운동을 위해 가족과 고향을 떠났다

그는 직접 총을 들고 항일 무장투쟁을 벌였다

그는 청산리 전투를 승리로 이끌었다

이후 사진 한 장을 남겼다

사진은 지식채널e 동영상에서 캡쳐한 무명 독립군 청년의 모습.

그러나 60년이 지난 지금도 여전히 우리는 그의 이름 석 자도 알지 못한다. 그저 사진 한 장이 남았을 뿐

"내 자식들이 성장하면 청산리 전투에서 산화한 독립군을 위하여 작은 돌 비석이라도 하나 세워주기 바란다."

애국지사 강근호 선생 기념사업회에는 청산리 전투의 이름없는 전사들의 이름을 추모비에 새기기 위해 참전자들의 후손을 찾고 있다. TEL : 051-703-4553

6월 29일, 호국보훈의 달, 그리고 태극기와 애국가

아침 단비가 내립니다. 농심을 적시는 단비가 내리는 하늘을 우러릅니다. 문득 가슴에 떠오르는 생각. 이제 호국보훈의 달은 지나갑니다. 하지만 1년 365일 잊지 말아야 할 일들이 있습니다.

태극기, 애국가, 그리고 오늘 자부와 긍지로 우리를 살아가게 해주는 대한민국. 오늘 아침엔 우리 태극기와 함께 해온 대한민국의 역사를 돌아봅니다. 단비와 더불어 촉촉한 훈기 가득한 주말 보내세요.

지식채널e 태극기

백 白, 흰 빛, 평화

네 소원이 무엇이냐 하고 하느님이 물으시면 나는 서슴지 않고 내 소원은 대한독립이오 하고 대답할 것이다. - 김구 백범일지

원 圓, 지극히 큰 하나, 세상 천지 우주 만물

1945년 사람들은 입고 있던 광목 치마를 찢고 덮고 자던 이불을 뜯어서 태극기를 그렸다. 끝없이 이어지는 역사, 1960년 1인독재 물러가라

양 陽, 밝음

1970년대 나는 자랑스런 태극기 앞에 충성을 다할 것을 맹세합니다.

음 陰, 어두움

1980년 피흘리던 광주시민들의 마지막 품

밝음과 어두움, 기쁨과 눈물을 담고 끝없이 흘러가는 역사

1987년 호헌철폐 독재타도

그리고 하늘, 땅, 물, 불

건 乾, 하늘, 곤 坤, 땅

2002년 대한민국! 오 필승 코리아

감 坎, 물, 리 離, 불

키르키즈스탄 이주 노동자 자녀 주라 "(내가 그린) 한국의 태극기예요"

사진은 지식채널e 동영상에서 캡쳐. 2002년 월드컵 응원 모습.

7월 2일 이제서야 국회가 열립니다

정치인의 한 사람으로 늦어진 국회 개원일 출근길에 나서며 오늘의 소사를 잠시 찾아 보았습니다. 1896년 7월 2일은 독립협회가 결성된 날입니다.

갑신정변을 주도했던 서재필 선생이 자유민주주의적 개혁사상을 민중에 보급하고 국민의 힘으로 완전한 자주 독립 국가를 수립하고자는 취지로 창립했습니다. 서재필 선생을 비롯, 윤치호, 이상재, 남궁억 등 근대 사상과 개혁 사상을 지닌 진보적 지식인들이 모여 학생, 노동자, 여성, 천민 등 광범위한 사회 계층의 지지를 받으며 민중에 기반을 둔 사회단체로 발전되어 갔습니다.

첫 사업으로는 국민의 성금을 모아 영은문 자리에 자주 독립의 상징인 독립문을 세우고, 모화관을 독립관으로 개수하는 등 국민의 자주 독립 의식을 고취시켰습니다. 또 강연회와 토론회 개최, 신문과 잡지 발간 등을 통해 근대적 지식과 국권 수호, 민권 사상을 고취시켜 민중을 계도했습니다.

2012년 7월 이 분들의 활동에 오늘 우리 대한민국의 모습을 비추어 봅니다. 어떤 염원은 이루어졌고, 어떤 꿈은 아직 우리의 유업으로 남아 있습니다.

제19대 국회 개원일. 이 분들에게, 이 분들과 함께 했던 선조들에게 부끄럽지 않아야겠다는 다짐으로 발길을 서둘러 봅니다.

새로 시작된 7월, 또 새로 시작되는 7월 첫 주. 반가운 장마 소식과 함께 건강하신 한 주 되세요.

서대문 독립공원 서재필 박사 동상과 독립문.

7월 3일 포항제철, 그리고 박태준 회장

우여곡절을 겪으며 개원한 국회를 향한 발걸음이 바쁘기만 합니다. 개인으로서의 한계를 절감하면서도 해야 할 일들이 정말 많습니다. 어렵고 힘들어서 때론 좌절하더라도 다시 일어나 반드시 해야 할 일들.

오늘 아침엔 불굴의 투지로 대한민국 산업발전의 상징인 포항제철 신화를 이룩하신 고 박태준 회장님을 잠시 생각했습니다. 역사는 1973년 7월 3일 준공한 포항제철의 신화를 다음과 같이 기록하고 있습니다.

이른 아침부터 박태준 사장과 직원들이 긴장된 표정으로 고로(용광로) 아래 출선구를 뚫어져라 쳐다보고 있었다. 태양열로 채화한 원화(元火)로 점화로에 불을 지핀지 어느덧 21시간이 지난 오전7시반, 이윽고 출선구가 열리고 용암처럼 시뻘건 쇳물이 힘차게 흘러나오기 시작했다. 마침내 우리 손으로 만든 우리나라 최초의 일관(一貫)제철소 고로에서 쇳물이 생산되기 시작한 것이다.

1970년 4월 착공 이래 3년3개월간을 기다려온 그 순간, 사람들은 너나없이 부둥켜안고 환호성을 질렀다. 풀 한 포기 없는 황무지에서 작업을 시작한지 5년 만이었고, 박정희 대통령이 1966년 방미 때 미국의 제철공장을 둘러본지 7년 만이었다.

공사비만 1215억원, 경부고속도로 건설비용의 3배나 되는 엄청난 금액이었고, 단일사업으로는 단군 이래 가장 큰 대역사였다. 7월3일에 치러진 준공식 이후 포항종합제철은 30년 만에 서울 여의도의 3배에 이르는 270만평의 거대한 부지에 도로 길이만 80km가 넘는 '철의 메카' 가 됐다.

총리실에 근무하며 모셨던 박태준 국무총리를 생각합니다. 총리실에는 매일매일의 금리, 환율, 유가 등을 기록하는 그래프가 걸려 있었습니다. 늘 우리 경제를 걱정하던 박태준 총리이셨습니다.

사진은 포항제철 준공 현장을 기록한
조선일보 '오늘의 역사' 제공

지난 해 12월 13일 우리 곁을 떠나신 고 박태준 회장님의 불굴의 투지를 가슴에 새기며 오늘 내가 국민 여러분의 이름으로 반드시 해야 할 일들을 생각합니다.

7월 4일 오늘은 1972년 7.4 남북공동성명 발표일입니다

통일은 그 어떠한 정략이나 당략에도 휘둘려서는 안될 소중한 민족의 사명입니다. 7.4공동성명은 비록 당시 미국과 중국의 국교정상화라는 국제적 배경을 갖지만, 우리 민족이 주도하는 교류를 향한 첫걸음이란 의미를 갖습니다. 하지만 민족의 사명인 통일을 권력이나 정권 유지에 이용한 측면도 있습니다.

오늘 우리는 평화와 자유의 원칙 아래 당시 7.4공동성명의 정신을 올바로 계승하면서 통일 대한민국의 여망을 가꾸어가야겠다는 다짐을 해봅니다.

페이스북 친구 여러분, 여러분께 통일은 무엇인지요. 잠시 생각해보시며 하루를 시작하시는 것은 어떨까 권해봅니다. 무더위에 건강하고 행복하신 하루 되세요.

7월 5일 오늘은 이한열 열사가 고귀한 젊음을 민주 앞에 바치신 지 25주기가 되는 날입니다

1987년은 6월민주항쟁으로 대한민국의 민주주의에 소중한 한걸음을 내디딘 역사적인 해였습니다. 박종철 군 고문치사 사건이 알려지면서 시작한 87년 민주항쟁은 전두환 정권의 비민주적인 호헌과 독재의 권력을 무너뜨렸고 그 중심에 이한열 열사의 고귀한 죽음이 있었습니다.

이한열 군은 6월 9일 연세대 교문 앞에서 시위도중 전경이 쏜 최루탄에 머리를 맞고 혼수상태에 빠졌고 27일 만인 1987년 7월 5일 새벽 2시 5분 끝내 숨을 거뒀습니다. 이한열 군의 죽음은 한 대학생의 단순한 죽음이 아니라 한국 현대사를 자유와 민주의 도도한 강물로 돌린 6월민주항쟁의 상징이 되었습니다.

오늘 우리는 기억해야 합니다. 박종철, 이한열, 그리고 6월민주항쟁에 앞장섰던 모든 분들의 열정과 희생 위에 우리가 서있다는 사실을 기억해야 합니다. 오늘 우리가 대통령을 우리 손으로 직접 뽑을 수 있고, 또 언론의 자유, 지방자치와 교육자치의 실현을 이룰 수 있었던 것 모두 6월민주항쟁의 값진 소산이었음을 기억해야 합니다.

아울러 우리 대한민국이 있기까지 몸바쳐오신 모든 선열과 열사들 앞에 깊이 고개 숙여 감사하고 보답하는 마음으로 오늘 우리 대한민국이 다시 한 걸음 전진할 수 있도록 작은 힘이나마 더 땀을 쏟아야겠습니다.

오늘 고 이한열 민주열사의 영전에 감사와 추모의 마음을 올립니다.

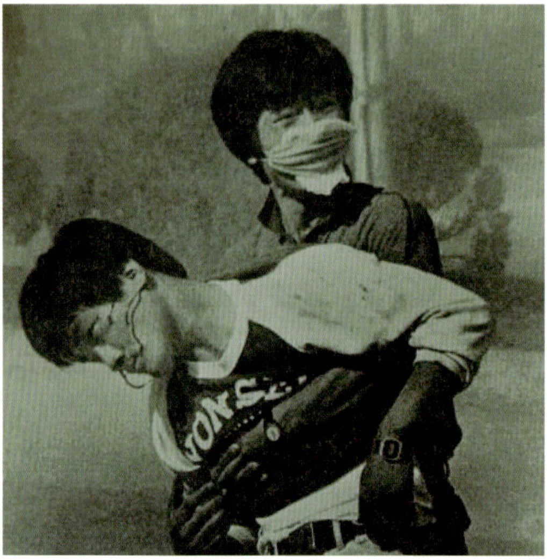

정태원 로이터통신 사진기자가 찍은 고 이한열 군이 쓰러지는 모습. 민주화운동기념사업회 소장.

충청권 미래를 그랜드 디자인한다는 각오로 국토해양위 활동에 임하겠습니다

페이스북 친구 여러분, 제가 해야 할 일들을 많이 올려 주시면 감사하겠습

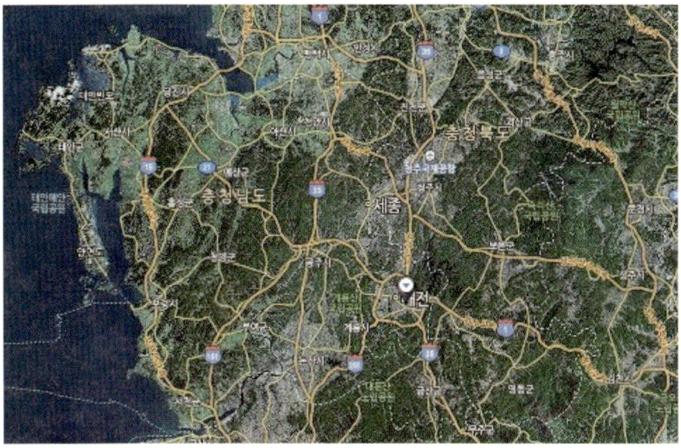

충청권 도를 보며 국토해양위원회에서 해야 할 충청 그랜드 디자인을 구상해봅니다.

니다.

선배의원님과 동료의원님들의 배려로 제가 바라던 상임위원회인 국토해양위원회에 배정을 받았습니다. 특히 원내교섭단체가 아닌 정당소속의 경우 상임위 배정이 국회의장 직권인 만큼 강창희 국회의장님의 배려에 깊은 감사와 무거운 사명감을 되새깁니다.

제19대 국회 최우선 과제는 그간 충청권 소외를 극복할 수 있는 초당적 노력입니다. 특히 중단과 파행을 극복하고 이뤄낸 세종시 건설을 전환점으로 충청인의 숙원인 국제과학비즈니스벨트, 충청권 광역철도망, 충청내륙고속도로(제2서해안선) 건설, 서해안 유류피해 조속한 해결과 지원, 내포신도시 육성 등을 비롯한 현안을 힘있게 추진하겠습니다.

수도권규제완화 철폐를 비롯 삼성전자 21C 첨단복합 R&D단지 유치, 현대자동차 아산 제2공장 유치 등 지역경제발전 현안과 도로, 항만, 철도, 용

수 문제 등 사회간접자본 확충에도 최선의 노력을 기울이겠습니다.

2016아산전국체전 성공개최를 위한 인프라 확충, 어려움을 겪고 있는 농어촌버스 산업 지원, 장항선 KTX 도입, 백제문화권 활성화, 내포문화권 개발 등의 과제도 충청권의 미래를 위해 조속히 해결해야 한다는 소신입니다.

이제 충청은 소외와 홀대를 넘어 지역균형발전을 상징할 수 있는 미래를 열어야 합니다. 이를 위해서는 충청권을 그랜드 디자인한다는 소신으로 충청권 의원들과 힘을 모아 충청권의 사회간접자본과 인프라 확충에 최선을 다할 계획입니다.

7월 13일, 한일병합으로 없어진 대한적십자회가 다시 설립된 날입니다

우리나라 적십자 운동은 대한제국 정부가 1864년 제네바 협약에 가입한 이래 1905년 대한적십자사 규칙을 칙령 제47호로 반포하여 우리나라에서도 적십자운동이 꽃을 피웠으나 1909년 일제에 의해 폐지되고 일본에 강제합병된지 만 10여년만이었습니다.

상해 임시정부는 대한적십자회 산하에 간호원양성소를 설립, 김창세 교수를 중심으로 독립전쟁시 부상병을 치료할 수 있는 의료진 양성을 시작하는 등 본격적인 활동에 들어갔습니다. 조소앙 선생을 비롯한 독립우국지사들은 1920년 1월 제네바 국제적십자총회에 참가해 일본과 분리를 요청하기도 했습니다.

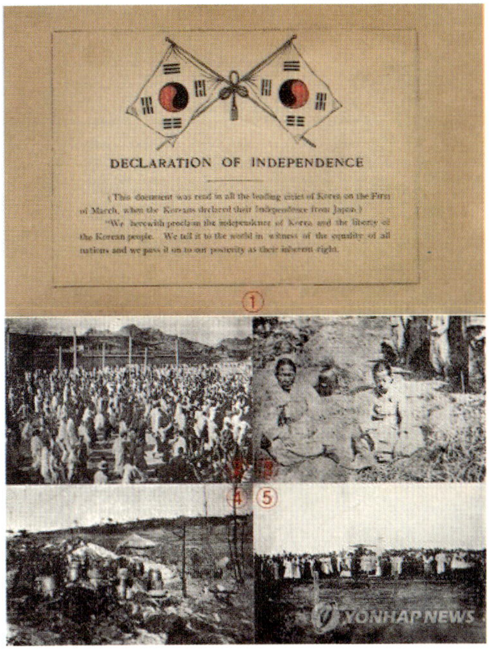

사진은 상해 임시정부 시절 대한적십자회가 1921년 3.1 만세운동의 생생한 모습을 담아 전세계에 한국인의 독립열망 의지를 알린 영문판 화보집 'The Korean Independence Movement'(한국독립운동)입니다. 위로부터 사진1은 영문 독립선언서, 사진2는 독립만세 외치며 행진하는 군중의 모습, 사진3은 제암리 학살 때 가족을 잃은 여성들의 모습, 사진4는 불타버린 제암리 마을, 사진5는 3.1운동으로 희생당한 한국인 장례식 모습 등입니다. 이 사진들은 현재 천안독립기념관에 소장 전시되고 있습니다.

지난 해 2011년 2월 24일에는 상해 임시정부 시절 대한적십자회가 3.1만세운동의 생생한 모습을 담아 전세계에 한국인의 독립열망 의지를 알린 영문판 화보집 'The Korean Independence Movement' (한국독립운동)가 처음 공개되어 우리 대한적십자가 조국광복과 세계평화에 노력했던 기록을 확인할 수 있었습니다.

대한적십자회는 상해 대한민국임시정부 내무부 총장 안창호를 비롯해 79명의 이름으로 1919년 7월 1일 발기했으며, 7월 13일 내무부령 제62호로 다시 설립되어 일제 강압으로 참상을 겪고 있는 한국인을 외면하는 일본적십자사를 전 세계에 고발하고 한국인의 독립을 호소하며 한인 동포들을 구호하기 위해 활동했습니다.

저는 중학교 시절부터 청소년적십자(RCY ; Red Cross Youth) 단원으로 활동하면서 평화와 봉사의 정신을 가다듬던 소중한 추억을 가지고 있습니다. 오늘 상해임정에서 다시 시작한 대한적십자회의 역사를 되새기며 우리 적십자 운동이 우리 대한민국의 통일과 평화의 미래를 위해 더욱 큰 힘이 되기를 소망합니다.

페이스북 친구 여러분, 오늘도 우리 곁엔 헌혈캠페인을 비롯, 열심히 봉사하시는 적십자회원 여러분들이 계십니다. 함께 감사하는 마음입니다.

7월 14일 오늘은 이준 열사 순국일입니다

사람이 산다함은 무엇을 말함이며
죽는다 함은 무엇을 의미하는가.

살아도 살지 아니함이 있고
죽어도 죽지 아니함이 있으니
살아도 그릇 살면 죽음만 같지 않고

잘 죽으면 오히려 영생한다.

살고 죽는 것이 다 나에게 있나니
모름지기 죽고 삶을 힘써 알지어라.

이준 선생이 남기신 유훈입니다.

1907년 7월 14일 오늘은 이준 열사께서 순국하신 날입니다. 이준 선생은 1907년 4월 22일 고종의 친서와 신임장을 가슴에 품고 네덜란드 헤이그에서 열리는 제2회 만국평화회의에서 일제의 조선 침탈과 을사조약의 부당성을 세계에 알리고자 먼 길을 떠납니다. 블라디보스톡에서 이상설 선생과 합류한 뒤 러시아 횡단철도를 거쳐 페테르부르크에서 이위종 선생과 합류, 6월 25일 네덜란드 헤이그에 도착합니다. 만국평화회의에 참여를 요청했던 이준, 이상설, 이위종 선생 일행.

하지만 러·일전쟁에서 패한 의장국 러시아는 면담조차 피했고, 당시 영·일 동맹으로 맺어져 있던 일본과 영국은 이준 열사 일행의 참가를 저지했습니다. 사무국이 조선 정부에 신임장을 조회하는 전보를 보냈지만 조선의 통신기관을 장악하고 있던 일본 통감부가 이에 응할 리 없었습니다. 세 특사는 할 수 없이 각국 대표에게 호소문을 보내고 신문을 통해 국제여론을 환기시키려 했지만 열강 대표들은 여전히 냉담한 반응이었습니다.

이준 열사는 7월 14일 통분을 참지 못하고 분사(憤死)하셨습니다. 할복을 비롯, 자결설, 병사설, 단식순절설 등 여러 설이 많지만 정확한 사인은 밝혀지지 않고 있습니다.

헤이그 밀사를 빌미로 5일 뒤에 고종을 강제퇴위시킨 일제는 이미 고인이 된 이준 열사에 대해 궐석재판으로 종신징역을 선고했습니다. 이상설 선생의 장례로 헤이그에 묻혔던 시신은 1963년 국민장으로 모셔져 서울 수유리에 안장되셨습니다.

이렇듯 오늘 우리가 살아가는 조국 대한민국의 모습에는 뜨거운 선열들의 숨결이 어려 있음을 새삼 되새깁니다.

문득 젊은 시절 목청껏 부르던 김민기 씨의 '내 나라 내 겨레' 한 곡을 함께 바치며 이준 선생의 혼백을 기립니다.

7월 17일 오늘은 제헌절이자 조선 건국일입니다

오늘은 제헌절이자 1392년 태조 이성계가 조선 왕조를 건국, 수창궁(壽昌宮)에서 즉위한 날이기도 합니다. 조선은 1897년 대한제국으로 거듭나려는 노력을 기울였으나 1910년 한일병합으로 사라지고 우리 민족은 비운을 맞습니다.

1945년 조국을 다시 찾은 우리는 미군정을 거쳐 1948년 헌법을 제정, 8월 15일 정부를 수립하게 됩니다. 오늘은 정부 수립의 기초가 된 헌법을 공포한 제헌절입니다. 김구 선생과 김규식 선생 등은 남한단독정부 수립을 반대하며 끝까지 통일정부 수립을 위해 노력했지만 미소 양국의 알력 속에서 역부족이었습니다.

1948년 5월10일 총선으로 198명의 제헌의원 선출, 5월 31일 최고령자 이승만 임시의장의 제헌의회 개원. 첫 본회의는 188표라는 압도적인 지지로 이승만을 정식 국회의장으로 선출했습니다.

국회에 '헌법 및 정부조직법 기초위원회' 가 출범했고 유진오 선생을 비롯 10명을 전문위원으로 위촉, 내각책임제와 양원제에 바탕한 헌법 초안을 내놓기에 이르렀습니다. 대통령 중심제를 원했던 이승만 의장은 압력을 가했습니다. 당시 김구 선생이 현실정치에서 밀려나 있는 상태에서 강한 영향력을 가진 이승만 의장은 내각책임제를 강행할 경우 자신은 정치일선에서 물러나겠다는 입장까지 내세우며 대통령제를 고집했습니다.

6월 23일 한민당을 중심으로 내각책임제를 대통령중심제로 바꾼 수정안을 다음날 국회 본회의에 상정했습니다. 당시 언론은 "하룻밤 사이에 역사가 뒤바뀌었다"고 기록하기도 했습니다. 수정안을 놓고 12차례나 토론을 벌였지만 대세는 이미 이승만 의장 의중으로 기울어 있었습니다.

7월12일 국회 본회의에서 만장일치로 헌법이 가결됐고, 17일에는 이승만 의장이 국회의사당에서 헌법에 서명 날인, 이를 내외에 공포함으로써 대한민국의 법적 근거가 마련됐다. 그리고 사흘 뒤 이승만 의장은 국회에서 대한민국 초대 대통령에 선출됐다. 안타깝고 아쉬운 순간이었지만 대한민국 정부가 수립되는 역사적 장면들이었습니다.

오늘 우리 헌법은 사사오입. 5.16, 3선개헌, 유신 등 암울한 역사와 이에 맞선 4.19민주혁명, 6월민주항쟁의 역정을 거쳐 오늘의 모습으로 거듭 났습니다.

제헌절에 기리는 우리 역사, 조선에서 대한제국으로, 그리고 일제에 맞선 상해임시정부의 법통과 대한민국 정부 수립의 기틀을 마련한 제헌의회로

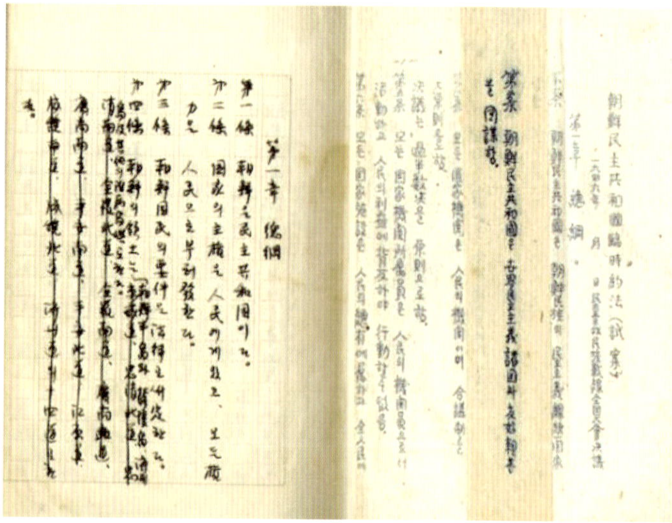

사진은 고려대박물관에 보관되고 있는 제헌헌법 초안 중 유진오 박사의 초안.

이어진 우리 민족의 참모습을 되새겨 봅니다.

그리고 아직 회복하지 못하고 있는 우리 민족의 역사, 꼭 회복해야 할 모습과 통일 대한민국의 미래를 가슴 깊이 새깁니다.

코리아 하모니, 그 날을 향한 다짐

돌아보면 나는 25년 공직에서, 그리고 학계에 있을 때나 정계에 있을 때에도 보수 이념으로 살아왔다. 오늘 우리가 보수와 진보, 성장 세력과 민주화 세력으로 나뉘어 반목하고 갈등하는 현실 한 가운데 내가 서있고 그래서 가야 할 화합의 길, 해야 할 상생의 사명들을 생각한다.

청와대에 근무할 때 자주 뵙곤 했던 김정남 선배님을 생각한다. 평생 민주화 운동의 한길을 걸어오셨던 분이다. 그러나 늘 편가름 없이 따뜻이 함께 해주시던 모습이 늘 가슴에 훈훈하다. 배움과 깨달음이 컸다. 몇 해 전 고향 아산 인취사를 찾으신 김정남 선배님 부부를 우연히 뵈었던 감회가 새롭다.

그 분 주변에 계셨던 분들도 함께 생각한다. 천주교 신자로 늘 존경하고 따르던 김수환 추기경님. 그리고 고 장준하 선생을 비롯, 민주와 자유를 위해 헌신하셨던 분들. 나는 김정남 선배님으로 하여 내가 살아오며 그리 찾아뵙지 못하던 민주화를 위해 일생을 바치신 분들의 소중한 유업을 새삼 가슴에 새기며 기리게 되었다. 그러나 마음만으로는 부족하다. 만나고 나누며 함께 해야 한다.

그 이후 나는 공직에 있으면서 주저없이 시민단체나 환경단체를 비롯, 진보나 보수의 이념을 가리지 않고 내가 찾아가 회원으로 가입도 하고 대화도 나누면서 오늘까지 함께 해오고 있다. 90년대만 해도 공직자가 시민사회단체에 가입하고 활동하는 일은 색안경을 끼고 보는 시각도 있었을뿐더러 쉽지 않은 결단도 필요했다.

우리는 오늘 대한민국이란 이름 아래 민주세력도 성장세력도 하나의 길로 모여서 함께 손잡고 나아가야 한다. 진정 대한민국의 내일을 생각한다면 보수와 진보 또한 하나의 미래를 향한 다른 이름일 뿐이라는 생각이다.

나는 네 번째 에세이집 제목을 '코리아 하모니'라 정하고 그 첫 글을 백범 김구 선생의 '나의 소원'을 새기며 시작하였다. 백범 김구 선생을 떠올리면 가장 먼저 떠오르는 모습이 1948년 4월 19일 남한 단독정부 수립을 반대하며 통일의 염원으로 38선 앞에 섰던 모습이다. 선생께서 남긴 유업은 아직도 우리가 이뤄야 할 통일 대한민국의 사명으로 남아 있음은 주지의 사실이다.

그리하여 김구 선생께서 광복 후 귀국 전날 쓰셨다는 휘호 한 구절을 오늘 우리가, 그리고 내가 앞장서 나아가야 할 미래 대한민국을 향한 좌우명으로 삼고자 한다.

'불변응만변(不變應萬變)'. 즉 내 안의 한결같음으로 세상의 모든 변화에 대처한다는 새김이다. 내 안의, 우리 안의 변하지 않는 것은 대한민국이요, 한겨레이다. 그리고 우리가 대응해야 할 세계는 무한한 변화와 역동의 현실이다.

그리하여 나아가고자 하는 미래 대한민국. 바로 화합과 상생의 '코리아 하모니' 그 날이다.

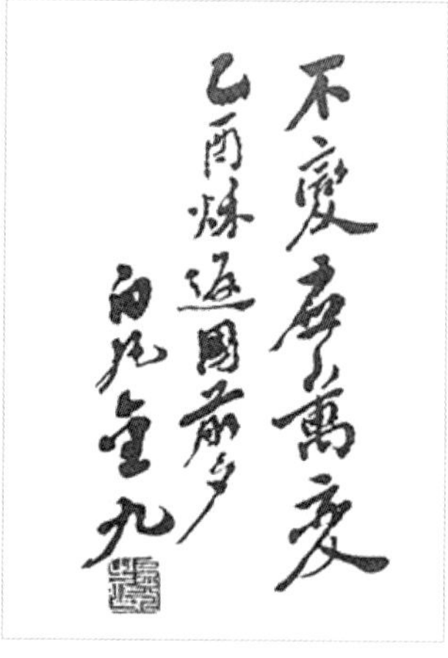

김구 선생이 1945년 11월 23일 귀국하기 직전 쓰셨다는
휘호 '불변응만변(不變應萬變)'. 백범 김구 기념관 소장.